コミュニティ通訳

多文化共生社会のコミュニケーション

水野真木子・内藤 稔

みすず書房

序文

サンドラ・ヘイル

「太古の昔からおこなわれてきた職業であるにもかかわらず、コミュニティ通訳は、各学術分野が通常享受しているような支援を得られていないし、多くの確立した職業分野で働く実務家の基本的権利を守るための、少なくとも理論上の、労働者の保護も得られていない」（Rudvin and Tomassini, "Migration, ideology and the interpreter-mediator," p. 246）。

この引用文は、コミュニティ通訳に関する二つの非常に重要な点を示している。一つ目は、コミュニティ通訳は世界で最も古い職業の一つであること。二つ目は、その事実にもかかわらず、コミュニティ通訳はいまだに、他のもっと新しい分野のようには学術的、職業上のステータスを享受していないということである。これは興味深いパラドックスである。もし太古から、言語を異にする他の人々とコミュニケーションするためにこのタイプの通訳を必要としてきたなら、なぜ世界の多くの地域でそのステータスが高まってきてはいないのであろうか。それにはいくつかの理由が挙げられる。一つの理由としては、われわれの知る現在の形の会議通訳が誕生したとされているニュルンベルク裁判のあとに、会議通訳とコミュニティ通訳の分断が起こったことである。通訳機器の登場とともに、通訳者たちは同時通訳の形態で通訳するようになり、それによって途方もなく困難に思える新しい技術を獲得するために専門的な訓練が必要となった。そこで会議通訳者を養成するための大学のコースが必要となった。特にヨーロッパでこのことは顕著である。ところが、コミュニティ通訳者たちはあらゆる通訳形態を用いる必要があるにもかかわらず、世界のほとんどの地域で、いまだにコミュニティ通訳を対象とするこのような動きはない（Hlavac, "A cross-national overview of translator and interpreter certification procedures"）。

二つ目の理由は、これら二つのタイプの通訳がどのような場でおこなわれ、どのような人たちがやりとりに参加するかということに関係がある。会議通訳者は国際的な場で、社会的地位の高い人たちのために通訳をするのが仕事である。その結果、会議通訳者は同様の高い地位を得、十分な報酬と適切な労働環境を与えられる。しかし、ある会議で仕事をした通訳者が次の日にはコミュニティの場で仕事をし、前の日に受け取った金額に比べるとほんのわずかな報酬しか得られず、非常に異なる待遇を受けることがある（González, "Second class interpreting"）。これはコミュニティ通訳が会議通訳に比べて困難な仕事ではないという理由からではなく、移民や難民のような、コミュニティの場に参与している者の一部に対して社会が低い地位しか与えていないせいである。これは別の理由にもつながる。それは、コミュニティ通訳者が通訳する対象は、自分たちが住んでいる国の主流言語を話さない人たちのみであるという思い違いである。実際には、コミュニティ通訳者は法廷や医療受診のようなやりとりにおいて、力のない（powerless）人と、力のある（powerful）人の両方のために通訳する。参与者のうちの一人でもそれらの機関で使用される言語を話せないときには、コミュニティ通訳者がいなければ、それらの社会サービスは機能しない。そして、通訳の質は、社会サービスの提供者が仕事を果たせるかどうかに影響する。たとえば、通訳者が無能であれば、医師は適切に患者の診断ができない。もし誤診が患者の死につながった場合、それは誰の責任なのかという問題が提起されなければならない。通訳をした人が、倫理規定を遵守し、それにふさわしい報酬を支払われる訓練された専門家ではない場合、その人に責任はない。能力のある専門家を雇わず、アド・ホック通訳者〔本書第1章二八頁〕で間に合わせることを選んだ医師や医療機関が責任を負うべきであろう。コミュニティ通訳が不安定な状態にあるもう一つの理由は、それぞれの国の移民の波に従って、コミュニティ通訳のニーズが変動するということである。この理由で、コミュニティ通訳という職業の確立の度合いは国によって異なる（Ozolins, *Interpreting and Translating in Australia*）。

しかし、研究の成果から明らかなように、コミュニティ通訳は、専門的な訓練を必要とする非常に複雑で高度な活動である（Hale, *The Discourse of Court Interpreting*; id, *Community Interpreting*）。研究からはさらに、訓練を受けた専門職の通訳者を雇わないことが、審理無効や誤診、公的コストの増大といった重大な問題につながることもわかっている（Roberts-Smith, "Forensic interpreting"; Hayes and Hale, "Appeals on incompetent interpreting"; Flores et al., "Errors of medical interpretation and their potential clinical consequences"）。最初に取り組まなければならない問題は、バイリンガルであれば誰でも、コミュニティの場で、望ましくない結果を招くことなく通訳できるという誤解である。この誤解は、コミュニティ通訳を介したやりとりに関わるすべての当事者の認識を高めることで克服できる。この点では世界中で、この分野における進歩が見られるが、日本ではいまのところ、この問題への取り組みがあまり進んでいない。水野真木子・内藤稔両氏の共著である本書は、日本と世界の他の地域のコミュニティ通訳分野を包括的に概観することで、この目標を達成するのに十分役立つものとなっている。本書はコミュニティ通訳の研究、トレーニング、実践をとりまくあらゆる問題を扱っており、この分野に関わっている人あるいは関心のある人の誰にとっても、たいへん貴重な情報源となるだろう。とりわけ本書が強調するのは、話ができること、そして同じコミュニティに暮らす人々によって話を理解してもらえることは、否定することのできない基本的な人権であるという事実である。有能で倫理的なコミュニティ通訳者たちが提供されることによってのみ、自分の暮らす国の主流言語を話さない人たちは、この権利にアクセスできるのである。

（Sandra Hale　ニュー・サウス・ウェールズ大学（オーストラリア）教授）

＊　原文と原注は次頁以下

The results of research, however, tell us that Community Interpreting is a very complex and sophisticated activity that requires specialized training (Hale, *The Discourse of Court Interpreting*; id, *Community Interpreting*). Research also tells us that not hiring professional and trained interpreters often leads to significant problems, including mistrials, misdiagnoses and increased costs to the public (Roberts-Smith, "Forensic interpreting"; Hayes and Hale, "Appeals on incompetent interpreting"; Flores et al., "Errors of medical interpretation and their potential clinical consequences"). The first problem that needs to be addressed is the misconception that any bilingual can interpret in community settings with no negative consequences. This misconception can be overcome by raising the awareness of all the parties involved in community interpreting interactions. We know that there have been improvements on this front around the world, but that little has been done so far to address this issue in Japan. This book by Makiko Mizuno and Minoru Naito goes a long way in achieving this goal, by providing a comprehensive overview of the field of Community Interpreting in Japan and the rest of the world. It addresses all the issues that surround Community Interpreting research, training and practice and will become an extremely valuable resource for anyone involved and interested in this field. Above all, it emphasizes the fact that being able to speak and be understood by those who live in one's community is a basic human right that cannot be denied. This right can only be accessed by those who do not speak the mainstream language of the country in which they live, only by the provision of competent and ethical community interpreters.

Professor Sandra Hale
University of New South Wales, Australia

References

Flores, G., Abreu, M., Barone, C. P., Bachur, R., and Lin, H. "Errors of medical interpretation and their potential clinical consequences: a comparison of professional versus ad hoc versus no interpreters." *Annals of Emergency Medicine*, 60(5), 2012, 545-553. http://dx.doi.org/10.1016/j.annemergmed.2012.01.025.

González, E. "Second class interpreting." *Touch*, 22(1), 2014, 8-9.

Hale, S. *The Discourse of Court Interpreting: Discourse Practices of the Law, the Witness and the Interpreter*. Amsterdam/Philadelphia: John Benjamins, 2004.

Hale, S. *Community Interpreting*, Basingstoke: Palgrave Macmillan, 2007.

Hayes, A., and Hale, S. "Appeals on incompetent interpreting." *Journal of Judicial Administration*, 20, 2010, 119-130.

Hlavac, J. "A cross-national overview of translator and interpreter certification procedures." *Translation & Interpreting*, 5(1), 2013, 32-65.

Ozolins, U. *Interpreting and Translating in Australia: Current Issues and International Comparisons*. Melbourne: Language Australia, 1998.

Roberts-Smith, L. "Forensic interpreting — trial and error." In S. Hale, U. Ozolins, and L. Stern, eds., *Critical Link 5. Quality in Interpreting: A Shared Responsibility*, 13-35. Amsterdam/Philadelphia: John Benjamins, 2009.

Rudvin, M., and Tomassini, E. "Migration, ideology and the interpreter-mediator." In C. Valero Garcés and A. Martin, eds., *Crossing Borders in Community Interpreting*, 245-266. Amsterdam/Philadelphia: John Benjamins, 2008.

Foreword

"Although it is a profession that has been practiced since time immemorial, Community Interpreting, does not however, have the support that academic disciplines usually enjoy, nor the industrial protection that safeguards — at least in theory — the basic rights of practitioners in most established professions" (Rudvin and Tomassini, "Migration, ideology and the interpreter-mediator," p. 246).

The above citation from Rudvin and Tomassini illustrates two very important points about Community Interpreting: one, that it is one of the oldest professions in the world, and two, that despite that fact, it does not yet enjoy the academic and professional status of other newer disciplines. This is an interesting paradox. If this type of interpreting has been a necessity since the beginning of time in order for people to communicate with others who do not share their language, why then hasn't its status been elevated in most parts of the world? A number of reasons can be suggested. One reason is the split between Conference and Community Interpreting that took place after the Nuremberg trials, which has been heralded as the birth of Conference Interpreting as we know it. With the advent of conference interpreting equipment, interpreters started interpreting in the simultaneous mode, which required specialized training in order to acquire a new skill that seemed counter intuitive. This led to the need for university courses to train conference interpreters, especially in Europe, something that has not yet happened for community interpreting in most parts of the world, although community interpreters need to use all modes (Hlavac, "A cross-national overview of translator and interpreter certification procedures"). The second reason relates to the settings in which these two types of interpreting take place and to the participants of the interactions. Conference interpreters work in international settings, interpreting for people who enjoy high social status. As a result, conference interpreters share in the same status and receive good remuneration and adequate working conditions. The same interpreter who works in a conference, however, can work in a community setting the next day and be paid a fraction of the amount received the day before and be treated very differently (González, "Second class interpreting"). This is not because Community Interpreting is less complex, but it is due to the low status society attributes to some of the participants in community settings, such as migrants or refugees. This leads to the other reason — the misconception that community interpreters interpret only for those who do not speak the official language of the country in which they live. Community interpreters interpret for the powerless and the powerful in interactions such as courts or medical consultations. Without them such social services could not operate when one of the participants cannot speak the language of the institutions; and the quality of the interpretation will impinge on the ability of the service providers to do their job. A doctor, for example, cannot diagnose a patient properly if the interpreter is incompetent. If a misdiagnosis leads to the death of a patient, the question that needs to be posed is whose responsibility is it? If the interpreter was not a trained professional who abides by a code of ethics and is paid accordingly, s/he will have no responsibility. The liability will be the doctor's or the institution who failed to hire a competent professional and chose to make do with an ad hoc interpreter. Another reason for its precarious state is that the need for community interpreters fluctuates according to the migration waves of each country. For this reason, some countries have a better established community interpreting profession than others (Ozolins, *Interpreting and Translating in Australia*).

はじめに

日本の「内なる国際化」が意識され始めて久しい。一九八〇年代のバブル景気の時期から地域社会に暮らす来日外国人の数が増加し、日常生活で日本語を解さない人たちとの接触がもはやめずらしいことではなくなってきた。単一言語、単一文化の社会という幻想も過去のものとなった。そんななかで「多文化共生社会」という言葉が現代社会のキーワードの一つとして定着し、その実現に向けてさまざまな政策が実施されるとともに、民間でも多くの努力が払われるようになってきている。なかでも外国人とのコミュニケーションを促進し、適切な情報提供を保証するための「言葉の援助」はその重要な柱となっている。

日本の場合、伝統的な移民受け入れ国家ではないことから、外国人の居住が長期にわたる、あるいは永久的に居住するという想定がなく、日本語の習得を奨励して日本への定着をうながすという政策は取られていない。中心となるのは通訳・翻訳サービスを提供することで、外国人の在留中の生活を助けるという考え方である。このような地域に暮らす外国人のための通訳をコミュニティ通訳と呼んでいる。

コミュニティ通訳には大きく分けて医療、司法、行政の三つの分野がある。近年になって、これまで「コミュニティ通訳」という比較的漠然とした区分で一くくりにされてきたさまざまな分野について、その意義や実態などが明らかになるにつれ、それぞれの特徴も明確になりつつある。そんななかで、医療・司法は、少なくともその一部は「コミュニティ通訳」と呼ぶことが難しいのではないかという議論もされるようになってきている。本書では、「コミュニティ通訳」という言葉が、今後、もっと狭い分野のみに使用されるようになるという可能性を認識しつつ、従来どおりの医療・司法を含む広い概念として扱うことにする。

コミュニティ通訳をとりまく環境はかなり厳しい。司法通訳の一部を除いて国としての統一されたシステムが確立しているわけではなく、現場の対応に任されているのが現状である。きちんとした水準を設定したうえでの公認の認定試験やトレーニングが整備されておらず、その質は保証されていない。同様に認定試験は存在しないが、市場原理が働く会議通訳の世界では通訳者たちはプロとして認識され、能力に応じて報酬が保証されている。しかし、コミュニティ通訳は、有償・無償のボランティアが現場での業務を担っているケースも多く、高いスキルを持つ通訳者がその能力に応じた報酬が期待できないことから、優秀な人材がなかなか育たない。

本書では、コミュニティ通訳とはどういうものなのか、さまざまな側面から解説する。その意義と特徴、医療・司法・行政の各分野の現状と問題点、コミュニティ通訳者に必要な資質・能力・倫理、通訳教育の現状とあるべき姿、そしてコミュニティ通訳の研究の流れなど、読者がコミュニティ通訳の全体像を把握することができるよう概説することが本書の目的である。

本書では、コミュニティ通訳者になるにはどうすればいいのか、またはコミュニティ通訳者はそれぞれの現場でどのように仕事をしたらいいのかなどについての指針は提供するが、単なる通訳コミュニケーション論の本ではないし、ましてや通訳の手引書ではない。グローバル化が進んだ世界の一員としての日本にとって、日本語を解さない人を社会に受け入れるということはどういうことなのか、そして、日常生活においてコミュニケーションがいかに重要な意味を持つのかということを、人間の尊厳という意味から読者に深く考えていただきたいという願いを込めて、本書は書かれている。

また、コミュニティ通訳の問題にいかに対処するかは、通訳という業界全体の評価にも関わってくる。会議通訳を中心とする通訳業界全体のなかでのコミュニティ通訳の低いステータスを放置しておくことは、実務をおこなううえで必要な訓練を十分受けていない人でも通訳の仕事に携わってもいいということを認めているに等しい。どんな分野でも「通訳」という営為の本質は変わらず、「通訳」が専門職として確立している以上、実務スキルを十分習得していない人でも携われる通訳の仕事は、本来存在すべきではないのである。コミュニティ通訳の水準を低いままにしておくことは、訓練を受けたプロフェッショナルだけが通訳という業務に携われるという認識を根底から崩すことになり、通訳業界全体の地位の低下につながることにもなる。本書は、通訳の業界全体を視野において、どの分野であれ、通訳者が満たさなければならない基本は変わらないということを強調している。

さまざまな意味で、本書のいちばん大きなテーマは「社会問題としての通訳」である。多文化共生が必須となる社会全体の、そして人間が営む生活の断片一つひとつの根底を支える「相互コミュニケーション」を円滑にするという重要な任務をコミュニティ通訳者は担っている。通訳者たちが現場でどのような状況に置かれているのか、そして、それをとりまく社会がそれについてどのような認識を持っているのかについて深く考えることは、日本にとっての多文化共生社会の未来像を描くためにも必要不可欠なことであろう。

本書は、実務家と研究者の両方を対象読者としている。コミュニティ通訳者として現場で活動している人や、今後この分野で仕事をすることに関心のある人、大学の学部生や大学院生を含んだコミュニティ通訳の研究をしている人にとって、有益な情報を提供できれば幸いであるし、問題意識を持っていただくきっかけを提供できれば、著者にとってはさらに大きな喜びである。

表記等について

＊本書中の英文原著の引用については、その日本語訳は著者によるものである。

＊本文中に現れる通訳に関する表記は、本書では以下のように定義している。

「通訳」　通訳行為そのものを表す

「通訳者」　一般的に通訳をおこなう人を表す

「通訳人」　「法廷通訳人」など、司法手続きに関わる通訳をおこなう人を表す

謝辞

本書には、著者によるものを除いて四つのコラムが掲載されています。各章で十分扱うことのできなかったテーマについて、それを専門とする方々が、快くその知識を提供してくださいました。それぞれが珠玉のような一篇です。コミュニティ通訳の柱の一つである手話通訳のシステムについて日本の現状をまとめてくださった林智樹先生、投薬指導という医療の現場での非常に重要な役割を担っている薬局での通訳の問題を紹介してくださった西野かおる先生、外国人女性を中心にその被害が問題になっているＤＶ相談の通訳について現場の状況を報告してくださった長谷部美佳先生、そして日本の多言語政策のなかでも重要な翻訳政策について問題提起してくださった山本一晴先生に、心から感謝の意を表したいと思います。

また、金城学院大学文学部の河原清志先生には、本書の全章の内容をチェックしていただきました。非常に専門的かつ幅広い観点から、著者の思い違いや不適切な点などについての詳細なコメント、適切なご助言をくださり、感謝の念にたえません。

みすず書房の石神純子さんは、本書の理念を完璧に理解してくださり、読者の目になって、より読みやすく意図が伝わるものになるよう、文章の一つひとつにいたるまで詳細なコメントをくださいました。おかげで良い本をつくることができたと、ほんとうにありがたく思っております。

最後に、本書は金城学院大学父母会特別研究助成費による支援をいただきました。ここに特別の感謝の意を表したいと思います。

目次

6

第1章　コミュニティ通訳とは

日本では外国人住民の増加にともない、「暮らしのなかの通訳」の位置づけを持つコミュニティ通訳という新たな通訳分野へのニーズが高まってきた。コミュニティ通訳は、通訳をする対象、使用言語、通訳形態など、多くの点で会議通訳やビジネス通訳とは異なっているが、本質的な違いはその意義にある。受け入れ社会の言語を解さないことで、外国人や移民がさまざまな不利益をこうむることのないようにするために、特に、基本的人権に関わる分野でのコミュニケーションを可能にすることで適切な公的サービスを受けられるようにするために、通訳者は必要不可欠な存在である。

しかし、そのような重要な任務を果たす存在であるにもかかわらず、日本を含む多くの国で、コミュニティ通訳者のステータスは低く、報酬も同様に低く抑えられており、専門職として確立しているとはいえない状況である。この章では、コミュニティ通訳について、その背景、意義、特徴などを概観する。特に、会議通訳と比較しながら、その問題点を明らかにしていく。

来日外国人の増加と言葉の壁

日本は、明治の開国後から伝統的に移民送り出し国家で、ハワイ、アメリカ西海岸、南米諸国、そして満州へと、さかんに余剰労働者を移住させてきた。それは第二次世界大戦直後の時代まで続いた。しかし、戦後の高度成長期から人手不足という状況に転じ、移民の送り出しはストップした。その後、一九八〇年代の経済バブルの時代を迎え、建設をはじめとする多くの分野で外国からの労働力に頼らざるをえなくなり、アジア地域と南米を中心に、多くの外国人が来日するようになった。それまでは、韓国・朝鮮籍の人を中心に、いわゆる「在日外国人」が日本に暮らす外国人の大多数を占めていたのに対し、「来日外国人」と呼ばれる人たちの数が、それをはるかに上回るようになってきた。

図に示されているように、一九八〇年代初期には合法的に日本で暮らす外国人の数は一〇〇万人をはるかに下回っていたのに、それ以降はうなぎ上りの上昇を続け、二〇〇八年には二二一万七四二六人で、全人口の一・七四パーセントを占めていた。しかし、この年の九月にはリーマン・ショックが起こり、それをきっかけに始まった世界的金融危機と世界同時不況の煽りを受け、日本でもかなりの外国人が職を失い帰国することになった。さらに二〇一一年の東日本大震災とそれにともなう原発事故および放射能漏れも、外国人が日本を離れる原因をつくった。そういう状況のなかで二〇〇八年以降、外国人数が減少傾向に転じた。

しかし、二〇一二年には二〇三万三六五六人にまで減少した外国人人口が、その翌年から、ふたたび増加に転じ二〇一九年に新たなピークを迎えた。この年に出入国管理法が改正され新しい在留資格「特定技能」が創設されるかたちで外国人の受け入れ枠が拡大したことから、更なる増加が見込まれたが、同年末に始まったコロナ禍により、

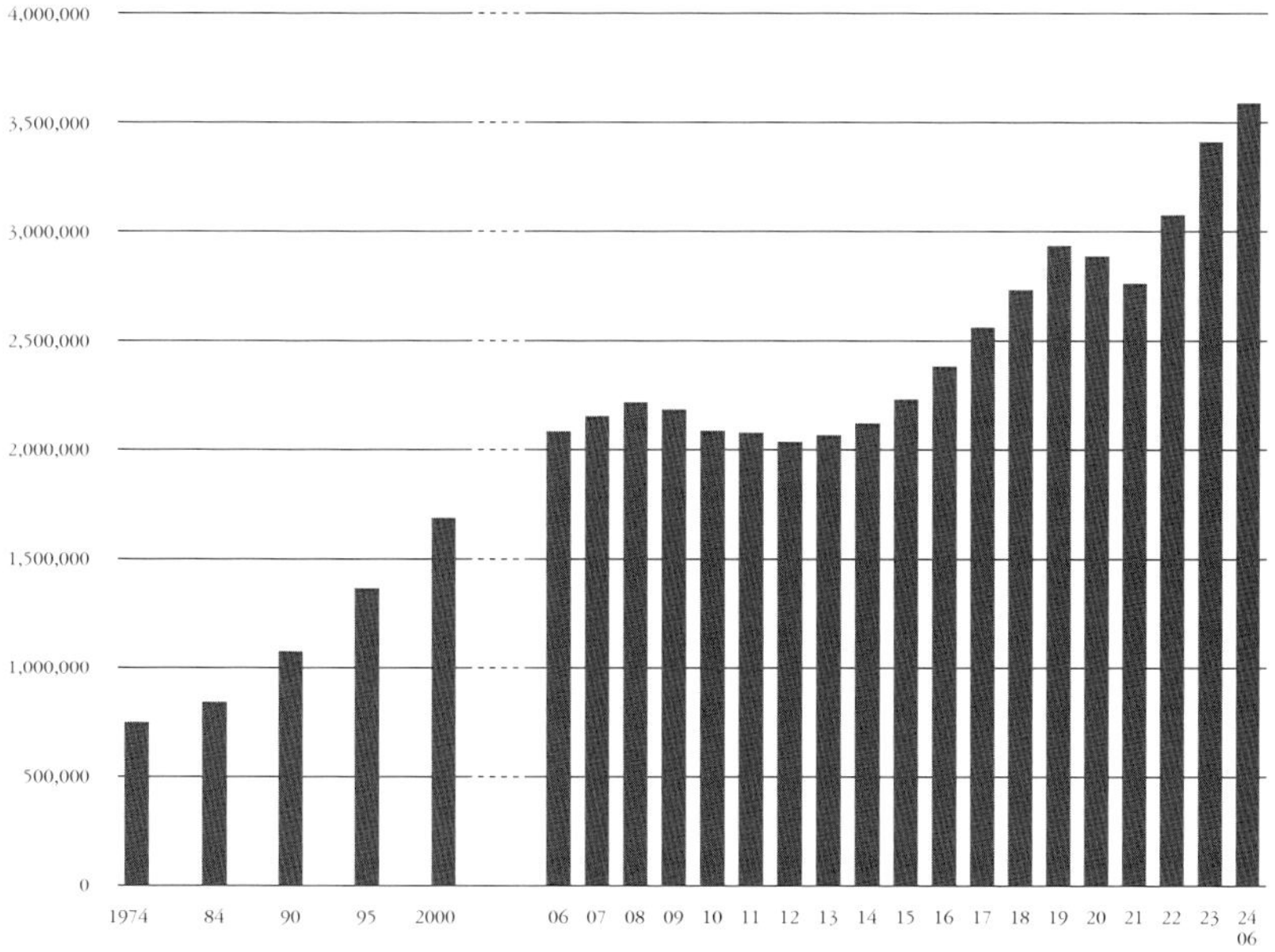

図　登録外国人あるいは在留外国人の数の推移

外国人の新規受け入れがストップしたため、また減少傾向を示すようになった（出入国在留管理庁統計 https://www.moj.go.jp/isa/policies/statistics/toukei_ichiran_touroku.html）。その後、二〇二二年に外国人受け入れが再開し、それ以降在留外国人の数は増え続け、二〇二四年六月末の在留外国人の数は三五八万八九五六人で、過去最高となった。労働者不足に悩む日本社会にとって、外国人の受け入れを促進することは今後も重要な課題となるであろう。

ところで、外国人登録については、二〇一二年七月九日から新しい制度に変わった。大きな変更点は、外国人登録法が廃止されたことにともなって、外国人登録証明書に代わり在留カードが交付されるようになったことである。特別永住者には、特別永住者証明書が交付される。したがって、二〇一二年以降は「登録外国人」ではなく、「在留外国人」と呼ばれるようになった。

二〇二四年六月末現在の在留外国人の国籍・地域別の内訳では、中国人が八四万四一八七人と最多数で、それに続きベトナム人が六〇万三四八人で全体の四〇％以上を占め、以下、韓国籍が四一万一〇四三人、フィリピン籍が三三万二二九三人、ブラジル籍が二一万二三二五人、ネパール籍が二〇万六八九八人と続いている。近年は、ベトナム人、ネパール人、インドネシア人など、東南アジア出身者の数の増加が著しい。

また、在留外国人が最も多いのは東京都（七〇万一九五五人）で全国の一九・六％を占め、以下、愛知県、大阪府、神奈川県、埼玉県と続いている（出入国在留管理庁報道発表資料 https://www.moj.go.jp/isa/publications/press/13_00047.html）。

コミュニティ通訳という概念

このような背景のもと、生活のさまざまな場において、日本語でのコミュニケーションに困難をかかえる外国人の姿が目立つようになってきた。日本人なら簡単に入手できる情報が外国人には届かないので、日本人住民と外国人住民とのあいだに情報格差が生まれ、不平等が固定化される危険があることから、情報伝達サービスの必要性が指摘されているが（河原俊昭「外国人住民への言語サービスとは」一〇頁）、このような情報格差の問題を解消し、言葉の橋渡しをするために、各地の国際交流協会（第4章一三九頁）などの登録ボランティアを中心に、各言語を得意とする人たちが善意で通訳や翻訳サービスを提供するようになった。日本はそれまで通訳というと、会議通訳や放送通訳、ビジネス通訳がその業務の中心で、暮らしのなかの通訳という概念が存在しておらず、そのような業務に携わる人たちを専門職としての通訳者という位置づけで捉えることもしてこなかった。唯一、司法通訳だけが一つの通訳分野として認識されていたが、二〇〇〇年代の半ば頃から、専門知識や高度な通訳スキルを要する医療通訳の需要が増してきたことをきっかけに、地域社会の外国人のための通訳業務も単なるボランティア活動ではなく、通訳の専門分野として捉える動きが始まった。そして、それを会議通訳などとは区別して「コミュニティ通訳」と呼ぶようになった。

このように、日本語でコミュニケーションできない外国人の増加という新たな社会現象に対処する必要性が叫ばれるなかで、「コミュニティ通訳」という概念が脚光を浴びるようになってきたのである。しかし、まだその認知度は低く、その定義すら確定していないのが現状である。

基本的人権の保護と「言語権」

コミュニティ通訳は、情報弱者の基本的人権の保護に必要不可欠である。アメリカを中心に一九六〇年代から七〇年代にかけて、公民権運動が盛り上がり、社会のマイノリティ（少数派）の人々に多くの権利が付与されることになったが、「言語権」もその権利の一つである。言語権には差別防止と自分たちの言語を使用する権利という二つの側面があるが、少数言語の権利に関する欧州憲章（一九九二年）は、三つの主要な問題を扱っている。すなわち、一連の少数言語におけるメディアの確立、少数言語での教育の重要性、そして、政府機関とのやりとりを少数言語でおこなう権利である（ギボンズ『法言語学入門』三二六頁）。

アメリカ合衆国では、「言語」を重要な要素とするさまざまな法律が一九六〇年代から七〇年代にかけて制定された。たとえば、一九六八年の「二カ国語教育法（Bilingual Education Act）」や一九七八年の「法廷通訳人法（Court Interpreters Act）」である。それらの法律では、言語をアメリカ合衆国の基本的な制度への平等なアクセスを促進するための非常に重要な要素であると認識している（Gonzalez et al., *Fundamentals of Court Interpretation*, pp. 39–40）。移民が受け入れ社会で生活するうえで、その社会の憲法などに規定されている基本的人権を享受するためには、コミュニケーションの確立が不可欠になる。たとえば、学校の授業で使用される言葉がわからなければ、教育を受ける権利が保障されないし、刑事事件に関わった場合、裁判で使用される言語がわからなければ、自分の裁判にさいして在廷する権利を失うことと同じである。身体的には在廷していても、精神的にはそこにいないのと同じだからである。上記の法律は、そのような問題に正面から取り組んだものである。

「言語権」の目的は言語そのものを使用することにあるのではなく、自分の理解する言語を使用することによってさまざまな権利にアクセスする権利を得られるということにある（日本国憲法での「知る権利」としてのアクセス権とは意味が異なる）。この理念、つまり「言語権」イコール「アクセス権」の理念が浸透した欧米のような社会では、その社会で通常使用される言語を解さない移民や外国人に通訳・翻訳をつけることが当然の義務とされ、その政策上の位置づけも明確になっている。つまり、コミュニティ通訳の最も大きな意義は、その社会での情報弱者である外国人や移民に対してコミュニケーションを可能にすることで、基本的人権へのアクセスを保障することである（水野真木子「言語権の保障としての『コミュニティー通訳』」）。

その理念を日本の状況にあてはめる場合、その権利の保障がどこまで日本国で妥当であるかの議論を含めた法律論を展開しつつ、法整備も進めていかなければならない。欧米では基本的人権の保護に直接関わる言語政策の中核ともいえるコミュニティ通訳の理念を、日本でどのように考えていくのかが今後の課題である。

受け入れ社会にとってのメリット

受け入れ社会で使用される言語を解さない移民や外国人が、基本的人権にアクセスするためには通訳・翻訳が必要であるが、受け入れ社会にとって、それは財政面その他での単なる負担にすぎないのであろうか。通訳や翻訳というと、時間がかかる、お金もかかるということで、ネガティブな印象しか持たない人がいるが、それは通訳のことをよく理解していない人である。実際は、良い通訳がつくと、金銭的にも時間的にもメリットがあると考えられる。たとえば、外国人が片言を話すからといって通訳者をつけずにコミュニケーションしようとしても、なかなかスムーズに話が進まないことはよくある。外国人が一見上手に話しているように見えても、それは自分の使える単語や構文を駆使しているだけであり、こちらの使う単語や構文が理解できているとは限らない。何度も言い直したり言い換えたりしているうちに、通訳をつけるよりもはるかに時間がかかってしまうケースが多いのである。しかも、結局正確に情報が伝わらず、トラブルが生じてその解決にさらに時間がかかることもある。

オーストラリアの治安裁判を傍聴したことがある。その審理では、軽犯罪の償いとしてボランティアで一定期間のコミュニティ・サービスをせよという判決を受けていた日本人の青年が、自身の活動について報告するため出廷していた。ところが、その青年は自分の受けた判決を理解しておらず、求められるボランティア活動をしていなかったことがわかった。判決言い渡しのとき通訳人がいなかったので、判決内容が理解できなかったと、本人が英語でスムーズに言うのを目の当たりにした。自分で話すことはできても、相手の言うことがよく理解できない典型例である。このように、情報が伝わらないためにすべてがふりだしに戻ることがある。

また、医療通訳に関してよくいわれるのが、コミュニケーションがうまくできないという不安のため、病気になってもなかなか医師の診察を受けに行かない外国人や移民がおり、相当病状が進んでから医療機関に行くので、治療のタイミングを逃し、治すのに時間とお金がかかるということである。本人の負担が増えるだけでなく、公立の病院で貧しい移民の治療費を無料にするシステムがあるような国では、治療費という点において公的負担も増え、こういう状況は望ましくない。病気がまだ初期の状態で医療機関に行けば簡単に安く治療ができるのに、かなり進んでしまった病気を治すにはより多くの費用がかかるのである。さらに、インフォームド・コンセントがうまくいかないことから病院が説明責任を問われ、訴訟になったりした場合、それにかかる費用が膨大になることもある。医療訴訟の費用と通訳者を養成する費用を天秤にかけた場合、後者のほうが安いことがわかり、通訳者養成に力を入れるようになったと、アメリカの医療通訳派遣事業の関係者に聞いたことがある。

このように、時間や費用という点から見ても、十分に通訳業務を果たす能力とスキルを持った通訳者がつけば、そのメリットは大きいことがわかる。

さらに、コミュニティ通訳の制度によって、外国人などの情報弱者に情報やサービスへのアクセスが保証されることで、受け入れ社会とのあいだで信頼感が醸成され、ひいては社会に役立つ人材の育成につながる（水野真木子『コミュニティー通訳入門』二二頁）。外国人や移民といった情報弱者の立場にいる人たちが、必要な情報にアクセスできるという状況は、彼らにとって大きな安心感を生む。そして、言葉が通じることで適切な公的サービスが受けられるということになれば、社会からきちんと受け入れられているのだという意識が育つ。そのような意識によって、人はその社会での安定した生活者としての自覚を持ち、受け入れ社会との軋轢も減っていく。そして、よき住民として社会に役立つ存在にもなっていく。日本のように少子高齢化の社会においては、今後、外国人のマンパワーに頼る必要性が高まっていくであろう。そのような社会では、特にこのことは重要な意味を持つ。

このように、外国人や移民を言語やコミュニケーションという点で疎外しないことは、究極的には、その社会にとっても大きなメリットをもたらすのである。

医療・司法・行政、そして手話――コミュニティ通訳の種類

コミュニティ通訳の主要分野であり、最も研究が多くおこなわれてきているのが医療通訳と司法通訳である。ど

ちらも内容が専門的で高度であり、人の生命がかかっている、あるいは人の人生を左右しかねない現場での通訳ということで、その重要性が明白な分野である。この二分野に加え、行政通訳も大きな柱となる。行政通訳は、各種相談窓口での通訳を中心に非常に幅広い状況を包含しており、日本語でのコミュニケーションに問題をかかえる児童・生徒のサポートをする教育現場での通訳も、行政通訳の一部とみなすことができる。

司法通訳に関しては、コミュニティ通訳とは切り離して考える立場をとる人もいる。司法通訳の分野自体が非常に幅広く、デポジション（係争の相手方弁護士・証人・証人側の弁護士が出席し、裁判所以外の場所で証人に対する尋問をおこなう手続き）や企業間の民事訴訟の法廷など、非常に高いスキルを持つ会議通訳者が依頼を受けておこなう業務も多いからである。しかし、コミュニティ通訳という文脈で取り上げられる司法に関わる状況は多く、たとえば外国人労働者や移民が関与する刑事事件や民事事件での通訳は、参与者や扱われる内容、コミュニケーション形態などの観点からも、コミュニティ通訳の一部とみなすのが一般的である。本書で取り上げる司法通訳も、おもにそういう場面を対象とする。

また、手話通訳もコミュニティ通訳の重要な柱であることは、多くの国で認められている。通訳制度の整備も手話通訳の分野から始まり、外国人や移民のための通訳へと広がっていくというケースが多い。地域社会のなかの「情報弱者」という点では、聴覚障害者も、その国の言葉を解さない外国人や移民もまったく同じ立場にあり、そういう人のコミュニケーションの橋渡しをするという点では、通訳者の役割もよく似ている。また、通訳者が直面する問題にも共通点が非常に多く、学ぶべき事柄も、その多くが共通している。そういうことから、オーストラリアをはじめとする国や地域で、通訳者の研修会に手話通訳者も外国語通訳者もいっしょに参加させる例がある。日本では、聴覚障害者については福祉の分野、外国人については国際交流の分野というように、地域内でも縦割りになっており、両者が交流するような機会もほとんどないのが現状である。

本書では、おもに外国語通訳に関する問題を扱うが、手話通訳に関してはこの章の末にコラムが設けてある。

コミュニティ通訳の定義?

コミュニティ通訳の定義は、この分野の研究の初期段階でも主要テーマとして扱われており、内外の多くの研究者がこれまでさまざまな定義を試みてきた。しかし、通訳者が必要とされる生活の場面があまりにも多岐にわたっていることから、コミュニティ通訳分野の範囲を明確に区切ることは非常に難しい。

国によってもその範囲は異なり、「アド・ホック通訳者」（訓練を受けた通訳者ではないのに、必要に応じてその場限りで通訳の仕事をおこなう人）と呼ばれる人たちが無償のボランティアとしておこなう業務を意味する国もあれば、医療と福祉分野のみを指す国もある。逆に、会議通訳以外のすべての分野を包含して「コミュニティ通訳」と呼ぶ国もある（Hale, *Community Interpreting*, p. 28）。この最もシンプルな線引きである「会議通訳以外の業務すべて」という点を取り上げても、会議通訳系の業務自体が多様であり、明確に区分けするのは難しいとわかる。定義と業務範囲は表裏一体の関係にあることから、範囲が明確にならない以上、定義づけにも困難がともなう。

コミュニティ通訳を明確に定義づけることは難しいが、コミュニティ通訳をテーマとする国際会議「クリティカル・リンク（Critical Link）」の第一回の会議が、一九九五年にカナダで開催されたさいに発表された定義がある。

コミュニティ通訳は、その国の公式の言語を流暢に話せない人たちが公的サービス提供者とコミュニケーションすることを可能にし、司法、教育、行政、社会福祉へ十分かつ平等にアクセスすることができるようにする。

この定義は、コミュニティ通訳の存在意義について定義したものであり、その本質を十分言い表しているといえるが、より具体的な定義づけも試みられている。たとえば、コミュニティ通訳は「公共の施設で特定の目的のために公務員と一般人が対面して話をする場でおこなわれる通訳」というように、場所や参与者、コミュニケーションの形態にもとづいての定義が比較的多く用いられているようである（Wadensjö, *Interpreting as Interaction*, p. 49）。しかし、すべてがこの定義にあてはまるわけではない。また、コミュニティ通訳は「政治的な決定についての話し合いや学術的な会議ではなく、人々の日常における最も個人的で重要な問題について話される場での通訳」であるとヘイルは述べているが（Hale, *Community Interpreting*, pp. 25–26）、このように通訳をおこなう場や扱われる事柄の性質から定義づけがなされることもある。

コミュニティ通訳については、定義そのものよりも、他の通訳分野（主として会議通訳）とどのように違うのか、その特徴から考えていくほうが、より効率的で理解しやすい。

コミュニティ通訳の特徴

会議通訳を中心とする他の通訳分野と比べると、コミュニティ通訳の特徴として、以下のような要素が挙げられる。水野真木子『コミュニティー通訳入門』では、コミュニティ通訳の特徴を以下の五つの項目にまとめている。

1　地域住民を対象にする
2　力関係に差がある
3　言葉のレベルがさまざま（言語の種類を含む）

4　文化的要素が大きく関わる
5　基本的人権の保護に直結している

本書でも、内容的には大筋これに沿った形で解説していくが、通訳形態の特徴や通訳をおこなう場の特徴についてもふれる。上記の5については、基本的人権の保護と「言語権」に関する節ですでに述べた（二三頁以下）。

逐次通訳・対話通訳　会議通訳の九〇パーセント以上が同時通訳でおこなわれるのに対し、コミュニティ通訳はそのほとんどが逐次通訳である。日本では法廷で起訴状や冒頭陳述などの文書が読み上げられるさいにワイヤレス・システムを用いて同時的に通訳がなされる場合もあるが、それは通訳者が前もって翻訳原稿を用意し「同時読み上げ」をしているにすぎない。同時通訳システムを使ってブースでおこなう通常の同時通訳とはまったく別物である。

逐次通訳といっても、講演でよくおこなわれるように、一人の話し手が区切りのよいところで区切って通訳が入るという形はあまりなく、コミュニティ通訳では多くの場合、対話の通訳をする。また、二つの言語のあいだを双方向的に通訳することから「リエゾン通訳」という呼称が使われることもある（Gentile et al., *Liaison Interpreting*, p. 17）。ただし、ビジネスでの交渉に通訳が入ったりする場合なども対話の通訳をすることになるので、対話通訳はコミュニティ通訳だけの特徴であるとはいえない。

通訳の対象者と力関係　コミュニティ通訳の対象となる人たちは、おもに地域住民である。これに対して会議通訳や外交通訳、ビジネス通訳では、一定の目的のために一定期間来日する人たちのために通訳をすることがほとんどであり、場合によっては通訳者が日本人関係者とともに海外に出張して通訳業務をおこなうこともある。コミュニティ通訳は、日常の暮らしのなかのさまざまな場面で言葉の橋渡しをする。

通訳対象者という意味でのコミュニティ通訳のもう一つの特徴は、海外の多くの文献にあるように、受け入れ社会の言語を解さない外国人や移民と「公的サービス提供者（public service provider）」とのあいだでコミュニケーションの橋渡しをすることである。何らかの「公的サービス」を求めてやってくる外国人に対して、公的機関がそのサービスを提供する場面での通訳をおこなうというケースが主流になるのがコミュニティ通訳である。イギリスではコミュニティ通訳を「パブリック・サービス通訳」と呼んでいるが、このような特徴を端的に表した表現である。しかし、この"public service provider"という英語での言い方を日本語に訳すさいには注意が必要である。「公的サービス提供者」と訳して使うと、それが表す範囲が狭まってしまうのである。英語の"public"という言葉も"service"という言葉も、日本語の「公的」という言葉や、「奉仕」のような意味合いである「サービス」という言葉にそのまま対応するわけではない。"public service provider"という言葉は、「社会全体という観点から公衆のためのさまざまな業務を提供する人」というような意味だと考えたほうが無難である。

上記の特徴に関連して、コミュニティ通訳の特徴のなかの非常に重要な要素として挙げられるのが、通訳の対象となる二者のあいだに「力（パワー）」の差が存在することである。参与者が、少なくとも建前はほぼ対等である場合が多い会議通訳などに比べ、コミュニティ通訳に関わる場面では、知識、情報、そして権力という点において、二者のあいだに大きな開きがある。たとえば医療通訳の場合、医療知識や情報はすべて医療提供者側にあり、患者は自分の健康を医療提供者に委ねなければならない状況にある。これまで多くの医療通訳者に聞き取り調査をしてきた結果、言いたいことがあっても、医師の機嫌を損ねたくないので我慢する外国人患者が多いことがわかっている。また、警察での通訳は、取調官と被疑者のあいだの会話を通訳する。警察は法執行機関であり、警察官は国家権力を代表する立場にある。ここでも、権力という点での力の差がある。

マイナーな言語、あらゆるレベルの話し方

会議通訳系の分野では、通常、主要言語と呼ばれる言語が使用される。たとえば、日本の場合は通訳業務の多くが日本語と英語という言語の組み合わせでおこなわれる。通訳スクールでも、開講される授業のほとんどが英語通訳の授業で、他言語では中国語やスペイン語などの授業がときどき開講されることがあるという程度である。ヨーロッパでは複数言語の通訳者の養成がさかんであるが、言語の組み合わせは、英語とフランス語、ドイツ語と英語というように、英語を中心とするいわゆる主要言語どうしである。

ところが、コミュニティ通訳で需要の多い言語は、必ずしも主要言語ではない。日本の場合は在留者人口の多い中国語、韓国・朝鮮語、ポルトガル語、フィリピン語などの需要が高い。中国語は世界の主要言語になってきてはいるが、日本の会議通訳の世界では主要言語とはいえない。そして、会議通訳において需要が圧倒的に高い英語は、コミュニティ通訳の場合、どちらかといえば需要が少ない言語に属する。諸外国では、日本に比べ、さらにマイナーな言語の需要が高いケースが多い。このように言語需要においても、会議通訳とコミュニティ通訳は、事情が大きく異なる。

コミュニティ通訳には、使用言語という点で、もう一つ重要な特徴がある。それは、使用される文体やレジスター（職場や場面に応じて特徴的に現れる言葉づかい。話題、伝達手段、配慮、社会的立場などによって決まる）が多様であることである。会議通訳系の通訳者が対象とするのは、たいていの場合、一定の水準以上の教育を受けている人たちであり、会議通訳者はそういう人たちの話し方に慣れており、自分たちも、そのような特徴の話し方をするよう訓練される。一方、コミュニティ通訳が必要な現場には、社会のあらゆる階層の人々が関わってくるので、その使用言語も人によってさまざまな特徴を持つ。法廷での証言を例にとっても、鑑定証人のような専門的な語彙を駆使し

た話し方をする人から、語彙数も非常に限られていたり、スラングが多く交じるような話し方の人にいたるまで、多くのタイプに対応することになる。場合によっては、自分の母語ですらまともに話せない人もいるようである。ある法廷通訳人から聞いた話だが、八歳頃に両親に連れられて南米から日本にやってきた一七歳の若者が事件に巻き込まれ、法廷で証言を求められたところ、日本語もスペイン語も、どちらも法廷でのコミュニケーションが十分に成立するレベルではなかったという。これは、母語が十分発達する前に日本に来てしまい、両親との日常会話以上に母語が発達しなかったという事情と、日本語を容易に吸収するには遅い年齢で日本に来たので日本の教育制度のなかで落ちこぼれてしまったという事情が重なり、どちらの言語についても高度なレベルで習熟することができなかったということであろう（「ダブルリミテッド」第4章一六〇頁参照）。コミュニティ通訳者はこうしたケースにも対応していくことが求められる。

文化の差異

カナダを中心にコミュニティ通訳者のことを「文化通訳者（cultural interpreter）」と呼ぶことがあるが、コミュニティ通訳の現場では、文化的要素を切り離してものを考えることはできない。「二言語に堪能で通訳ができるとともに、異文化コミュニケーションのスキルを持ち、そうした能力のすべてを使い、互いの言語を話すことのできない人々のあいだのコミュニケーションを可能にする人」（Garber, "Community interpretation," pp. 12–13）というのは文化通訳者の定義の一つであるが、二言語に精通するだけでなく二文化に精通することも、通訳者にとって必要な資質である。

コミュニティ通訳の関わる現場では、生活相談、学校生活、医療現場など、人々の日常生活そのものに接することが多い。日常生活にはその人々の持つ文化的要素が色濃く表れるものであり、受け入れ社会の文化との差異によって誤解や軋轢が生じることも多い。コミュニケーションの橋渡しとは、言葉が通じるようにすればいいというものではなく、互いの状況を理解させることも含む。そういう意味で、コミュニティ通訳者には異文化の仲介の役割が求められる。

会議通訳者ももちろん、異文化がぶつかり合う場面で通訳することがあるし、通訳をすること自体が、暗黙に異文化間の仲介をすることでもある。しかし、会議通訳が必要な現場では当事者、つまり、コミュニケーションし合う本人どうしが、互いに文化が違うことを知っている、あるいは事前に互いの文化の知識を得てきていることが多い。たとえば、国際問題を話し合う場では、双方の交渉者は、相手の立場や考え方については事前に情報収集したうえで交渉に臨む。通訳者が率先して文化の違いを説明するなど、積極的な文化仲介者の役割を求められることはあまりない。ところが、コミュニティ通訳の場合、その現場で対話者どうしが互いの文化を知らないケースが多く、文化の差異が存在することすら想定していないことも多いのである。

たとえば、日本の病院に来る外国人患者は、日本の医療文化に精通しているわけではないし、医療提供者側も、患者の文化的背景については知らない。何か問題が起きてから、それに気づくことも多い。宗教的理由から治療の過程でトラブルが起きたりすると、医療提供者は患者が単にわがままなだけだと思うし、患者は病院が自分たちを不当に扱っていると感じることになる。医療通訳者に対するアンケート調査をしてみると、問題が起こったときに、それは患者個人のわがままなのか文化的事情によるものなのか、判断がつきにくいケースもあるという回答者もいたが、通訳者自身が外国人で、宗教や日常の習慣を含め、文化的な事情に精通している場合、通訳者が率先して文化差について両者に説明するケースが多いことがわかった（水野真木子「医療通訳者の異文化仲介者としての役割について」）。現場で文化的差異について知っているのは通訳者だけ、という状況も多いので、円滑なコミュニケーションのために、通訳者が文化を仲介する必要が生じるのである。

また、言語は文化と切っても切れない関係にある。言語は、成立する過程で、それを使う人たちをとりまく自然条件や社会の構造などの影響を受け、その文化に独特の表現形態なども生まれる。言語間で単語や表現が一対一で対応することは少ない。文化特有の表現の意味するところをきちんと理解しておかないと、正確な通訳はできないのである。

トラブルや不幸の場での通訳

コミュニティ通訳の特徴として最後につけ加えたい点として、通訳がおこなわれる「場」の特殊性を挙げたい。移民や外国人は、受け入れ社会で十分言葉が通じなくても、たいていの場合、普通に生活しているし、通常、必要なものは手に入れることができている。通訳が必要なときは、何か問題が起こって政府の職員や社会福祉サービスの専門家などのお世話になるときだけである（Garber, "Community interpretation," p. 16）といわれるように、司法、医療をはじめとして、一般の人々が遭遇するトラブルや不幸に関わる問題が主要テーマであるというのも、コミュニティ通訳の特徴である。そして、そういうテーマを扱う以上、人々の生活や命に関わるリスクもそれにともなう責任も、会議通訳などに比べてはるかに大きいのである。

コミュニティ通訳者の立場

コミュニティ通訳は「通訳職のなかでも最も地位が低く、また最も誤解されている分野」（Mikkelson, "Community interpreting," p. 124）であるという指摘があるが、これはどの国でも見られる傾向であり、職業として確立している度合いや報酬という点では、会議通訳との差はいちじるしい。これにはさまざまな理由がある。世界全体でみると、コミュニティ通訳者が低いステータスにある原因としては、業界が整備されていないこと、大学教育が義務づけられていないこと、専門職としてのアイデンティティが欠如していること、関係者に仕事の複雑性に関する認識がないことなどが挙げられている（Hale, "The interpreter's identity crisis"）。ここでは、コミュニティ通訳者の立場という観点からの問題点について、日本の状況に照らしながらいくつかの項目に分けて述べよう。

専門職としての認識　日本ではコミュニティ通訳は新しい概念で、それに携わる人たちのステータスは、いまだ明確になっておらず、会議通訳者に比べると、あらゆる面で不利な立場に置かれている。通訳を必要とする外国人の友人や知人が同行してコミュニケーションの仲立ちをしたり、地方自治体の国際交流を担当する部署や外郭団体として設立された国際交流協会などの登録通訳者がボランティア活動の一環として通訳したりと、一つの職業としての認識が生まれにくい状況が伝統的に続いていたため、コミュニティ通訳はボランティア通訳と同一視されることも多かった。ある程度まで専門職とみなされる場合ですら、福祉やソーシャルワークに携わる人材との混同があり、通訳という行為を専門とするプロであるという認識にはいたらないことが多い。

これについては、通訳者を使用する側の認識の欠如も問題であるが、通訳者として仕事をする側にも責任の一端がある。通訳という仕事が要求する高度なスキルについての知識がないまま、ボランティア精神のみで通訳をしているケースが多いからである。人助けをしたいという気持ちは尊いが、通訳という形でそれをおこなうには、それに見合う技能が必要である。このことが通訳者のあいだできちんと認識されない以上、コミュニティ通訳が専門職として確立することは難しい。

社会的ステータス　アメリカやオーストラリアのような伝統的な移民国家では、コミュニティ通訳者は移民人口のなかから生まれてくるケースが多い。社会におけるマイノリティ・グループに属しているということ自体、その立場を弱いものにする。そして、通訳者が社会の多数派の一員であるというバック・グラウンドを持つ場合ですら、マイノリティの人たちと関わる立場にいるということで、通訳者自身がマイノリティ・グループと同一視され、主流派から見下される傾向にある。しかも、社会のなかで言語間にもさまざまな序列が存在する場合もあり、通訳者に対する見方がそれに影響されることもある（Wadensjö, *Interpreting as Interaction*, p. 53）。

コミュニティ通訳者はマイナーな言語を扱うことが多い。会議通訳者はそれとは対照的にメジャーな言語を扱い、国際的に重要な人たちと関わるケースが多く、それにともなって通訳者自身の地位も高いという認識が生まれる。どの言語を用いるか、そして誰のために通訳するかによって（つまり、その場の参与者が力のある人なのか、ない人なのかによって）、通訳者のステータスが決まるのである。このような背景のもとで、コミュニティ通訳者の社会的ステータスが低く認識されているのである。

通訳訓練

コミュニティ通訳は、会議通訳のように正式に通訳の訓練を受けた人材がその任にあたるということが少ない。会議通訳の場合は同時通訳という特殊技能の習得が絶対的に必要となるので、通訳の訓練機関で十分な訓練を受けたうえでプロとしてデビューする。多くの国では大学や大学院で専門的に通訳教育をおこなっているが、日本は国際会議などのイベントの請負をする一般企業が、自前の通訳者を養成するという伝統があり、そのような企業が運営する通訳スクールで訓練を受けるのが通常の形態である。そして、通訳市場に出るのに十分なスキルを身につけるには最低二年はかかるといわれている。これに対して、コミュニティ通訳者は、体系立った正式の訓練を受けることはほとんどない。司法通訳や医療通訳のような分野で必要とされる知識や倫理を学ぶ機会は与えられているが、会議通訳の訓練のような通訳スキルそのものを習得する機会はほとんど存在しない（コミュニティ通訳の養成や訓練については、第5章で詳しく述べる）。訓練の欠如は、当然、技能の欠如につながり、会議通訳とのあいだに歴然たる差が生まれてくる。このような状況も、コミュニティ通訳者の立場を低いものにしている。

報酬　報酬も、会議通訳者とコミュニティ通訳者とのあいだには大きな開きがある。会議通訳者の報酬は、派遣機関によって差はあるが、おおむね高く設定されており、一日料金（四時間以上、八時間以内）、半日料金（四時間以内）といったように、拘束時間によって料金が決まっている。ただ、会議通訳者は毎日仕事があるわけではない。会議の準備など多くの日時が必要で、実際に仕事をする日は限られてくる。それでも、通訳市場で優秀な通訳者だと認識されるようになると、かなりの年収が期待できる。

会議通訳に比較すると、コミュニティ通訳の料金は格段に低い。日本では、コミュニティ通訳のなかで最も時給が高いといわれている法廷通訳でも、時給が一万五〇〇〇円程度と推定され（裁判所は通訳料金を明らかにしていないので、これは通訳人を含めた関係者からの情報をもとに現時点で割り出した金額である）、しかも実働時間を足していく形で報酬が計算され、会議通訳のように拘束時間をベースに一日料金や半日料金が定められているわけではない。たとえば、会議通訳では一時間拘束されただけで半日料金が支払われるが、法廷通訳の料金は、一つの事件の公判での通訳時間をすべて足して計算されるので、何日も仕事に行ったにもかかわらず、会議通訳の一日分の料金にしかならないこともある。しかも、法廷での通訳の仕事のために何日も前からその時間帯を空けておかねばならないので、あとから他の条件のよい仕事を依頼されても、受けることができない。そして、司法通訳分野でも仕事の数は限られており、トータルの収入ということになると非常に少ないのが現状である（司法通訳の報酬については、第3章でさらに詳しく述べる）。

いちばん報酬の高い法廷通訳でもこのような状況であり、他の分野では、通訳者はこれよりもはるかに厳しい条件で仕事をしている。医療通訳では、平均的な謝礼金額は一回の通訳業務に対して三〇〇〇円程度が普通であり（派遣機関や就労形態により金額はさまざまであるが、現時点の平均として推定される金額）、多いときですら五〇〇〇円ほどである。これは一時間ではなく一回の料金であり、場合によっては業務が二、三時間に及ぶこともある。他の分野も同様の状況である。地域コミュニティでの通訳は、言葉のわからない外国人や移民の手助けをするという人道主義にもとづく活動に由来するケースも多く、さきに述べたように、もともと国際交流協会などの登録通訳者がボランティア・ベースで派遣されてきたという背景もあり、人の善意に頼る傾向にある。通訳者のなかにも、自分たちの活動をボランティア活動であると位置づけ、報酬をもらうことをよしとしない人たちもいるのが実情である。行政の側に財政難などの事情でコミュニティ通訳・翻訳のための予算を十分計上しにくい事情があり、通訳者の側に専門職としてそれにふさわしい報酬を得るという意識が薄いという状況がある。それらがあいまって、適正な報酬という面からのコミュニティ通訳のプロ化の動きを阻んでいるのである。

通訳市場　市場という点でも、コミュニティ通訳は不利な状況に置かれている。移民や外国人の動向に、仕事の件数や内容が大きく左右されるからである。国際情勢や受け入れ国の社会情勢によって移民の流れは変わるし、必要とされる言語も変動する。たとえば、戦争や政治的・宗教的迫害を逃れてくる新たな移民の波が押し寄せれば、急に新たな言語の通訳者への需要が増えることもある（Wadensjö, *Interpreting as Interaction*, p. 54）。

日本の例を挙げると、一九九〇年代に多くの来日イラン人が偽造テレホンカードの作成・販売に携わっており、それに関わる司法通訳の仕事が非常に多かったが、両国のあいだでビザ協定が発効してからは、来日イラン人の数が激減し、ペルシャ語の司法通訳の仕事も大幅に減ったことがある。このように市場が安定せず、将来の予測が立てられないことも、コミュニティ通訳者の立場を弱いものにしている。

通訳の質を保証する仕組み――これからの日本のコミュニティ通訳

二〇〇〇年代の初めに意識され始めたコミュニティ通訳という概念が徐々に定着してくるにつれ、この問題に対するさまざまなアプローチが試みられた。そのなかには質の保証のためには通訳者のプロ化を急がねばならないという考えにもとづくアプローチと、それは日本の現状にそぐわない理想論にすぎず、基本的にはボランティアを中心に対処すべきだというアプローチがある。前者については、質の低い通訳は外国人の人権侵害につながることがあるという危惧と、身分・報酬・通訳の質のどれをとっても会議通訳とは比べものにならないコミュニティ通訳の存在が、通訳という業界全体のレベルを落とすのではないかという危惧があり、それらを解消するためには制度を整え、適正な報酬を確保することで質の保証をめざす必要があるという考えが主流になっている。後者については、少数言語の人材を確保するだけでも大きな問題である日本の現状では、質の問題を最優先することは現実的ではないし、コミュニティ通訳に求められるのは会議通訳に必要とされる高い通訳スキルではなく、現場でのコミュニケーションを円滑にすることである、というような考えが中心になっている。

昨今の財政難を考えると、コミュニティ通訳制度の整備のために多額の公的資金を投入することは現実的ではなくなっている。そんななかで、コミュニティ通訳のなかでも分野別に格差が生まれつつあり、人の命や人生がかかっている司法と医療の分野を特別とし、それ以外の業務をボランティアでまかなおうという動きも顕著になってきている。このままでは、司法と医療から切り離された分野を「コミュニティ通訳」という狭い範疇に押し込め、「プロ」は必要ないという考えのもとに、通訳の質の低さや通訳者の不安定な身分を正当化してしまうという方向に社会が向かいかねない。

現代社会では通訳は一つの確立された職業分野である。「通訳」という名称を使う以上、一定の水準以上のレベルが保証されなければならない。司法、医療といった、非常に高度なスキルや知識が要求される分野に主導されて、全体としてのコミュニティ通訳分野の質が向上し、通訳者のステータスがきちんと確立することが望まれる。そして、そのためには、通訳者自身が通訳という業務に対する正しい認識を持つことが非常に重要であるし、行政および社会全体の支援も必要不可欠なのである。

質の高いコミュニティ通訳の保証という観点から、最新の動きとして特筆すべきは、国際標準化機構ＩＳＯがコミュニティ通訳の国際規格を策定したことである。多文化共生の歴史の長いＥＵ諸国に主導される形になっており、まだ認定制度のない日本のような国にとっては厳しい基準が設定されることになる。しかし、コミュニティ通訳に求められる能力と質についての明確な国際基準が設けられることは、この業界の将来にとって、非常に有意義である。日本のような国もグローバル・スタンダードを意識せざるをえなくなり、何らかの対応が必要となってくるからである。

また、近年は日本でも、大学や大学院でコミュニティ通訳の質の問題に取り組もうとする動きが始まっている。たとえば、公的高等教育機関で医学部・法学部・外国語学部の三学部が共存する唯一の大学である大阪大学では、その強みを生かし、医療や司法分野を中心に通訳者の養成を視野に入れた「外国語運用能力認証制度」の発足をめざして検討に入っている。海外ではコミュニティ通訳者養成に対して大学の果たす役割は非常に大きいが、営利目的ではなく理念ある制度構築という意味では、日本でも大学の持つポテンシャルは大きいと期待できる（大学での通訳教育に関しては第６章参照）。

〈コラム〉

日本の手話通訳のあゆみ

林　智樹

現在、世界各国に手話通訳者が存在し、日々ろう者と聴者のあいだに立って手話通訳の仕事に従事している。各国での手話通訳・手話通訳者の社会的認知（その専門知識や技術が研究や教育の対象となったという意味で）は、早い国では、一九六〇年代初頭から始まる。日本においても一九七〇年代から公的制度として、手話通訳事業が展開された。それ以前は、ろう者の家族やろう学校の教員、手話に関心を持ち手話を覚えた市民等によるボランタリーな手話通訳が細々とおこなわれていた。当然のことながら、手話通訳者教育の機会やカリキュラム、テキストはなかった。

手話は、一八七八（明治一一）年に始まった「ろう教育」の場でつくられ、聴覚に障害のある生徒と教師に共有され、その後、ろう学校卒業生も加わり、ろう者の言葉として発展してきた。その後、長い「手話排斥」の時代があったが、一九七〇年から手話奉仕員養成事業（「奉仕員」という名称は、一九六〇年代の家庭奉仕員（現ホームヘルパー）制度の広がりに倣って使われたもの。「福祉に熱意のある家庭の主婦」が担い手として期待された）、一九七九年から標準手話研究事業が始まり、国民への手話の普及に向けて取り組みがなされてきた。そして、二〇一一年には、国内の法律で初めて、手話が言語であると障害者基本法に明示された。現在では、数多くの手話に関する本や辞典が発行されている。近年では一万の用例を示した『日本語‐手話辞典』（全日本聾唖連盟発行、一九九七年、改訂版二〇一一年）が出版されている。

手話通訳については、先に見たように、一九六〇年代まではボランタリーな形態で実施されてきた。一九六八年に第一回全国手話通訳者会議が福島県で開催され、七十数人の参加があったが、当時手話通訳者として全国で活動していた人々は、ろう学校の教員やろう者の家族などあわせて数十人程度だった。当然プロの手話通訳者は存在していなかった。そして、この会議で「ろう者の権利を守る手話通訳」が提起された。

全日本聾唖連盟は、聴覚障害者の権利と社会参加の実現、福祉の向上をめざす当事者団体として、手話奉仕員養成事

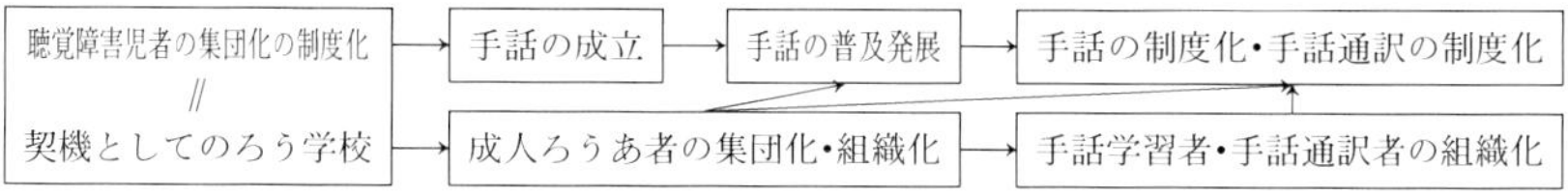

図　手話使用者の誕生と手話の発展（林智樹『手話通訳学入門』10頁）

業、手話通訳設置事業、手話奉仕員派遣事業の実施を国に働きかけ、一九七〇年代初頭より順次制度化を実現してきた。さらに全国手話通訳問題研究会（全国手話通訳者会議より発展、一九七四年―）とともに、手話通訳士試験制度（手話通訳技能認定試験、一九八九年―）、手話奉仕員・手話通訳者養成カリキュラム（一九九八年―）とそれにもとづく手話通訳者試験の実施など、手話通訳に関する公的施策を拡充させてきた。二〇〇六年四月に施行された障害者自立支援法では、市町村における手話通訳者派遣事業を必須化し、さらに改正法である障害者総合支援法（二〇一三年四月施行）では、都道府県における手話通訳者の派遣事業および手話通訳者養成事業の必須化、市町村における手話奉仕員養成事業の必須化をおこなった。

手話通訳者の資格は、都道府県がおこなう手話通訳者試験（試験問題・試験基準は全国手話研修センターが作成。全国統一試験として実施）、厚生労働大臣認定試験としての手話通訳士試験（手話通訳技能認定試験）の二つの資格がある。二〇一一年度現在、手話通訳者試験には三〇六九人、手話通訳士試験には三一一四人が合格している（重複合格者含む）。

資格試験に合格し、手話通訳者として認定・登録された者は、地方自治体に登録され、登録手話通訳者または設置手話通訳者として、日常生活に関する手話通訳派遣事業に従事するほか、司法、教育、労働、医療などの場面・領域で手話通訳を担っている。

現在おこなわれている手話通訳者の養成事業としては、市町村でおこなわれる手話奉仕員養成事業（八〇時間）、都道府県・政令市・中核市でおこなわれる手話通訳者養成事業（九〇時間）がある。専門的な手話通訳業務に携わるための資格試験に合格するには、まったく不十分な養成時間設定といわざるをえない。そのため手話通訳学習者には、継続的・長期的な自己学習期間が求められている。手話通訳学習者は、これらの養成講座受講後、手話通訳者試験や手話通訳士試験に合格するまで、平均八年から一〇年かかっているという調査報告がある。

高等教育機関での手話通訳者教育は、国立障害者リハビリテーションセンター学院で手話通訳学科が設けられ（一九九〇年―）、現在二年間二〇〇〇時間の養成カリキュラムが実行されているほか、数校の専門学校で手話通訳者養成課程が設けられているが、全体でも一〇〇人程度の入学定員となっている。四年制大学では、金城学院大学で手話奉仕員と手話通訳者養成カリキュラムに則った手話通訳者教育を受けることができる（二〇〇一年―）。欧米やいくつかのアジアの国々では、四年制大学での手話通訳者養成が標準となっているが、日本では上述したように数少ない教育機関で教育がおこなわれているにとどまる。

新しい動きとしては、二〇一四年四月から筑波技術大学の大学院に技術科学研究科・情報アクセシビリティ専攻（修士課程）が開設され、手話教育コースにおいて教育者・研究者養成がおこなわれる。

これまで手話通訳事業は、障害者福祉という範囲のなかで、社会福祉サービスとして実施されてきた。障害者総合支援法では、地域生活支援事業に位置づけられ、市町村の裁量で予算やサービス内容・サービス量を決める事業となっているため、実施しない市町村もあり、また、実施していてもきわめて少ない事業予算のため利用制限が大きい市町村があり、市町村格差や都道府県格差がはなはだしい状況となっている。全国どこでも、同一水準の手話通訳サービスが提供できる法・制度が望まれている。また、雇用された手話通訳者の八割が非正規雇用であり、身分保障も大きな課題となっている。

二〇〇六年に国連で採択された「障害者権利条約」は、ようやく日本でも二〇一三年第一八五回国会で承認され、批准された。ここには、手話通訳を利用する権利が記述されているが、おもなものを紹介すると、第九条「施設・サービス利用」、第一三条「司法手続き」、第二一条「表現及び意見の自由・情報利用」、第二四条「教育」、第二七条「労働」、第二九条「政治」となっており、これらの領域を含む社会生活上のすべての場面において、手話通訳サービスが利用可能となることが目標とされている。また、二〇一三年六月には障害者差別解消法が制定され、国および地方公共団体には、障害者差別の解消のための施策策定と実施が義務づけられている。

先に紹介した障害者総合支援法では、「手話通訳等を行う者の派遣その他の聴覚、言語機能、音声機能その他の障害のため意思疎通を図ることに支障がある障害者等に対する支援の在り方」を、法の施行後三年をめどとして検討するとしている。社会福祉サービスの範囲にとどまることなく、障害者権利条約で示された「国際的な標準」にもとづく法制度の整備、手話通訳実施体制（教育・認定・設置・派遣・研修）の整備が進められなければならない。

（はやし・ともき　金城学院大学教授）

場　　面	場　　所	内　　容
①育児・教育場面	保健所，病院，診療所	出産，乳幼児健診，診察，母親教室など
	幼稚園，保育所，小・中・高等学校，大学など	保護者会，個人懇談，授業参観，入学卒業式，学芸会など 高等教育機関の講義や行事など 地域の教育活動への参加や社会活動など
②労働場面	職業安定所，事業所など	求職相談，就職面接，雇用保険の給付など 労働条件や職場環境に関する相談など 朝礼や職場内の会議，職場研修，職場外研修，QC 活動など 労働組合の会合や大会など
③医療場面	病院，診療所，保健所など	診察，治療，検査，集団検診など 入院手続き，手術前後の説明，入院生活など 往診，訪問看護など
④司法場面	警察，検察庁，裁判所，法律事務所，公証役場など	交通事故，被害届，免許更新など 裁判，調停，審判など 法律相談，遺産相続など
⑤暮らしの場面	公的機関・施設 公共機関・施設 民間機関・施設 個人宅など	町内会や自治会がおこなう催しや活動，近隣での人間関係に関することなど 家族間（親戚なども含む）の相談や会合など 住宅の入居手続き，契約，売買，引っ越しなど 役所での各種手続き（年金，税金，医療保険，介護保険など） 冠婚葬祭（結婚式，葬式，法事など） 各種選挙における政見放送や演説会など
⑥社会教育場面	公的機関・施設 公共機関・施設 民間機関・施設など	自治体や団体等が主催する各種の文化講座や講演会，研修会など 資格取得や教養を高める研修会など 障害者の社会啓発行事など

表　手話通訳場面と内容（林智樹『手話通訳学入門』42 頁）

第2章　医療通訳

日本で暮らす在留外国人の増加とともに、日本語で十分コミュニケーションのできない人たちが医療機関を訪れる機会が増えてきている。医療通訳とは、病院や医院などの医療機関や薬局などで医療に関わる会話を対象に、二つ以上の言語間の言葉の橋渡しをおこなう業務のことである。

会議通訳の一つの分野としての医学通訳もあるが、そのおもな業務は医学学会や医学系のイベントなどでの通訳である。本書で扱うコミュニティ通訳としての医療通訳は、そのような通訳とはまったく異なり、地域社会で暮らす人たちのための言葉の橋渡しをおこなう業務を指す。医療通訳は高度な知識や通訳能力を要するという点で、司法通訳と並び、コミュニティ通訳のなかでの重要分野である。この章では、医療通訳の意義や根拠、現状や問題、通訳者の倫理や役割、医療提供者との関係などについて解説する。また、医療通訳のなかではその意義などの点で特殊な位置づけにある「メディカル・ツーリズム」についてもふれたい。

生まれた赤ちゃんは男の子——医療通訳の現場から

Aさんは日系ブラジル人だが、日本人と結婚して某地方都市に住んでいる。ブラジル人をはじめとする外国人が多く暮らしている地域なので、外国人のための医療に対応している病院もいくつかあり、Aさんはその一つで看護助手という立場で専任のスタッフとして雇われている。Aさんはすでに二〇年間、この仕事に従事していて、ベテランの域に達している。Aさんのおもな仕事はブラジル人が来院したときの通訳である。通訳以外にも、患者さんのために入院の手続きや手術や検査などに関する説明をしたりするのも仕事である。毎日一〇人以上のブラジル人の患者が訪れ、ほとんど一日中、暇な時間はない。

Aさんが医療通訳の仕事を始めてまもない頃、通訳の仕事の難しさを思い知った出来事があった。産婦人科で妊娠七カ月目の妊婦さんの定期検診の通訳をしたときのことである。初めての子どもだということで、妊婦さんもその家族も、生まれるのをとても楽しみにしている。超音波検査をしながらの会話の通訳をした。

医師　赤ちゃんは元気に育っています。心配ないですよ。
妊婦　男か女かわかりますか。
医師　そうですね。はっきりとはわかりませんが、この映像で見る限り、女の子のようですね。
妊婦　そうですか。うれしいです。

三カ月後、赤ちゃんが生まれた。男の子だった。妊婦さんと家族はたいへんがっかりした。それは、男の子が欲しくなかったからではない。その家族の出身地方では、子どもが生まれる前に、その子のために衣服や道具、家具など、すべて用意しておくという習慣があり、子どもの性別がわかった場合、何もかもそれに合わせて用意をすることになる。その家族は、女の子だと言われて、産着やベビーベッド、おもちゃ、食器など、すべて女の子用のものをそろえてしまっていたのだ。産婦さんはAさんに、「診察のとき、たしかに、女の子です、と言われたのに、男の子だったじゃない、どうしてくれるの」と、怒って文句を言ってきた。Aさんは、「ときどき判断が間違うこともあるんです。ごめんなさい」と謝るしかなかった。

そのことが気になったAさんは、診察のときのことを思い出し、あることに気づいてはっとした。自分の通訳が問題だったらしい。医師は、「はっきりとはわからないが、この映像で見る限り女の子」と言った。しかし、Aさんは、「はっきりとはわからない」「この映像で見る限り」という表現の持つ意味がしっかりと伝わるようには訳せていなかった。つまり、超音波映像では、赤ちゃんの性器が映れば男の子だとわかるが、男の子であっても性器が映らないケースもある。だから映像では女の子に見えても、「今はそう見える」というだけのことにすぎない。それを、Aさんは「女の子」の部分を強調して訳してしまった。

そして、その後の診察で、妊婦さんがときどき、これから生まれる子どものことを「私の娘」と表現することもあったので、女の子だと確信していることがわかるのに、それについてAさんは何も深く考えなかった。しかも、医師には「私の娘」という部分を、日本語として自然な「赤ちゃん」という表現で訳していたのだ。もし正確に「娘」と訳していれば、医師も気づいて、「まだ一〇〇パーセント女の子だと決まったわけではないですよ」と言ったにちがいないのに、Aさんはそのチャンスすら奪ってしまった。

性別に合わせて赤ちゃんのものを全部そろえるという習慣がある人たちだと知っていれば、もっと慎重に通訳できたのにと、Aさんはたいへん悔しい思いをした。いまでは医療機器も進化し、赤ちゃんの性別はほぼ一〇〇パーセント正確にわかるようになったが、当時の状況では、もっと慎重になるべきだった。Ａさんが自分の未熟さを身にしみて感じた事件だった。

医療通訳と生存権

日本国憲法第二五条第一項は次のように定める。

すべて国民は、健康で文化的な最低限度の生活を営む権利を有する。

「健康で文化的な最低限度の生活を営む権利」には、安全な医療への権利も含まれていると解釈できる。また、日本が批准している国際人権Ａ規約（社会権規約）第一二条には、次のように述べられている。

1　この規約の締結国は、すべての者が到達可能な最高水準の身体及び精神の健康を享受する権利を有することを認める。

この規約は、締約国に対し、第一に、妊婦、乳幼児および児童の健康、第二に、環境衛生および産業衛生の改善、第三に、病気の予防と治療、第四に、医療、看護などの確保のためのそれぞれの措置を取るべきことを義務づけたものである（外務省「世界人権宣言と国際人権規約」http://www.mofa.go.jp/mofaj/gaiko/udhr/kiyaku.html）。これらの条文は、すべての者に「健康を享受する権利」があり、医療や看護が受けられるよう、国が条件を整えることを求めている。

また、患者の権利を具体的にうたったものとしては、一九八一年、世界医師会第三四回総会で採択された「リスボン宣言」がある。これは、患者の「良質の医療を受ける権利」の保障のために、医師が適切な手段を講じなければならないという医療の世界の行動指針を初めて打ち出した。

それから一〇余年たった一九九四年には、アムステルダムで世界保健機関WHOのヨーロッパ地域事務所が「患者の権利に関するヨーロッパ会議」を開催し、ここでリスボン宣言の趣旨を発展させた「ヨーロッパにおける患者の権利の促進に関する宣言」をまとめた。これには、情報を提供される権利やインフォームド・コンセントに関する内容などが盛り込まれている（林かおり「ヨーロッパにおける患者の権利法」）。

日本でも、各地で患者の権利に関する宣言や章典が定められている。たとえば、東京都「都立病院の患者権利章典」では、「良質な医療を公平に受ける権利」や「病気、検査、治療、見通しなどについて、理解しやすい言葉や方法で、納得できるまで十分な説明と情報を受ける権利」などが明記されている（東京都病院経営本部 http://www.byouin.metro.tokyo.jp/kenri/）。

以上のような、あらゆる人が享受すべき「健康の権利」という概念にもとづく「患者の良質な医療を受ける権利」「情報を提供される権利」という観点から考えると、医療の現場で言葉の壁のためにコミュニケーションができない人々は、それらの権利を享受することができない。したがって、医療通訳は、それら権利の保障のために必要であるということになる。

また、上記の日本国憲法第二五条第二項には以下のように定められている。

国は、すべての生活部面について、社会福祉、社会保障及び公衆衛生の向上及び増進に努めなければならない。

ここでは「努めなければならない」とされ、日本国民を対象とする場合でも国としてどの程度それをおこなうか、行政府の裁量に大きく委ねられていることがわかる。対象を外国人とした場合、基本的な考え方としては、通訳制度を拡充して憲法や人権規約の理念を実現していくということになるが、今後のさらなる議論が必要である。

医療通訳の必要な場面

日本語がわかる患者にトラブルが多い

医療通訳の必要な場面は、病院や医院などの医療機関や薬局で、言葉の壁のためコミュニケーションがうまくできない患者と医療提供者とのあいだの橋渡しが必要なあらゆる場面である。医療提供者とは、医師や看護師だけでなく、検査技師、薬剤師、受付の職員も含まれる。

では、どんなときに医療通訳者をつける必要があると判断すべきであろうか。日本語が少しわかる患者にいちばんトラブルが多いという。外国人が少し日本語を使うと、それを聞いた日本人は、とたんに安心してしまい、日本語ができる人として扱い、医学用語などの難しい言葉も交えて容赦なく日本語で話しかけるようになる。そして、そういう状況では、その外国人は、日本語がわからなくても「わかりません」とは言えなくなる場合も多い。医療提供側も患者に「はい」と言われてしまえば、患者が理解したとして、その時点で説明責任が終わってしまうのである（村松紀子「医療通訳者のつぶやき」二一三頁）。

「日本語ができる」外国人でも、基本的には通訳をつけるほうがよい。日常会話ができることと、医療の現場で話される専門的な語彙が理解できることとはまったく別である。また、病気になったり怪我をしたりして精神的なストレスがかかっているときには、人間は明確に考え、聞き、話す能力が低下する。特に第二言語を使用しているときにはそれが顕著になる。正確な情報伝達が非常に重要な場面では、外国人には原則として通訳をつけるべきであろう（水野真木子『コミュニティー通訳入門』二三頁）。

外国人患者とのコミュニケーションの現状

日本の場合、司法通訳と異なり、医療通訳は国の制度として機能しているわけではない。外国人が地域の医療機関を訪れるさい、通訳者がいないときには、言葉の壁にどのように対処しているか、さまざまな現場からの声をまとめると以下のようになる。

- ●患者が家族や友人など、通訳してくれる人を自分で連れてくる
- ●日本語か英語のどちらかがある程度使える患者には、それぞれの医師が片言で対応
- ●中国人患者の場合だと漢字で症状を伝えることもできる
- ●医療機関のスタッフのなかで、その言葉ができる人に臨時に通訳になってもらうこともある
- ●薬の服用の仕方なども、絵を描いたり、手振り身振りで何とか意思を伝えている

このように、患者自身が通訳者を連れてくる場合と、医療提供側の工夫でどうにかこうにかコミュニケーションを可能にするという場合の二種類の方法で対処している。また、コミュニケーションの方法としては、片言、ジェスチャー、絵、漢字などを使うケースと、その言葉ができる人を「通訳ができる」人として連れてくるケースがある。前者については、それぞれ非常に表現の幅が狭い手段を使ってのコミュニケーションなので、難しい抽象的な概念を説明するには限界があることは容易に想像がつく。後者の場合は、誰か両言語に通じている、あるいは場合によっては多少話せる程度の人が通訳をするということだが、これはすぐ次の節で述べるように、訓練を受けておらず通訳スキルや倫理意識のない「アド・ホック通訳者」（第1章二八頁）を使用するということであり、利益より

も弊害のほうが多い。日本の医療機関では、大都市や外国人集住地域を除き、いまだにこのような状況が続いている。

ある日系ブラジル人女性は、自分の悲惨な経験を語ってくれた。彼女が小学生だった頃、急性盲腸炎にかかってしまった。両親が病院に連れていったのだが、そこには通訳者はいなかった。家族で日本に来て一年ほどしかたっておらず、両親は日本語がほとんどできない。地元の小学校に通っていた彼女は、日常的な会話は何とかこなすことができた。そのため、病院では、彼女が医師や看護師の言うことを両親に伝える通訳の役割をしなければならなかった。病気なのは自分なのに、ひどいお腹の痛みに耐えながら、おぼつかない日本語で通訳をしなければならなかったことを、彼女はいまだに悪夢のように覚えているそうである。

これは極端なケースであるが、家族、特に子どもが通訳をすることの問題点や危険性が多く指摘されており、アメリカでは子どもの通訳を法律で禁止している州もある。

専門家としての医療通訳者

このような状況から脱却するために、専門家としての医療通訳者の養成が必要であるという意識が芽生え、二〇〇〇年を過ぎる頃から、各地で医療通訳の制度を整える必要性が認識され、大都市や外国人集住地域を中心に、各種の取り組みがおこなわれている。よくある形態として、外国人の多い地域では、地方自治体の国際交流協会や各種ＮＰＯの活動の一環として、医療通訳が位置づけられている。

日本語を解さない外国人住民の数が増加し、地域の医療機関で言葉の壁が問題になり始めた初期の頃は、各国際交流協会の「登録語学ボランティア」が、ボランティア活動として外国人患者に付き添って医療機関に行くという形が中心で、「コミュニティでの医療分野を専門とする通訳者」という存在はいなかった。しかも、患者がそのようなボランティアの存在すら知らないことが多く、自分の家族や知人などの助けを得て、医療機関でのコミュニケーションをおこなうというケースも多かった。前述の「アド・ホック通訳者」である。そのため、さまざまな弊害が起こっていた。

しかし、徐々に、人命に関わる医療通訳は、国際交流行事のようにボランティア感覚で対応するべきではないとの認識が高まり、医療専門知識の習得や通訳者としての正しい倫理意識を身につけることが必要とされるようになった。行政が関わった例としては、全国に先駆けてコミュニティ通訳士を市が認定し提携病院に派遣するシステムを立ち上げた大阪府吹田市の例や、県内の大学の協力を得て、医療通訳者を養成しそれを派遣するシステムを立ち上げた愛知県の例などがある。

また、一部の国際交流協会やＮＰＯはこの問題に積極的に取り組み、通訳者を派遣する医療機関の協力のもとに、独自のトレーニング・プログラムや教材の開発、能力認定を含むクオリティ・コントロールもされるようになってきた。「多言語社会リソースかながわ（ＭＩＣかながわ http://mickanagawa.web.fc2.com/）」や「多文化共生センターきょうと（http://www.tabunkakyoto.org/）」などは、その草分け的な存在である。このような努力のおかげで、非常に優秀な医療通訳者たちも育ってきている。しかし、これは国の公益事業としての位置づけではなく、各団体の自由な方針に任されており、非常に進んだシステムを持つ地域もあれば、いまだに何の制度も存在しない地域もある。

外国人集住地域の医療機関が持つ通訳システム　群馬県太田市、愛知県豊橋市、豊田市、静岡県浜松市など、ブラジル人を中心とする外国人集住地域では、その医療の現場でのコミュニケーションについても、独自のシステムが発達しているケースが多い。たとえば、愛知県豊田市にある「厚生会豊田病院」では、南米出身のポルトガル語やスペイン語の通訳のできるスタッフを常駐させている。いつでも医療通訳がいるという安心感から、その地域に住む外国人のみならず、周辺地域の外国人までが診療に訪れ、通訳が必要な外国人の来院が毎日多くあるという。

このように、医療機関のなかには、国際交流協会などからの派遣に頼ることなく、独自に通訳の制度を設け、地域の外国人の医療に貢献しているところがある。

また、外国人の多い東京や大阪などの大都市で、特定の国籍をターゲットとすることなく、外国人一般を対象とするシステムを持っているところもある。たとえば、東京の「小林国際クリニック」ではかなり早い時期から外国人を対象とする診療を始めているが、六ヵ国語に対応でき、毎月二〇〇人から三〇〇人の外国人患者が訪れている。大阪では関西国際空港に近いところにある「りんくう総合医療センター」には国際外来があり、四ヵ国語に対応できる通訳システムを持っている。

医療通訳に期待されるもの

資質・能力　司法通訳の分野と同様に、医療通訳の分野も人の生命や健康がかかっている現場での通訳ということで、正確性が非常に重んじられる。診察の場でやりとりされる情報が、病気の診断やその後の治療のあり方にとってカギとなるので、通訳者が間違った情報を伝えることは許されない。そのような責任ある立場での通訳には、言語に対する十分な運用能力を持ち、通訳スキルの訓練を受け、医療分野の知識を備えている人材があたることが必要である。しかし、他にも必要な資質がある。

医療の現場では、司法分野同様、通訳者の心の負担になるような内容が扱われることが多い。病気や死といった人の不幸を目の当たりにするとともに、怪我の治療や検査など、あまり立ち会いたくないような場面にも立ち会わなければならない。多くの血を見ただけで気分が悪くなったりしていては、通訳者は務まらない。また、あまりに患者に感情移入してしまうと、自分が精神的にもたなくなる。「いま、ここで起こっていること」と自分自身を客観的に切り離すことのできる冷静さと精神力が重要である。もちろん、医療従事者にとっていちばん重要な、患者に対する思いやりや「人間」を大切に思う気持ちは忘れてはならない。

また、通訳者には、医療の現場で多く遭遇する文化差に起因する問題に対処できる力も必要である。単にバイリンガルであるだけでなくバイカルチュラル（二文化に精通すること）であることも求められる。これについては、次に医療通訳の倫理との関わりで詳しくふれる。

通訳倫理　ここでは、医療通訳者に期待される事柄を、倫理原則に沿って述べる。医療通訳の倫理は、世界の多くの医療通訳者倫理規定を参考にしてまとめると、おおまかに、正確性、中立性・公平性、守秘義務、異文化への理解、プロ意識、アドボカシー（擁護）という項目に分けられる。だが、異文化の問題やアドボカシーに関しては、通訳者の役割の問題と密接に関わっているので、役割についての節で詳しく述べることにし、まず、通訳者の倫理について、正確性、中立性・公平性、守秘義務、プロ意識の四項目について述べていきたい。

正確性　医療通訳者に最も期待されるのは、情報の正確な伝達である。医療という人の生命や健康が扱われる分野においては、そこに関わるすべての人々が同じ目標を持っている。それは、患者の健康と幸福である。これは司法の分野との大きな違いでもある。たとえば裁判では、検察側と弁護側が、それぞれの立場を法廷という場でいかに説得力ある形で提示するかが言語活動の主要テーマであり、そこでは情報を新たに得ようとする意図はあまりない。裁判で重要なのは、両者にとって既知の情報を、いかにして正確に裁判官や裁判員に伝えるかということなのである。

ところが、医療の現場では患者の病気や怪我を治すための情報のやりとりが言語活動の主要テーマとなっている。

正確な診断を下すためには患者から病状に関する情報を正確に得なければならない。治療を効果的におこなうためには患者に何をすべきかを正確に伝えねばならない。つまり、情報の中身の正確性が最も重要なのである。

医療の現場で、正確なコミュニケーションを実現するには、いくつか注意すべきことがある。まず、診察の場面のディスコース（書かれたことや言われたことの内容を指す。「談話」「言説」などと訳される）の特徴に習熟しておくことである。医師は、患者から効率的に情報を得るために、特定の質問のパターンを持っている。まず、「今日はどうしましたか」「その痛みについて詳しく話してください」というような、オープン・クエスチョンから始まり、「どういうときにその痛みは現れますか」のようないわゆる5W1Hを問う質問に変わり、「その痛みは夜にひどくなりますか」というような、イエス・ノーで答える質問に移行する。通訳もこの流れに沿って訳していく必要がある。

また、通訳は知識がないとできない。医療用語の知識はもちろんのこと、病気のメカニズムにも精通していないと、思わぬ誤訳につながるかもしれない。痛み一つをとっても、どのような痛みなのか、その性質によって病気の診断が下されるので、症状に関する部分は非常に慎重にならなければならない。

また、通訳者は医療専門家ではないということを認識し、そこで言われたことはすべて訳す必要がある。患者が意味のないことを言っていると勝手に判断し、忙しい医師にはそのような内容を伝えないことが良いことであるという考えを持つ通訳者がいるが、通訳者にとっては無意味に思えても、医師にとっては病気に関する重要なカギになるかもしれない。通訳者はその判断をする立場にない。患者が話す内容を、よけいな枝葉のようにみえることも含め、すべて医師に伝わるように訳すべきである。ただ、文化特有の表現などが使用され、話されたことをそのまま訳しても意味がないと判断される場合は、ある程度の調整をおこなわなければならない場合もある。医療従事者にとっての究極の目標は患者の生命を救うことであり、患者の健康を守ることである。状況を相手にわかるように正確に伝達することが医療通訳者にとって最も重要な仕事である。

公平性・中立性　司法通訳とは異なり、医療通訳における公平性と中立性は、患者との個人的ふれあいを完全に排除するということを意味しているのではない。通訳者は患者と二人きりになることもあり、個人的な会話をまったくしないということは無理である場合が多い。医療の現場の究極の目的は患者の健康と幸福であり、通訳者もそれを実現するための医療チームの一員ではあるが、通訳者の役割は医療提供者と患者のあいだの相互理解の促進であり、意味を正確に伝えることであって、それ以上でも以下でもない。通訳者が患者のために個人的に通訳以外の何かをしてあげるということは、普通はない。

患者にとっては、通訳者が唯一言葉の通じる人間であるので、自分の不安について相談したりすることも多いが、通訳者は医療の専門家ではないので、助言したり、相談に乗ったり、決定を下したりする立場にはないことをきちんと伝えるべきである。また、通訳者は医療の現場では、当事者のどちらかの肩を持つような行動はすべきではないし、どちらかを説得するような行為もしてはならない。

「全米医療通訳者協議会ＮＣＩＨＣ（National Council on Interpreting in Health Care）」の全米医療通訳倫理規定には「個人的な関係はまた、通訳の妨げになるような、違った形の期待や要求をもたらす。個人的な関与を避けることで、対立しあう期待と要求のあいだの利益相反の危険性が最小限になる」（http://www.ncihc.org/）と述べている。通訳者は医療の現場以外のところで患者と関わりを持たないことで、そのような危険を避けることができる。ただし、個人的な関わりを持たないことは、人間としての思いやりや共感を妨げることにはならない。医療の場ではラポール（共感的関係。互いに信頼し合い、安心して交流できる状態）は非常に重要であるので、通訳者もラポール構築に努めることは重要である。

医療通訳者が、地域の外国人コミュニティの一員であるケースも多い。その場合、もともと知っていた患者との個人的関係を避けることは不可能である。通訳者は、そのような個人的関わりから生じる影響を極力抑えるよう努力しなければならない。少なくとも通訳者の業務を遂行しているあいだは、難しいことではあるが、患者とのふだんの関係性から自分自身を切り離して行動すべきである。

守秘義務　医療の現場では、患者のプライバシーに関わる事柄がいろいろと話される。通訳者には、医師や看護師と同レベルの守秘義務がある。業務上知りえた知識を他に漏らしてはならないし、それを自己の利益のために利用してもいけない。特に、個人情報保護が強化されている今日では、個人情報の扱いに非常に気をつける必要がある。個人情報とは氏名、年齢、住所のようなものだけではなく、その人に関わるすべてを指すと考えるべきである。医療の現場では患者の病状の一つひとつも個人情報である。

守秘義務に関して問題になるのは、患者の家族に対して患者の情報を伝えてもよいかということである。家族は一心同体なので知る権利があると誤解されがちだが、患者を「個人」として見た場合、家族に自分の病気に関する情報を伝えるかどうかは、その人の意思に任されるべきである。また、家族であるからといって「秘密を持たない関係」であるとは限らない。

アメリカの医療通訳者から次のような話を聞いた。産婦人科で、ある移民の女性の通訳をしたさいのことである。診察後、その女性が席を外していたとき、夫がやってきた。そして、通訳者に「妻の具合はどうだった」と尋ねた。通訳者は、「特にどこかが悪いということではないようです。ただ、妊娠三カ月なので、気をつけなさいということでした」と、医師の言ったままを伝えた。その後、その夫婦はどうなったかというと、大ゲンカをして離婚したということである。その女性の夫は船員で、半年間、家を留守にしていたのである。

家族間でも秘密にしたいことはあり、他人である通訳者が不用意に情報を伝えることで、大きな問題につながることがある。通訳者としては、家族であろうと誰であろうと、本人の許可なく情報を伝えてはいけない。

では、診察のときに、患者の体を見て、虐待の疑いがあると思ったとき、通訳者はどうすべきか。これも個人情報だから、守秘義務を守る必要があるのだろうか。これについては、法律に従って行動することが正しいと言える。

日本の場合、「児童虐待の防止等に関する法律」の第六条には「児童虐待を受けたと思われる児童を発見した者は、速やかに、これを市町村、都道府県の設置する福祉事務所若しくは児童相談所又は児童委員を介して市町村、都道府県の設置する福祉事務所若しくは児童相談所に通告しなければならない」という定めがある。また、「高齢者虐待防止法」第七条第一項では「養護者による高齢者虐待を受けたと思われる高齢者を発見した者は、高齢者の生命又は身体に重大な危険が生じている場合は、速やかに、これを市町村に通報しなければならない」と通報義務が課され、同条第二項では「養護者による高齢者虐待を受けたと思われる高齢者を発見した者は、速やかに、これを市町村に通報するよう努めなければならない」とし、通報の努力義務が課せられている。

医療機関でそのようなことがあった場合、医師や看護師が通報するのが通常であって、通訳者が率先して行動しなければならないケースは少ないと思われる。しかし、このように、守秘義務に優先する通報義務もあることは念頭に置いておく必要がある。

プロ意識　医療通訳の場合、報酬という点で現状ではボランティアに近いものがあっても、人の命や健康がかかっている場での通訳をする以上、プロ意識と責任を持って業務をおこなう必要がある。たとえば、自分の技術や能力を超えるような業務を依頼されたら、それを断る勇気を持たねばならない。できないかもしれない仕事を安易に引き受けることはプロ意識に反する。もし、必要とされている言語の通訳者が自分しかいない場合は、自分の能力について、依頼人に正直に伝えておくという透明性が重要である。

また、自分の通訳者としての業務について、当事者に明確に伝わるようにしておくことも必要である。知人や家族などが付き添っているという誤解をされないように、そして、通訳以外の雑用を頼まれたりしないように、身分証のようなものがあれば提示することも一つの方法である。

さらに、専門職としての誇りを持って仕事をするためには、それの裏づけとなる能力を身につけておかねばならない。医療技術は日進月歩で進歩していく。通訳者の知識もそれに追いついていかねばならない。継続学習がカギである。

医療通訳者の役割

対立し合う役割モデル　通訳者の役割は「直接的」対「仲介的」（direct vs. mediated）という対立概念によって説明されることがある（Bolden, "Toward understanding practices of medical interpreting," p. 391, quated in Hale, *Community Interpreting*, p. 41）。「直接的」なアプローチとは、医師と患者は通訳を通じて互いに直接話し、通訳者はそれを発話ごとにそのまま通訳するという形態である。「仲介的」とは、通訳者が会話を仲介する、言い換えると、患者と通訳者、医師と通訳者という二つの会話が存在し、それが相互にからみ合うコミュニケーションが成立する、つまり、医師と患者との直接の会話という形にはならない形態である。後者のアプローチは、通訳をする人間が、プロの通訳者としてではなく支援者として関わっているという意識を強く持っている場合に取られることが多い。訓練を受けた通訳者ではなく、いわゆるアド・ホック通訳者（前述）の場合も、このようなアプローチになることが多い。

医療の現場における通訳者の役割については、他にも多くの対立し合う概念が挙げられてきた。たとえば、「目に見える」対「目に見えない」（visible vs. invisible）、「機械」対「人間」（machine vs. human）、「関与的」対「関与的でない」（involved vs. uninvolved）などである（Hale, *Community Interpreting*, p. 41）。どの対立概念をとっても、一方では通訳者が会話のなかに独立した一人の対話者として参与しており、他方では通訳者は単なるコミュニケーションの仲立ちであり、会話そのものに参加してはいない。

アメリカにある「カリフォルニア・ホープ（California Hope）」という病院で、多くの医療通訳者やその他のスタッフを対象に、二二カ月にわたる調査がおこなわれたが、その結果、医療通訳者はコミュニケーションの仲介者として実際に「目に見える（visible）」存在であるし、そのような役割を自ら意識していることがわかった（Angelelli, *Medical Interpreting and Cross-cultural Communication*）。

目に見える存在である通訳者

医療通訳者を「目に見える」存在にする行為としては、自らを、通訳を介したコミュニケーションの共同参与者であり共同構築者であると位置づけること、コミュニケーションのルールをつくり会話の流れをコントロールすること、用語や概念を言い換えたり説明したりすること、メッセージを伝えるさいにレジスター（第1章三二頁）のレベルを上げたり下げたりすること、情報にフィルターをかけること、当事者の一方に肩入れすること、当事者になり代わってコミュニケーションに参加すること、などが挙げられている（Angelelli, "The role of the interpreter in the healthcare setting," pp. 150–151）。このなかには、通訳という行為を円滑に進めるためにおこなわれるものもあるが、医療通訳者にとってふさわしくない行為も含まれている。たとえば、情報にフィルターをかけることは正確性の倫理に反するし、当事者の一方に肩入れすることは、公平性の倫理に反する。また、当事者になり代わってコミュニケーションに参加することは、通訳という行為から大きく逸脱することである。

通訳者は「透明人間」であるべきだという主張があるが、完全に目に見えない通訳行為は存在しない。メッセージを正確に伝達しようという努力自体に、通訳者の存在が反映される。医療の現場での中核的価値は患者の健康と幸福である。情報の正確な伝達がそれを支える。通訳者の最優先すべき役割は正確な情報の伝達者である。医療の現場では、「目に見える」形でそれがおこなわれることもある。通訳者自らが難解な言葉をわかりやすく説明しなければならない場面もあるであろう。高度に形式化された、ルールを明確にしやすい法廷通訳などに比べると、通訳者の役割の線引きが難しいのが医療通訳である。「正確な情報の伝達」を軸に、状況に応じて最もふさわしい役割を選び取っていくことが求められるのである。

異文化問題と通訳者の役割

「仮に言語の違いがなかったとしても、文化の違いは効果的なコミュニケーションを妨げ、誤解を生じるもとになる」(Flores, "Culture and the patient-physician relationship," quated in Angelelli, *Medical Interpreting and Cross-cultural Communication*, p. 19) というように、言葉の問題を度外視しても、文化の違いが引き起こす問題は多い。そこに「言葉の壁」の問題が加わると、誤解やコミュニケーションの齟齬は、さらに増幅される。そんななかでコミュニケーションの仲立ちをする通訳者には、異言語間だけでなく異文化間の橋渡しをする役割も期待される。

医療の現場での異文化問題は人間の生き方そのものに関わる非常に複雑な問題である。通訳者の存在がその異文化問題とどう関わるかは、たいへん重大なテーマである。

医療の現場の異文化問題　医療通訳には他の通訳分野とは異なる特殊な事情が存在する。それは、外国人が病気になったとき、その人をとりまく社会や育った環境による習慣や期待の違いが顕著になるということである。たとえば、文化によっては感染症でも隔離するという発想が乏しいし、伝統医療が根強く実践されている文化出身の患者は、西洋医学を中心とする医療環境になじめないことも多い。そして、特に、妊娠、出産、育児は伝統が強く残っている分野である。総じて、健康観、疾病観、衛生観、死生観など、文化間での違いが葛藤や軋轢を生じやすいのが医療の現場である（中村安秀「医療通訳の展望と可能性」）。

宗教上の理由で、病院で出される入院食を食べず、家族に持ち込ませた食事を食べて治療に悪影響を及ぼすケースなど、患者の健康という医療の現場の究極の目標と、患者の自己決定権をどう保障するかという問題がからみ合ってくる。単なる食事だけの問題であれば、病院側が患者の宗教に配慮した献立にするなどして解決することは容易であるが、輸血拒否など、治療行為に直接関わってくる事柄になると、問題は簡単ではない。

さらに、宗教がらみのジェンダーに関わる問題が生じることがある。イスラム圏の女性が男性医師に肌を見せたがらないという問題はよく知られているが、女性には自分の体や病気に関しても決定権がなく、診察にも家族の男性が付き添って来て、女性の代わりに医師の質問に答えたりすることが多い。患者である女性自身の口から話を聞きたいのに、それができないということで医師や看護師のフラストレーションを招くことがある。

また、西洋医学と東洋医学の考え方の違いなどから、不満を持つ患者もいるようである。西洋医学では、初めに検査をし、その結果を見て診断を下し治療方針を決めるので、それまで薬などは出されないことがある。しかし、東洋医学では、現在の体調不良を引き起こしているアンバランスな状態を正すために、まず投薬を含めた何らかの治療がおこなわれるので、「病院に行ったのに何もしてくれなかった」と感じることになる。

逆に、頭を打つとすぐＣＴ検査をする日本のやり方に慣れている日本人が、海外で怪我をして医療機関を訪れたときに、その国ではＣＴ検査などしないのが通常なのに、その医療機関の診察はいいかげんだと不満を持ったりするケースもある。

また、出産や産後のケアに関しての常識の違いが問題になることも多い。自然分娩を推奨することの多い日本の医療機関では簡単に帝王切開にはならないこと、また、出産後は何もせずに休むのが普通である文化の人にとって、日本の医療機関での、赤ちゃんのケアや産婦のリハビリといった産後のスケジュールが受け入れにくいことなど、多くの問題が生じる。

医療システムそのものの違いが誤解やコミュニケーションの齟齬を生むこともある。いちばん多いのが、日本の医療機関の診察時間の短さで、言いたいことをほとんど聞いてもらえなかったと、後で患者が通訳者に不満を述べるケースも多いという。また、日本の病院では、出産時の入院期間が五日間くらいというのが普通であるが、翌日か翌々日に退院するのが通常である文化の人には、日本の病院が入院期間を不当に延長してお金を稼ごうとしていると誤解されたりする。

このように、医療のさまざまな場面で文化差による不満やトラブルが生じる。

インフォームド・コンセントと文化

外国人患者とのトラブルのなかでは、医療費を除けば、最も多いのは「インフォームド・コンセントと人権」に関するトラブルかもしれない。自分で選ぶ選択肢がない状況を「人権がない」と表現する（小林米幸「日本の医療通訳の現状と良き医療通訳であるために」一六頁）ことがある。

患者の権利には情報を受ける権利が含まれている（前述五〇頁）。正しい情報を得たうえでなければ、自分の体に関する事柄について正しい自己決定ができない。オーストラリアの例だが、あるプロの歌手が喉のポリープの手術を受けた。患者は英語が十分に通じない外国人だったので、医師は通訳者を介して手術の説明をおこなった。ところが、手術を終えて体は回復したが、元どおりの声が出ない。手術の結果、声が変わる可能性について何の説明も受けていないと、その歌手は病院側の責任を追及した。ところが、真相は、手術によって声の質が変わる可能性について担当医師はきちんと説明をしていたのにもかかわらず、通訳者がその部分を伝え忘れていたのである。その歌手は、病院側と通訳者に対して損害賠償請求の訴訟を起こした。

このように、医療の現場ではインフォームド・コンセントは非常に重要な概念で、これをめぐる訴訟も非常に多い。通訳者個人に対して損害賠償請求がおこなわれた場合、それをカバーする保険が存在する国もあるくらいである。

インフォームド・コンセントに関して注意したいのは、情報を得る権利に対して、「告知されない権利」も存在することである。文化によっては、末期ガン患者などにその人の余命を告知し、残された人生をどう過ごすかを自分で決めてもらうことが、その人の権利を守ることになると考える。しかし、別の文化では、死期を知らせることは非常に残酷だと考え、患者自身もそれを知らされたくないと考える。このように、情報提供の行為自体も、適切とされる範囲が文化によって異なる。これは非常に慎重に考えないと、その人の一生の最期をみじめなものにしてしまい、取り返しのつかないことになってしまう可能性すらある。

異文化仲介に関する医療通訳者と医療提供者の意識

三一名の医療通訳者を対象に、異文化仲介者の役割について筆者がアンケート調査をしたことがある。その結果によると、多くの通訳者たちは、自分たちにとって最も大切な役割は、話された内容をそのまま正確に伝えることであるとしながらも、医療の現場で遭遇する異文化問題に対して何らかの対処をすることも自分たちの仕事であると考えていることがわかった。そして、その目的は、医療提供者と患者とのあいだの溝を埋め、不信感を取り除いて治療がスムーズに進むようにすることであると、多くの回答者のコメントが示していた。つまり、両者間のラポールをつくり上げることに通訳者が重要な役割を果たしていると意識している通訳者が多いということである。

ところが、その一方で通訳者たちは、医療提供者側はそのような通訳者の働きをあまり意識していないとみている。多くの医療提供者は文化の違いによるトラブルがあることすらあまり考えないし、可能な限り患者の文化に合わせる努力をするという発想も乏しいというコメントも多かった。医療提供者がつねに時間に追われているという日本の現状を考えると、通訳者と医療提供者とのあいだにはかなり温度差がある。しかし、通訳者の説明によって初めて、医療提供者が問題の存在を理解し、何らかの対処がおこなわれるケースも多いという。ただ、すべての患者の文化的背景を知ることは不可能であり、また、ある問題が起こったさいに、それが文化差によるものなのか個人差によるものなのか判断が難しいことも多く、通訳者の文化仲介者としての役割には限界があると、通訳者たちが感じていることもわかった（水野真木子「医療通訳者の異文化仲介者としての役割について」）。

他にも、一九名の医療通訳者に対して、その立場や役割に関する内容を含む多くの項目についてインタビューをした研究がある。それによると、通訳者たちは、あくまで正確な意味の伝達が最も重要な役割であり、患者と個人的には関わらないことを意識しながらも、単に言葉を置き換えるだけでなく、診療室で医師と患者のコミュニケーションを円滑に進めるための仲介をおこなうことや、患者の心理面に配慮したり必要な援助を受けられるように引き継ぐことも大切な役目だと考えているということが明らかになったという（灘光洋子「医療通訳者の立場、役割、動機について」九二頁）。

このように、医療通訳者たちは、話されたことをそのまま正確に伝えるという役割をいちばん重要だと認識しつつ、文化仲介者の役割も積極的に果たすべきであると考えている。

アドボカシーとは

「アドボカシー」は、医療通訳に関してよく問題になる概念で、全米医療通訳者協議会NCIHCの倫理規定にも盛り込まれている。これは「擁護」という意味で、通訳行為以外に、関係者（おもに患者）の代わりに声を上げてその人のために何かをするというようなことである。コミュニティ通訳のなかでも司法の現場では中立性が最も重要視されるので、「アドボカシー」の考えが入る余地はないが、医療など人の健康や幸福を実現するという目的がある現場では、「アドボカシー」という概念が存在する。どのような行為が「アドボカシー」なのか、Q＆A方式で非常にわかりやすく述べた文献があるので（Roat, *Healthcare Interpreting in Small Bites*, p. 47）、その内容を簡単に紹介しよう。

Q　薬局への道を教えることは？
いいえ。これは単なる礼儀です。
Q　階段でお年寄りに手を貸すことは？
いいえ。これも礼儀です。争いもなければ、誰かのために声を上げるということもありません。
Q　苦情を述べる権利について患者に知らせることは？
違います。これは患者に知識を与える行為で、その人のために声を上げることではありません。
Q　受付で来週の予約を再確認するよう頼むことは？　受付係は、来週は予約は入ってないと言うが、医師は一週間後にもう一度来るように言ったので。
はい。これは「アドボカシー」です。患者の代わりにあなたが声を上げています。
Q　患者が混乱しているように見えるので、理解できたかどうか確認してもよいかと医師に尋ねることは？
いいえ。これはコミュニケーションを円滑にするための行為であって「アドボカシー」ではありません。
Q　文化差による誤解があるようなので、話に介入することは？
いいえ。これは理解を円滑に進めるための行為です。
Q　看護師が、患者が拒否している帝王切開の同意書へのサインを偽造しているのを見たので、それをしかるべきところに訴えることは？
はい。これは自分で声を上げられない人の代わりに声を上げることなので、明らかに「アドボカシー」です。

「アドボカシー」とはこのように、医療提供者と患者のあいだの理解を促進する助けをしたり、礼儀や親切心を示したり、患者の教育のためにする行為ではなく、自分の力で自分自身を守ることのできない人の代わりに声を上げる行為だとされている。「アドボカシー」の行為は通訳者の中立性・公平性の倫理原則と相容れないことから、医療通訳者にそのような行為を認めるかどうかについては、国によって、あるいは組織団体によって考え方は異なっている。

スムーズな医療通訳のために必要なこと

医療提供者と患者の関係に通訳が介在すると

医師と患者とのあいだの関係が治療効果に及ぼす影響については、さまざまな研究がある。「相互作用（interaction）」と「関係性（relationship）」という概念があるが、患者と医療提供者とのあいだの「相互作用」は、目に見える行為のやりとりによって特徴づけられ、「関係性」は、思いやり、関心、敬意、同情など、より主観的な価値をともなう（Angelelli, *Medical Interpreting and Cross-cultural Communication*, p. 15）。医師と患者の言語コミュニケーションのあり方について、「相互作用」がうまくいくと、建設的、かつ協力的な「関係性」が築きあげられると考えられている。

すでに述べたように、医療という場でのコミュニケーションを特徴づけるのは、患者を助けるために役立つ情報を引き出す、つまり、新しい情報を求めるという点である。これは、法律家が自分の側に有利な内容を法廷で再現することを中心とし、新しい情報はあまり求められない司法の現場でのコミュニケーションのあり方とは大きく異なる。そのため、医療提供者と患者とのあいだにどれだけスムーズに情報が行き来するかが、非常に重要なカギとなる。医療提供者との関係に満足している患者は、病気に対する心配が減り、治療に協力的であるし（Frey, "The clinical philosophy of family medicine," quated in Angelelli, *Medical Interpreting and Cross-cultural Communication*, p. 16）、共感的な医療提供者に対しては、患者からの情報量が増え、病歴把握、正確な診断、治療計画などによい効果を及ぼす。

通訳が介在すると医療提供者と直接つながっているという感覚が失われるおそれがあり、「ラポール（共感的関係）」の形成にも影響があるが、その一方で、通訳不在の影響はより悲惨となる可能性もある（Angelelli, *Medical Interpreting and Cross-cultural Communication*, p. 24–25）。治療がうまくいくのに役立つ通訳の三つのメカニズムとして、「患者と医師のあいだの理解」「患者と医師のあいだの信頼強化」「患者の満足」が挙げられているように（Jacobs et al., "Impact of interpreter services on delivery of health care to limited-English-proficient patients," quated in Angelelli, *Medical Interpreting and Cross-cultural Communication*, p. 24）、患者と医療提供者とのあいだに通訳者を介して「ラポール」形成がうまくいくと治療効果が上がると考えられている。通訳者はその関わり方次第で、治療効果の面で、良くも悪くも影響を及ぼしうるのである。

医療チームの一員としての通訳者　医療の現場で最良の成果を得るには、医療提供者と通訳者が一つのチームとして仕事をする必要がある。互いのニーズを理解し、互いの役割に踏み込まず、プロとして尊敬し、役割を理解し、非倫理的行動を取らないという点での信頼感があれば、通訳者は良い仕事ができる（Hale, *Community Interpreting*, p. 61）。医療通訳者が医療チームの一員として効果的に仕事ができるかどうかは、医療提供者が通訳者についてどのように認識し、通訳者をどのように扱うかに左右される。

医療通訳者が仕事をするのは、人の命や健康がかかっている現場である。たとえ、報酬や身分という点でボランティアに近いものであったとしても、通訳者はプロ意識を持って働くことが必要である。そして、医療提供者側も、適正な資質・能力を備えたプロフェッショナルとして、通訳者を扱うべきである。

近年、外国人医療や医療通訳の問題に関心を持ち、非常に先進的なシステムを整備している医療機関もあるが、その一方、いまだに多くの医療機関で、医療提供者が通訳者に対して誤った認識を持ち、その仕事のスムーズで効果的な進行を妨げているのが現状である。しかも、二〇一〇年に日本の一七二名の医療従事者を対象におこなわれた調査によると、回答者の二三・三パーセントが日本語を話せない外国人の患者を担当したことがあると答えた一方で、医療通訳の存在を知っていると答えた回答者はたった七・六パーセントであった（川内規会「日本における医療通訳の現状と課題」）。つまり、医療従事者たちにまず、医療通訳者の存在自体を知らせることから始めなければならないケースも多いということである。

医師が通訳者に対して取りがちな行動

通訳者たちからは医師の多くの問題行動について報告が寄せられているが、おもなものを項目別にまとめると次のようになる（詳しくは Roat, *Healthcare Interpreting in Small Bites*, p. 133 参照）。アメリカの調査にもとづくものであるが、これらは、日本の医療の現場でも医師が取りがちな行動であり、多くの医療通訳者から苦情として挙げられている。

1　通訳なしで診察を始める

これは多くの通訳者が経験することである。たまたま前の患者の診察がスムーズに進んでいくと、予約の時間より前に患者が診察室に呼ばれることがある。通訳者が約束の時間どおりに行くと、すでに診察が終わっていたり、診察の途中だったりする。ことに日本の医療機関は混み合っていることが多く、少しでも早く患者をさばきたいため、このようなことが起こりがちである。これは、病院側が通訳者をつける意味を十分理解していないことを表している。

2　通訳者を家族、知人などと勘違いする

通訳者が患者のことを熟知している関係者だと勘違いし、通訳者に対して患者のことを尋ねたりする。また、重要な注意事項などを患者に直接言うのではなく、通訳者に伝えようとする。

3　医師自身が語学ができるので、通訳は不要だと思っている

通訳者がいるのに、突然、外国語で話し始める。うまく通じればいいのだが、あまり堪能ではないにもかかわらず、自分の語学力を示したいという欲求に駆られて医師がそのようなことをするのだ、という印象を持つ通訳者も多い。

4　患者にではなく通訳者に話しかける

通訳者を使うことに慣れていないと、つい、通訳者に向かって話すようになる。最初に直接会話をうながすよう、注意をしておけば防げるが、これについては次項で述べる「プレ・セッションの重要性」参照。

5　患者の行動について、通訳者のせいにする

患者が薬をきちんと飲んでいなかったなどの問題があると、それについて通訳者に文句を言う。まるで通訳者が患者の生活に責任を持っているかのように、通訳者を非難する。これは通訳者の役割を理解していないことの証拠である。

6　何か発言しておきながら、通訳をしないように言う

何か不都合なことを言っておいて、通訳者がそれを訳すと文句を言う、あるいは、言った直後に、「これは訳さないで」とつけ加える。患者は医師が何かを言ったことはわかるので、非常に気になる。通訳者が訳さないと、二人で自分の悪口を言っているのではないかと勘ぐることもある。これも、次項でふれる「プレ・セッションの重要

性」参照。

7　患者の「同意」を取るのを通訳者に任せる

手術の同意書など、倫理的および法的プロセスであるにもかかわらず、通訳者に説明を任せるのは問題である。なぜなら、同意書などに書かれていることは「インフォームド・コンセント」という意味でも非常に重要で、後で訴訟などの問題が生じるのを防ぐためにも、内容がきちんと正確に伝わる必要がある。医学の専門家ではない通訳者は、その内容にまで責任を負えない。通訳者の仕事は訳すことなので、医療提供者が自分で説明をすべきである。

8　通訳者の通訳を訂正する

自分に語学の知識があるからといって、通訳者の間違いをわざわざ指摘して訂正するのはよくない行為である。もちろん、不正確な情報を訂正していくのは重要なことだが、それは、通訳者の間違いだとあえて指摘しなくても訂正できることである。面と向かって間違いを指摘されると通訳者は萎縮するし、それを見ている患者は不安に駆られるだけであり、協力的でスムーズなコミュニケーションを阻害することになる。また、語学ができることを誇示したいがために、訂正の不必要な些細な点まで指摘したがる医師がいるようであるが、まったく無意味な行為である。

9　倫理規定に則った正しい行動であるにもかかわらず、派遣元に苦情を述べる

通訳者が自分の職務範囲を明確にしておくことは重要で、倫理にかなったことである。しかし、医療提供者にその認識がなく、たとえば、通訳者が専門的なことを自分で患者に説明するのを拒んだりすると、協力的でないとクレームをつけたりすることがある。通訳の仕事の範囲については、前もって、派遣元のコーディネーターがきちんと説明しておく必要がある。

プレ・セッションの重要性　医療通訳者は、診察の始まる前に患者と医師に対してプレ・セッションと呼ばれる行為をしておくことを推奨されるべきである。その目的は、自己紹介をして、プロの通訳者としての身分を示し、その役割を明確にすることである。これをしないと、医療提供者は通訳者のことを、身内や知人の付き添いと勘違いすることがある。もし医療通訳者としての身分証明書などのようなものがあれば、それを示すようにする。このように、専門家としての医療通訳者であることを明確にしたうえで、医療提供者と患者の両方に、どのようにしたら通訳サービスを有効に使えるか、その方法を知らせることもプレ・セッションの目的である。通訳を依頼するのが初めてだという人たちにそれを前もって知らせることは、非常に重要である（詳しくは Roat, *Healthcare Interpreting in Small Bites*, pp. 15–16 参照）。

プレ・セッションで相手に伝えるべき事柄は、次の五つにまとめられる（水野真木子『コミュニティー通訳入門』一〇二頁）。

- 自己紹介
- 守秘義務の説明
- 通訳の仕方についての説明
- 直接会話をうながす
- 協力要請

「自己紹介」には派遣の場合、どこが派遣元かという情報も伝える。プロとしての自分の身分を明確にするためである。

「守秘義務」については、特に患者にそれを伝える必要がある。また、逐次通訳をする場合に、通訳者がメモを取るのはごく当たり前のことであり、訓練を受けた通訳者はメモ取りの技術も持っている。医療通訳者の場合も例外ではなく、よい通訳者ほどきちんとしたメモを取るものである。しかし、それを気にする患者もいるので、守秘義務があって情報は漏らさないということを伝えるさいに、メモもシュレッダーにかけて破棄すると言っておくと患者はより安心する。メモ取りについては、第6章のコラムで詳しく述べる。

「通訳の仕方」についてはまず、この場で言われたことは、それを言われたままにすべて伝えることを宣言しておくことが重要である。訳さなくてもいいことを訳したと、後で問題にされる可能性をここで封じておく。さらに、訳されたら困るような不用意な発言をしないよう、注意を喚起することにもなる。

「直接会話」とは、通訳者に対してではなく、当事者どうしが互いに直接話しかけることであり、これをうながすようにしないと、通訳者を介した三角形の会話になってしまう。さらに、通訳は一人称を使っておこなわれることなどを伝え、互いに直接会話をするとはどういうことかを理解してもらうことも肝要である。

「協力要請」とは、主として、概念のまとまりごとに区切ってもらってそのつど通訳できるよう、協力を求めることである。そのほうが正確に訳せるということもわかってもらう必要がある。また、話す速度が速すぎたり、難しい概念がたくさん出てきたりして通訳者がついていけなくなったような場合には、手を上げて中断を求めるなど、方法を決めておくと便利である。

これら五項目に加え、患者には、通訳者に質問しても通訳者はそれには答えないし、医学的アドバイスもしないということも伝えておくとよい。通訳者の仕事とは、医師と患者の会話の橋渡しをすることのみであることを、再確認してもらうことは重要である。

ただし、現実問題として、日本の場合は特に、医療現場はつねに混み合っていて、このようなプレ・セッションの時間がまったく取れない。大病院では、ただでさえ五分間診療という言葉があるくらい医師は忙しい。そんな状況では、通訳者も、プレ・セッションを始めるのを躊躇してしまう。しかし、プレ・セッションをしないことで多くの弊害が生じる。たとえば、医師が患者に聞かれては困ることを、まさか通訳されるとは思わずに口に出してしまい、それを通訳者が訳してしまったようなケース。医師が説明を長々としたあとに通訳をするよう求められたが、内容を全部覚えておくことができず、もう一度最初から医師が説明せざるをえなくなったケース。通訳者が一人称を使って話すので、通訳者が自分自身のことを話しているのだと患者が勘違いして混乱してしまうケース、などである。前もってルールを確認し合うことで、よけいなトラブルや混乱は避けられるし、結局、診察にかかる時間も短くて済むことになる。忙しすぎて口頭でのプレ・セッションができない場合は、ポイントを箇条書きにしたカードを医師と患者に示すなど、何らかの形で注意をうながす工夫が必要である。

事前知識の提供　また、医療提供者と通訳者が互いに情報交換の場を持ち合うことは、非常に有益である。プレ・セッションのような内容で、通訳の手順や通訳者の役割について説明したり、患者によっては文化差に起因するトラブルが生じる可能性があれば、それについても説明しておくことは、コミュニケーションを円滑に進めるのに役立つ。また、通訳者が医療提供者から、患者の状況や、通訳をしようとしている場の性質、たとえば○○の検査が入っている、○○の手術の説明をする、などについて事前に情報を得ておけば、準備を十分にすることができ、正確な通訳ができる。

業務終了後のフォローアップ　診察などの業務終了後に、通訳者と、あるいは通訳者が派遣されている場合には派遣元のコーディネーターと医療提供者側とが密に情報交換することも重要である。通訳がうまくいったかどうかのフィードバックや、問題点があればその解決方法を相談するなど、将来的によりよい通訳を実現していくためにも有効である。

通訳者の心身の健康を守る

医療の現場では、インフルエンザ・ワクチンの予防接種などを含めて通訳者への感染症予防対策などを整備している病院は少なく、せいぜいマスクを配布する程度の対処しかしないケースが多い。通訳者の健康を守る仕組みも今後整えていかなければならない。

また、医療の現場では、人の死や病気のような不幸を目の当たりにするので、通訳者が心の問題を抱え込みやすい。そのような場合に通訳者を守るために、カウンセリングの制度を設けるなどの対策が必要である。通訳者の派遣元がそのためのカウンセラーの用意をしているケースもある。

医療通訳の現状と今後

プロかボランティアか

コミュニティ通訳としての医療通訳は、報酬面では恵まれていない。一回につき、三〇〇〇円程度が謝礼の平均金額であり、なかには交通費すら出ない場合もある。医療通訳はもともと地域の国際交流協会などの語学ボランティアとして始まったケースが多かったが、業務の性質を考慮して、通常のボランティアよりもレベルの高い人材が必要であるとの認識にともない、報酬が支払われるようになった。したがって、その財源も不安定で、外国人患者自身が支払う受益者負担、地方自治体や医療機関が負担する、各種助成金による、などケースバイケースである。このように、身分や報酬が不安定なことから、医療通訳はいまのところ職業として成立せず、「有償ボランティア」といった位置づけになっている。

また、非常に高度で専門性が高い医療分野での通訳ということで、それに見合った能力を持つ人材を養成すべく、通訳者の派遣団体などが独自の研修や認定をおこなったりして、一種の「プロ化」への動きもあった。しかし、近年の地方自治体の財政難の問題や、通訳者が有償で仕事をする場合にはボランティア保険（ボランティア活動中や活動場所と自宅の行き帰りに起きた事故などを補償する保険）の適用外になってしまう問題などがあり、結局ボランティアへの回帰の現象が起きているのが現状である。

メディカル・ツーリズム　そのようななか、能力の高い医療通訳者の受け皿として近年注目されているのが、メディカル・ツーリズム（旅行先で治療や検診を受け、観光も楽しむという旅行の一形態）である。世界的に非常に大きな市場となっており、日本でも外国人観光客誘致のために政府が推進しようとしている分野であり、成長産業として期待されている。観光旅行の行程に健康診断などが盛り込まれ、医療通訳の料金は海外旅行保険などでカバーされる。そのため、通訳者に対する報酬が会議通訳に匹敵するほど高く設定され、通訳者のモチベーションが高まる。また、民間の通訳スクールが医療通訳コースを立ち上げて人材養成をおこない、授業料を支払ってでもそれを受講したいと思う人たちが増えるという形で、全体としての通訳者の能力向上が期待できる。つまり、市場原理が働く分野になる可能性が大きいのである。

このような状況は、医療分野できちんと身分や報酬の確立したプロの通訳者が生まれるという意味では歓迎できるが、優秀な通訳者がツーリズムのほうに流れていき、従来の地域住民のための通訳は人材不足になるという懸念がある。実際に、そのような移行がすでに起こっており、前述したような、地域の医療通訳者のボランティアへの回帰の動きとあいまって、二極分化の様相を呈しはじめている。コミュニティ通訳としての医療通訳の意義の再認識が必要である。

質の保証と認定　医療通訳者の質の保証のためには何らかの認定が必要である。オーストラリアの全国翻訳者通訳者認定機関ＮＡＡＴＩ（第6章二二三頁）の認定試験や、イギリスのパブリック・サービス通訳認定試験の医療分野など、国のレベルで認定がおこなわれているケースや、アメリカのように、まず州レベルで認定制度が始まったケースがある。

日本の場合、国の認定制度は存在しないが、医療通訳に関する団体や通訳者の派遣元が何らかのレベル設定をしているケースはある。一定のトレーニングを受けた人だけを、あるいは試験をおこなってその合格者だけを医療通訳者として認定しているところもあるし、そのような条件を満たさない人のために「語学サポーター」のような別のカテゴリーを設けて、正式の通訳者と区別するなどの方法が取られることもある。

倫理的正しさと言語的正しさのトレーニング　スウェーデンでおこなわれた調査によると、訓練されたプロの医療通訳者は、「アド・ホック通訳者」とは異なり、第一人称を用い、あらゆる発話を正確に通訳するということがわかった。また、通訳者が会話をコントロールするようなことはなく、最後まで医療提供者がイニシアティブを取る形で会話が維持できるという（Hale, *Community Interpreting*, p. 57）。

一方、アメリカでの調査によると、ワシントン州の認定医療通訳者がおこなった通訳例のうち五五パーセントで、原文の内容が変えられており、そのうちの七五パーセントが臨床上重大な影響をもたらす可能性がある性質のものであったという。これは、アメリカでも最も質の高い通訳者たちが働いている病院でおこなわれた調査である（Pham et al., "Alterations during medical interpretation of ICU family conferences that interfere with or enhance communication"）。このように、正式の訓練を受けた通訳者たちですら、発言の内容を正確に通訳することは難しい。

この調査結果は一見矛盾しあうように思われる。しかし、前者の調査でわかったことは、訓練を受けた通訳者たちは通訳のプロセスや倫理的行動についての知識があり、正しい通訳行為ができるということであり、後者の調査でわかったことは、通訳された内容を言語学的に分析してみると、発言されたことを完全に再現できていない場合があったということである。このように、これら二つの調査では、その焦点が異なっている。

通訳のクオリティ・コントロールを考える場合、倫理的に正しい通訳と言語学的に正しい通訳という二段階で考える必要がある。倫理的に正しい通訳は、通訳倫理とは何かをきちんと学ぶ機会が与えられ、具体的な状況における行動基準のシミュレーションなどの教育がおこなわれれば、比較的簡単に実現できるようになる。しかし、これに比べ、言語情報の正確な伝達という意味での正しい通訳の実現は難しい。メモ取りなどの正確な情報保持のための技術を含めた言語変換のスキルそのものを強化する訓練が必要である。日本の医療通訳についても、この部分のトレーニングの機会が圧倒的に少ないのが現状である。

近年のさまざまな動き

近年、医療通訳を専門職として確立させ、通訳の質を保証する必要性への認識が高まってきており、それを背景に、さまざまな動きが見られるようになった。二〇〇九年には、医療通訳者に対する報酬と身分を保障するための活動をおこなうことを目的にした「医療通訳士協議会ＪＡＭＩ（Japan Association of Medical Interpreters）」が設立された。この協議会は医療通訳に関心を持つ個人あるいは団体によって構成されており、初の全国的な組織である。シンポジウムなどのイベントを通して、医療通訳についての啓蒙的な活動をするかたわら、医療通訳の倫理規定作成の取り組みも積極的におこなっている（http://jami.hus.osaka-u.ac.jp/）。また、専門職としての医療通訳の確立と質の向上をめざす、アメリカを中心とする国際組織である「国際医療通訳者協会ＩＭＩＡ（International Medical Interpreters Association）」の日本支部も設立されている（http://www.imiaweb.org/countries/Japan.asp）。

二〇一〇年には、「ＭＩＣかながわ」と「多文化共生センターきょうと」が、地域で広く活用できる医療通訳共通基準案の作成をめざし、協働のプロジェクトチームを結成し、現場の視点から医療通訳基準の「素案」を作成した。同年に開催された第三回「医療通訳を考える全国会議」で、この素案をもとに、全国の医療通訳の派遣や養成をしている一〇団体が集まって議論・検討し、全国的な基準を設定した。基準策定の目的は、「医療通訳に関わる個人及び医療通訳派遣システムを運用する機関や団体が、学習や育成、到達目標の設定、採用選考等における一つの『目安』として共通して活用できる基準を設定する」（多文化共生センターきょうと http://www.tabunkakyoto.org/共通基準/）こととされている。

厚生労働省は医療通訳の診療点数化への動きを加速させているし、「外国人患者受入れ医療機関認証制度整備のための支援事業」を二〇一一（平成二三）年度に実施し、医療機関の認証制度が発足した（一般財団法人日本医療教育財団 http://jmip.jme.or.jp/index.php）。前述した「りんくう総合医療センター」も、この認証を受けた機関の一つである。このように、日本の医療サービスを外国人が安心して安全に享受できる体制の構築がめざされているが、有能な医療通訳者の養成も、その重要な部分である。これに関しては、厚生労働省は二〇一四年一〇月に「医療通訳育成カリキュラム基準」とテキスト『医療通訳』（多文化共生センターきょうと編）を公開している（http://www.mhlw.go.jp/stf/seisakunitsuite/bunya/0000056944.html）。このような動きによって恩恵を受けるのが前述したメディカル・ツーリズムの分野に限定されるのではなく、地域社会に暮らす外国人にとってもメリットとなるようなシステムになることが望ましい。

〈コラム〉
薬局でぶつかる「言葉の壁」

西野かおる

「一日に三回、一回二錠ずつ、食後にお飲みください。お薬は四日分処方されています」という薬剤師の説明は、日本全国どこの薬局でも毎日おこなわれているものであり、ほとんどの日本人患者はこの説明を正しく理解することができる。しかし、患者が日本語を理解できず、また薬剤師が患者の言語を話せない場合にはどうだろうか？　この説明に出てきた「三・二・四」という数字が持つ意味を説明するのは容易ではない。

薬局で薬の飲み方の説明を「服薬指導」というが、これはインフォームド・コンセントの一つでもある。本来、患者の言語にかかわらず誰にでも等しくおこなわれなければならないものである。しかし、言葉の壁があるとこのような簡単な説明も、絵を描いたり、いわゆるボディ・ランゲージを駆使したりして、どうにか伝えているというのが現状であり、患者からの質問の意味を薬剤師が理解することはほぼ不可能であり、一方的な説明で終わってしまうのである。また、おそらく伝わったであろうと思っても、ほんとうに正しく理解してもらっているのかという不安が残る。

日本では一九八九（平成元）年には一〇パーセント強であった医薬分業率が、二〇一二（平成二四）年には六六パーセントまで伸びている。医薬分業は、医師側、患者側の双方にメリットが期待されるため始められたものであるが、患者にとっては、かかりつけ薬局を持つことにより、薬の重複・副作用を管理、また一人ひとりが服薬しやすい方法で調剤してもらえるうえに、自分の飲んでいる薬をよく理解できるといった利点がある。では、言葉の壁を持つ患者の場合は同じことが言えるだろうか？

昨今、医療通訳の重要性が注目されるようになり、病院では医療通訳者が常駐しているところも出てきている。なかには、言葉の壁がある患者に限り、病院のなかで投薬するところもあるが少数である。院外処方箋を渡された患者は、せいぜい病院を出る前に通訳者に飲み方を説明してもらうくらいで、服薬指導をきちんと受けているケースは少ない。できれば、患者が薬を受け取るまで通訳者に付き添ってもらいたいと思うが、複数の患者を受け持っている通訳者は、おのおの違う薬局に薬を取りに行く患者に同行できないのが現状である。

米国では、最近になって薬局での言葉の壁がクローズアップされてきている。そのきっかけは、英語を十分に理解できない患者が、説明書の数字の意味を理解できず何倍もの過量の薬を服用してしまったり、また外用薬を飲んでしまったりという服薬の間違いが続発し、十分に説明しなかった薬局が訴えられる事態にいたったということである（Roat「米国の薬局でのコトバの壁」石崎・西野訳、三〇頁）。

移民や難民が多く人口の一割近くが英語を理解できないという米国に比べると、日本ではまだまだ外国人患者は少なく、外国人が集住している地域でない限りは、日常的に言葉の壁に直面するということはない。しかしそのためにかえって、ある日突然コミュニケーションが取れない患者がやってくると対応できずに慌ててしまう。薬剤師会や保健所などから支給された「外国人対応マニュアル」などのような冊子を備えているところもある。たとえば、服薬指導に使われるおもなセンテンスが複数の言語で書かれていて、患者と薬剤師の双方向から見られるようになっており、それぞれが指差すことによってコミュニケーションを取るという形式のものがある。しかし、日頃から使いこなしておかないと、いざというときに使うのはなかなか難しく、また記載されている例文だけでは患者一人ひとりの症状やこれまでの病歴に合わせての会話は不可能である。

では、米国では薬局まで医療通訳者が同行するのであろうか？　これは日本と同様に、複数の患者を受け持つ医療通訳者が患者一人ひとりに薬局まで同行するのは不可能である。そこで薬局が導入しているのが、電話による通訳サービスである。また技術の進歩にともない、ビデオによる通訳も導入されている（Roat「米国の薬局でのコトバの壁」三三―三四頁）。医師や看護師の仕事と違い、薬局では患者に直接触れることはなく、服薬の指導、病歴や薬歴の確認、また患者の質問に答えるといったコミュニケーションが中心であるから、遠隔の通訳でも十分に効果を得ることができるのである。

また、日本の薬局では口頭での服薬指導と同時に、「薬剤情報」と「お薬手帳」を渡す。前者は写真入りで薬の効能や副作用、また飲み方を説明したもので、後者は患者の薬の服用歴を一冊の手帳にまとめたものであり、通常、貼り付けられるようにその日の処方薬を印刷したシールを渡している。患者が薬剤師の説明を忘れてしまったり、何か副作用らしいものを感じたりしたときには、この説明書が必要になってくる。しかし、これらはすべて日本語で書かれている。筆者の場合は、英語でコミュニケーションが取れる患者が来れば、英語で服用方法などを説明した後にこれらの文書にも英語での説明を書き加えるが、他の言語となるとまったくお手上げである。

米国では、この薬剤情報などをすぐに多言語に翻訳できる Meducation というインターネットのプログラムが導入されつつある。薬剤師がプルダウン・メニューから言語を選択すると、どんな処方箋にも対応した服薬指導書が作成できるというもので、英語と他の言語の二言語が記載されている。二言語を記載する理由は、患者が他の医療機関にかかるさいにこの指導書を持っていった場合、その医療機関のスタッフが理解できるようにというものである。また、このシステムでは、服薬指導書を作成しているあいだにその文書が患者の言語で読み上げられる。もし患者に質問があるとすぐに電話で医療通訳を要請し、対応できるようにするためである（Roat「米国の薬局でのコトバの壁」三四頁）。

まだこれらのシステムがない日本ではどうすればよいのか。医師が患者の症状に合った薬を処方しても、それを正しく服用できないと効果が出ないだけではなく、重大な事故につながることもある。また副作用が正しく理解できないと、不安から薬を飲むことを止めてしまい、コンプライアンス（患者が薬を規定どおりに飲むこと）が下がるということも起こるため、服薬指導は医療の重要な部分である。

最近では、医療者も英語くらいは話せるようにという動きがあり、医療系の学部でも、専門用語を中心とした英語教育だけでなく、患者との会話を学習する英語教育を取り入れているところが増えている。英語は確かに英語を母語としない人とでも共通語として話すには有効であるが、それですべての言葉の壁が取り払われるというわけではない。また、英語を話せない薬剤師も残念ながら少なくない。副作用の説明となると、ボディ・ランゲージなどではとても伝えられるものではない。患者に正しく服薬指導をおこなうためには、日本の薬局でも通訳者は当然必要なのである。

最後に、薬剤師の立場で、薬局における通訳時の注意点について考えてみよう。冒頭にも述べたように、薬局での服薬方法の説明には回数、錠数、薬の力価、処方日数など、数字が重要なポイントとなる。当然、通訳者はその数字の意味を正確に伝えなければならないが、医療の現場では投薬時の確認事項として「5R」という言葉がある。このRは“right” = 「正確」を指し、「正しい患者、正しい薬、正しい用量、正しい用法、正しいルート（経口、外用など）」という意味である。通訳者にもこれらのポイントが押さえられているかどうかを念頭において通訳していただきたい。

薬局での服薬指導は多くの場合それほど長いものではない。しかし、診察・検査によって診断を受けた患者がこれから薬によって治療するための重要な説明であるから、正確さが求められるのは、他の医療行為と何ら違いはない。病院での診察や検査は必ず医療従事者がそばにいておこなわれるが、服薬という行為は患者が家に帰った後に一人でおこなうものであるため、完全に理解している必要があるのである。

同行、あるいは電話での医療通訳の一日も早い提供が望まれる。（にしの・かおる　薬剤師・神戸薬科大学非常勤講師）

第3章　司法通訳

近年、外国人が関わった犯罪や裁判について、さまざまな問題が報道されている。二〇一二年一一月には、一九九七年に東電ＯＬ殺人事件で無期懲役が確定していたネパール国籍のゴビンダ・プラサド・マイナリさんに再審無罪判決が言い渡された。この事件ではＤＮＡ鑑定が非常に重要な争点となって、おおいに注目が集まったが、取り調べや法廷での通訳がうまく機能していたかどうかには、ほとんど注意が払われなかった。関係者によると、通訳はおおむねスムーズにおこなわれており、ほとんど問題はなかったということである。

一方、過去に、司法通訳の正確性が問題になって大きく取り上げられた事件がいくつかある。これは、通訳の正確性が公正な裁判の実現に大きく関わっているのだという認識が生まれてきていることの証拠である。しかし、これらの多くが英語通訳つきの事件であった。つまり、検証しやすいから問題になったのである。このように、その重要性について認識が高まる一方で、言語の多様性や人材の不足を背景に、少数言語の場合、実際に何が起こっているのか、その実態がなかなか把握できないという闇の部分をかかえているのが司法通訳の世界である。

本章では、司法通訳の現状、司法通訳に関わる問題、司法通訳人のあり方など司法通訳の世界を概観していこう。

放火事件の公判で――司法通訳の現場から

放火事件で訴えられたナイジェリア人の公判の一部を追ってみたい。

通訳人のBさんは、アパート放火事件の裁判を頼まれた。放火事件だから裁判員裁判だ。二四歳のナイジェリア人が酒に酔い、ふだんから仲の悪い職場の同僚の住むアパートにやってきて、留守だとわかるとアパートの窓ガラスを拳で割り、外に積んであった古雑誌の何冊かにライターで火をつけ、部屋のなかに投げ込んで部屋を全焼させた事件である。被告人の母語であるイボ語の通訳者はいないので、第二言語である英語の通訳者のBさんが法廷通訳人として任命されたのだ。

Bさんは、事前に起訴状や、検察官と弁護人の冒頭陳述要旨の原稿はもちろんのこと、他に放火現場の見取り図や実況見分調書など、資料数点を入手している。起訴状や冒頭陳述は前もって全訳を用意しておき、公判では状況に応じて検察官や弁護人がそれを読み上げるのに合わせて、ワイヤレス・システムを利用し、用意した訳文を逐次で、あるいは同時に読み上げることになる。他の資料も目を通しておき、訳しにくい表現などないか確認しておく。準備は万端である。

公判が始まった。通訳人の宣誓、被告人の人定質問、起訴状朗読、黙秘権告知、罪状認否と、冒頭手続きがお決まりの進行で無事終了し、いよいよ証拠調べ手続きに入った。最初は検察官の冒頭陳述である。この部分は通訳人がワイヤレス・マイクを使って、事前に用意した訳文を同時に読み上げることになる。検察官はパワーポイントでスライドを提示しながら話を進めていく。スライドは裁判員の前に設置されたモニターに映し出される。傍聴人用には壁に大型モニターが設置してある。

ところが、通訳人のBさんにとっては、とても困ったことになった。なぜなら、パワーポイント資料は事前に送ってもらっていないからである。しかも、法廷のモニター画面は、通訳人席からは斜めになっていて見にくい位置にある。Bさんは、裁判長にその旨を伝え、自分も何とか資料を見られるようにしてほしいと訴えるのだが、検察官は通訳人に渡す分のハードコピーを用意していない。しかたがないので、Bさんは椅子の位置をずらして、書記官席の前にあるモニターを見るようにした。冒頭陳述が始まった。検察官は、事前に提出して通訳人に渡っている冒頭陳述要旨と内容は同じだからそのまま訳せばいいと言っていたので、Bさんは不安をかかえながらも通訳を開始した。

訳していくうちにBさんは、検察官の話す文言が、事前に入手した原稿とまったく同じというわけではないのに気づいた。従来型の裁判では、冒頭陳述は書面どおりに早口で読み上げられるのが普通だったが、裁判員裁判では、検察官も弁護人も裁判員を意識したプレゼンテーションをする。パワーポイント資料を見せながら、裁判員にわかりやすく説明していくので、原稿どおりの話し方にならない場合もあるし、通訳人は訳文から目を上げて適宜モニターを目で追っていかなければならない。下を見たり、上を見たりで、訳文同時読み上げとしては、たいへんやりにくい。

何とか無事に検察官の冒頭陳述の訳出を終え、今度は弁護人の冒頭陳述である。弁護人はパワーポイント資料は使わないらしい。Bさんはほっとした。ところが、冒頭陳述が進むにつれ、話の骨子は確かに同じだか、表現が大幅に原稿から外れる箇所がところどころあることに気づき、Bさんはどぎまぎしてきた。そのうち、突然、まったく原稿になかった内容が弁護人の口から語られはじめた。通訳人としては、ぶっつけ本番で訳すしかない。原稿どおりを期待して全訳を用意してきただけに、そういう事態は非常にやりにくい。冷や汗をかきながら、弁護人の冒頭陳述もなんとか終えた。

法律家は裁判員裁判ではいかに効果的にプレゼンするか最後まで内容を練るので、ときには公判直前になるまで、冒頭陳述要旨の最終版ができ上がらないことがある。Bさんの入手した原稿も、どうも最終版ではなかったらしい。これでは、完璧な全訳を用意してきても、あまり意味がなかった。いきなりその場で訳した部分は、おそらく話された内容のせいぜい七割くらいしか訳出できなかっただろう。

さて、いったん休廷となり、午後から手続きの再開である。

午後は、検察官からの実況見分調書の説明、関係者の供述調書や陳述書の朗読がおこなわれたが、Bさんは資料をすべて事前に入手できていたので、問題なく通訳できた。そして、いよいよ証人尋問である。質問と答えを逐次で通訳するのが通常である。

証人は放火当時、そのアパートの前を通りかかった三〇歳のOLである。まず検察官からの主尋問だ。証人は、帰宅途中にアパートの前にさしかかったさいに、アパートの一階あたりからガラスの割れる音を聞いたので、気になって立ち止まって見ていると、黒い服を着た男がアパートの正面扉を開け、急いで出てきた。証人にぶつかりそうになり、一瞬目が合ったが、あわてて走って逃げていったという内容の証言を淡々と話す。最後に検察官の「そのときの男はここにいますか」というお決まりの質問に対し、証人は「はい、そこにいる被告人です」と締めくくる。

次に弁護人からの反対尋問である。主尋問だけですでに三五分経過していた。通訳人はBさん一人である。さすがに疲れていたので、裁判長が一時間の休廷を命じたときにはほっとした。実は、Bさんは、仕事を依頼されたときに、通訳人は一人でいいのか裁判所から尋ねられたが、裁判員裁判は初めてで、どれほど疲れるのか予測がつかなかったし、通訳を要する他の裁判員裁判でも、通訳人一人でおこなわれるケースが多いと聞いていたので、つい、一人で大丈夫ですと言ってしまったのを多少後悔し始めていた。

休廷時間も終わり、いよいよ反対尋問である。被告人は、放火の現場には行っていないと無罪を主張している。ガラスを拳で割ったときにできたとされる切り傷は、その日、呑み屋で酔っぱらって帰りぎわに、空き瓶やガラスの破片が入っているごみ箱にぶつかり、倒れ込んだときにけがをしたと主張している。弁護人の証人への質問は次のようなものであった。

Q　あなたは、ガラスの割れる音を聞いたと証言しましたが、どのような音でしたか。
A　ガチャンというような音でした。
Q　ガチャンというのは、どのようなもので割ったときの音ですか。
A　堅いものをぶつけて割ったような……。
Q　激しく割れる音ですね。でも、拳は人間の手ですからね。そのような柔らかいもので割ったときの音とは違うんではないですか。

ここで、検察官が「異議あり！」と割り込む。

「弁護人は自分の意見を押しつけています」

裁判官から異議が認められ、弁護人は質問を変える。

Q　あなたは、その時の音は、堅いものをぶつけて割った音だと感じたわけですね。
A　うーん、拳も堅いと思うし、勢いをつければ……。でも、もしかしたら、ガチャンというよりも、バリンというような音だったようにも思います。

Bさんは、ガチャンとかバリンといった擬音をどう訳し分けるか悩んだ結果、とりあえず、「ガチャン」には“crash”という動詞を使って訳した。でも、「バリン」のほうは言葉が出ずに困っていると、裁判長が言葉をはさみ、以下のようなやりとりになった。

裁判長　通訳人、今のガチャンという表現やバリンといった表現は訳せるのですか。
Bさん　英語には擬音は少ないので、訳すことができません。「ガチャン」は動詞で訳しましたが、「バリン」はどう訳すのか悩んでいます。

裁判長は、「弁護人、通訳がついているので、証人が擬音を使わなくてもいいように言い換えて質問することはできますか?」と弁護人に注意をうながした。弁護人はしかたなく質問を言い換える。

弁護人　あなたが聞いた音は、堅いものどうしがぶつかって激しくばらばらに砕けて飛び散るような音でしたか。

ふたたび検察官から「異議あり!」

そのような形で長々と証人尋問が続いた後、裁判員の質問の番になった。

裁判員　通訳人はガチャンとガラスが割れるという発言を“crash”と訳していましたが、これは粉々に砕けるときに使う英語表現です。そこまで、粉々になっているというわけではないのでは……？

この裁判員は英語ができるらしく、細かいこととまでこだわっているようだ。

このように、「ガラスが割れる」という状況を表現するだけで、法廷で延々とやりとりが続いた。擬声語や擬態語を訳すことの難しさをあらためて実感する場面だが、ここまで正確な訳出にこだわる裁判官はそれほど多くない。しかし、近年、通訳のメカニズムを理解し、注意を配る裁判官も増えているようだ。

次の日は、午前中にもう一人の証人に対する尋問、午後からは、被告人質問、さらに弁論手続き、検察官の論告求刑、弁護側弁論、被告人最終陳述、と三日にわたって裁判は続いていったが、場面の紹介はこのあたりまでにしよう。

外国人犯罪と司法通訳

では、司法通訳とはどんな仕事か、何が求められるのかを順に考えていきたい。

一九八〇年代後半以来、オーバーステイや不法就労といった入国管理法違反を中心にして、外国人の犯罪が増え始め、それとともに司法通訳の需要が高まってきた。初めの頃は場当たり的な通訳の運用で、被告人である外国人の母語がわかる通訳人を確保すべきことすら真剣に考えられていなかった。当時の裁判所の通訳人名簿に外国語を話せる警察官の名前が多く載せられていることから、中立の立場での通訳人という概念もほとんどなかったことがわかる。また、公判手続きについても、被告人や証人が日本語を解さない場合、その陳述に通訳をつけはするものの、日本語で進行するそれ以外の部分についても、被告人に対してすべて通訳するというようなルールはなかった。

　そのような状況を問題視する法律家や研究者たちの働きかけや、海外の先進的な制度の研究なども進んで、その後、日本の司法通訳制度の整備は比較的早いスピードで進んでいった。

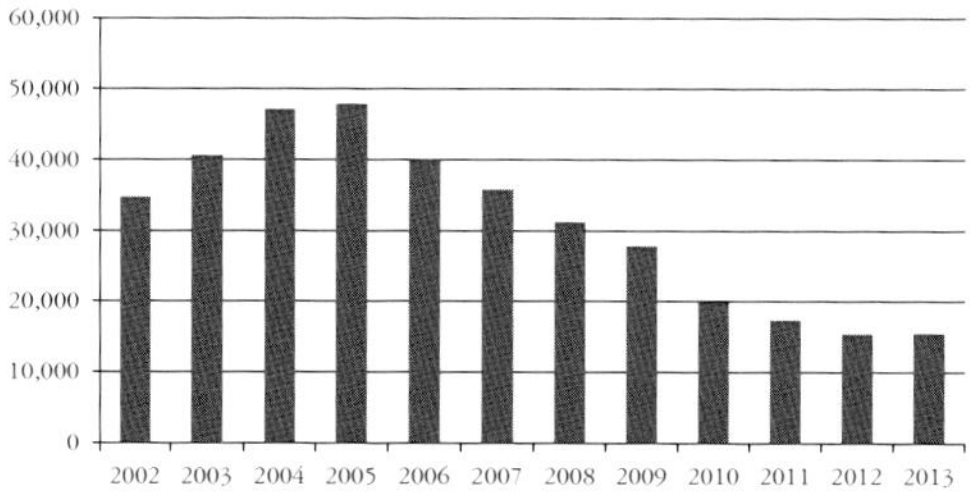

図　来日外国人の総検挙状況の推移（警察庁刑事局組織犯罪対策部の統計資料による．縦軸は件数）

　それでは、外国人事件の現状はどうだろうか。警察庁の統計によると、来日外国人による事件の総検挙件数は二〇〇二年から急増し、二〇〇五年に四万七八六五件と過去最多となった。その後は来日外国人の総数が依然として増加傾向にあったにもかかわらず、減少に転じて二〇一二年には一万五三六八件になった。翌二〇一三年には若干増加したが、ほぼ横ばいである（図参照）。検挙された人数は、二〇〇四年に二万一八四二人と過去最多となった後、やはり減少に転じ、二〇一二年には九一四九人となり、翌年には少し増加した（警察庁刑事局組織犯罪対策部「来日外国人犯罪の検挙状況（平成二五年）」http://www.npa.go.jp/sosikihanzai/kokusaisousa/kokusai/H25_rainichi.pdf）。

　このように、数値的には外国人の犯罪は減っており、現在では最多の年の半分くらいにまでなっている。不法滞在などに対する取り締まりが厳しくなったこと、そして、日本の不況などで二〇〇八年頃から来日する外国人の数自体が微減していることなどが、その背景にある。

法の下の権利保障と司法通訳

司法の現場でその国の言語を解さない、あるいは少ししか解さない外国人や移民に、通訳や翻訳をつけることについての法的根拠は何だろう。それはアメリカの場合「法の下での適正手続きと平等保護の保証」という概念に求められる。一九七八年に「法廷通訳人法」を制定したアメリカ合衆国では、憲法修正第六条に、以下のように定められている。

すべての刑事上の訴追において、被告人は、犯罪がおこなわれた州、および事前に法律によって定められた地区の公平な陪審による迅速な公開の裁判を受け、かつ事件の性質と原因とについて告知を受ける権利を有する。被告人は、自己に不利な証人との対質を求め、自己に有利な証人を得るために強制手続を取り、また自己の防禦《ぼうぎょ》のために弁護人の援助を受ける権利を有する。

さらに、憲法修正第一四条第一節には、以下のように定められている。

またいかなる州も、正当な法の手続によらないで、何人からも生命、自由または財産を奪ってはならない。またその管轄内にある何人に対しても法律の平等な保護を拒んではならない。

訴追を受けた人が刑事手続きの各段階で、もし言葉の壁によって、そこでおこなわれていることが理解できなければ、その人は自分自身のために十分防御権を行使することができないし、そのような状態のまま刑罰の対象になったら、これは法の下での適正手続きと平等保護の原則に反することになる。

アメリカでは、一九七八年に法廷通訳人法が制定される前は、通訳に関する法令がいくつかあったが、最も典型的なものとして、連邦民事・上訴・刑事訴訟規則（Federal Rules of Civil-Appellate-Criminal Procedure）の規則（Rule）28（b）には次のように規定されていた。

裁判所は独自に選任した通訳人を任命してもよいし、その通訳人への理にかなった報酬を定めてもよい。

この規定に関しては、通訳人の起用を裁判所の裁量に任せている点や、裁判所が、その能力に関してのガイドラインも持たずに通訳人を選ぶという点が問題であったと指摘されている（González et al., *Fundamentals of Court Interpretation*, p. 43）。英語を解さない被告人に通訳人をつけることは、当時は義務ではなかったのである。

その後、コミュニケーションに関して問題のあったさまざまな裁判のケースと議論とを経て、英語を解さない（および聴覚障害者である）被告人や証人には通訳人をつけることを義務化する法律が制定された。憲法修正条項に定められている法の下での適正手続きと平等保護を根拠に、通訳をつけてもらう権利が明文化されたのである。これが一九七八年の法廷通訳人法である（de Jongh, *An Introduction to Court Interpreting*）。

ひるがえって、日本の状況はどうだろうか。日本国憲法第三一条は、こう定めている。

何人も、法律の定める手続によらなければ、その生命若しくは自由を奪はれ、又はその他の刑罰を科せられない。

ここでは、法の下での適正手続きを経ずして刑罰を科せられることはないことが明記されている。ところが、一九七八年以前のアメリカ合衆国の例と同様に、日本の現行法では、日本語に通じていない外国人被疑者・被告人の刑事手続き上の取り扱いについてほとんど規定がない。たとえば、裁判所法の第七四条には、「裁判所では、日本語を用いる」と規定されているが、刑事訴訟法の第二二三条第一項と第一七五条・第一七七条には、以下のように定められている。

検察官、検察事務官又は司法警察職員は、犯罪の捜査をするについて必要があるときは、被疑者以外の者の出頭を求め、これを取り調べ、又はこれに鑑定、通訳若しくは翻訳を嘱託することができる。（第二二三条第一項）

国語に通じない者に陳述をさせる場合には、通訳人に通訳をさせなければならない。（第一七五条）

国語でない文字又は符号は、これを翻訳させることができる。（第一七七条）

民事裁判に関しては、民事訴訟法第一五四条は以下のように定めている。

口頭弁論に関与する者が日本語に通じないとき、又は耳が聞こえない者若しくは口がきけない者であるときは、通訳人を立ち会わせる。ただし、耳が聞こえない者又は口がきけない者には、文字で問い、又は陳述をさせることができる。

これらを見ると、裁判で言葉が通じない当事者が「陳述」や「口頭弁論」をおこなうさいには通訳人をつけるという内容になっており、言葉の通じない本人が裁判手続きすべてを理解するために通訳をつけるという発想が不在であることがわかる。つまり、裁判所の便宜のために通訳が必要という一方通行の考え方で、被告人をはじめ裁判当事者の権利として、法の下での適正手続きを保障するための通訳任用という考えではないのである。

日本では現在にいたるまで、司法通訳に関する新たな法律は制定されず、現在の司法通訳制度の法的根拠は、さきほどの日本国憲法第三一条の刑事法上の人権規定と、一九四八年一二月一〇日に第三回国連総会の場で採択された「世界人権宣言」や、日本が一九七九年に批准した「国際人権B規約」（以下「自由権規約」）のような、国際的な規定に求められる。

世界人権宣言第一〇条は、

すべて人は、自己の権利及び義務並びに自己に対する刑事責任が決定されるに当たって、独立の公平な裁判所による公正な公開の審理を受けることについて完全に平等の権利を有する。

自由権規約はその第一四条第三項で、

すべての者は、その刑事上の罪の決定について、十分平等に、少なくとも次の保障を受ける権利を有する。

（a）その理解する言語で速やかにかつ詳細にその罪の性質及び理由を告げられること

（f）裁判所において使用される言語を理解すること又は話すことができない場合には、無料で通訳の援助を受けることと定めている。日本が批准しているため、この自由権規約には効力があり、これに従って、外国人被疑者・被告人についても、捜査から公判を通して、日本語に通じる者と同様に十分な刑事手続き上の権利保障がなされることになっている。

司法通訳の必要な場面

司法通訳は広い意味では、民事訴訟に関わる通訳や法律に関わる相談窓口での通訳業務なども含むことになるが、一般に「司法通訳」という言葉が使われるのは、おもに刑事事件に関わる状況である。また、日本ではあまり注目されないが、難民裁判に関わる通訳も、司法通訳分野の一つである。多くの難民を受け入れている国々では、難民認定の分野は非常に重要視されている。

それでは、刑事事件に関わる司法通訳について、警察や検察での取り調べ通訳、刑事裁判での法廷通訳、そして、そのあとに難民認定に関わる通訳を、一つずつ取り上げていこう。

警察での通訳　まず、捜査段階で被疑者が逮捕されると、警察に勾留される。その後、四八時間以内に身柄が検察に送致され、不起訴にして釈放するか、ひきつづき勾留するかが決まる。そのあと一〇日間、必要に応じてさらに一〇日間、勾留の延長が可能である。つまり、最長で二三日間の勾留がありうる。この勾留期間中に取り調べがおこなわれ、その結果、起訴するかどうかが決められる。

警察通訳の仕事内容は、捜査現場に同行しての通訳と、取り調べの通訳がある。警察での取り調べにあたる通訳人は、おもに二つの雇用形態がある。一つは、正式に雇用された警察職員である「通訳吏員」で、もう一つは各県警に登録したフリーランスの通訳者である「民間通訳人」である。この二つでは応募資格も異なっていて、正式職員としての通訳人になるには試験を受けなければならない。一次試験は、教養試験と専門試験があり、教養試験のほうは一般の地方公務員上級試験とほぼ同じ内容である。専門試験は翻訳問題を中心とする語学筆記試験である。さらに加えて小論文が課されるが、公務員試験の論文と同じようなものである。二次試験は人物考査と語学面接である。

民間通訳人になるには、各都道府県警本部の通訳センターなどの通訳担当部署に協力を申し出て、通訳人としてふさわしいと判断されれば、通訳人名簿に登載される。正式の試験などは特に設けられていない。都道府県によって、正式に登録制を設けているところと、部署内の通訳人名簿に追加記入するだけのところがある。登録制のあるところは登録を完了すると委嘱状などを交付する。民間通訳人を対象とする研修は、都道府県警がそれぞれ独自におこなっている。

検察庁での通訳　沖縄などの検察庁には米軍基地の関係で、英語の通訳・翻訳を担当する専門職員がいるが、そのような例外を除いて、検察庁ではすべて民間の通訳人が通訳を担当している。検察での通訳人になりたい人は、指定された日時に各都道府県の地方検察庁で面接を受けて、人材として適切だと判断されれば、名簿に登載されて仕事の依頼を受ける。仕事内容は、検察官が外国人被疑者を取り調べるさいに通訳を務めることである。

検察での通訳人の研修には、中央研修として、まだ比較的通訳経験の少ない通訳人に対象者を絞り、全国の地方検察庁から推薦された通訳人数十名が参加する通訳人セミナーが実施されている。このセミナーでは、刑事手続き全般についての講義や、通訳の正確性が実際に争われた具体的事案についての講義を聴き、捜査通訳人として必要な基本的知識や注意点を学ぶ。また、ベテランの通訳人が講師になり、取り調べを中心とする捜査通訳をおこなうさいの注意点について講義し、そのうえで検察官との座談会が開かれて、検察官に質問したり、意見交換をしたりできる機会が設けられている。

取り調べ通訳に必要な心構えと注意

取り調べとは、常に対立的な状況である。「警察の事情聴取や取り調べでは、取調官の言動を管理する裁判官がいないため、警察官と容疑者のあいだの非対称な権力関係という視点から見れば、この状況においての対話は一般より高圧的である」(Berk-Seligson, "The Miranda warnings and linguistic coercion," p. 127)。このように、警察官と被疑者は対立的関係にあり、取り調べの談話の目的は、被疑者を告発し自供を得ることであるといわれる。

警察の通訳には警察職員である「通訳吏員」と「民間通訳人」がいることはすでに述べた。かつて、警察官や警察職員が通訳をするのは、中立性や公平性という観点から問題を含むという主張もあったが、必要が生じたときいつでも稼働できる職員がその責務を担うほうが都合がいいことや、語学ができる警察官が取り調べても何ら問題がなく、必ずしも中立の立場の通訳人でなくてよいというような理由から、最近は警察職員が取り調べ通訳にあたることはごく普通になっている。

ここでは、「民間通訳人」を中心に解説していこう。警察であれ、検察であれ、取り調べという状況に民間人が加わる形で通訳をするには、それなりの心構えと注意が必要である。

まず、さきほどの対立的構図での通訳ということを考えると、言葉の橋渡しをする通訳人が中立の立場を保たなければ、取り調べの公正さは保証されない。通訳人が被疑者やその関係者と個人的な関係を持っていることは、取り調べの公正さを損なうことになる。このような状況は極力避けなければならない。

また一方で、多くの取調官が、通訳人も取り調べ側の一員だと考えがちで、うまく供述を引き出す助けになってほしいと思っている。けれども、通訳人が被疑者に対して、脅したりすかしたり、助言したりすることは、国際的な基準からも不適切な行為だとされている。民間通訳人はあくまで中立な立場を守るべきである。ただし、通訳人が入ることで取り調べ室の雰囲気ががらっと変わってしまうと、取調官にとっては取り調べがやりにくくなるし、被疑者にとっても有害になることがある。取り調べのレジスター（第1章三二頁）をきちんと守り、雰囲気を壊さないことが重要である。日本人観光客が麻薬密輸の疑いで逮捕され、裁判にかけられた「メルボルン事件」の通訳人は、取り調べ中であるにもかかわらず、通常の会議通訳が使う丁寧な文体、たとえば「あなた様は……」というような調子で訳していた。そのため、被疑者は捜査官が自分に対して好意的であると捉えてしまい、自分の置かれた状況を正確に認識することができなかった可能性があると報告されている（メルボルン事件弁護団編『メルボルン事件　個人通報の記録』三五〇—三五一頁）。

「警察に対して恐怖心を抱く勾留者は、通訳者に支援を求めようとすることがある。通訳者は、自分が擁護者あるいは権力の不均衡を正す法定代理人であるかのように、通訳者の役割を誤解するおそれがある」（Hale, *Community Interpreting*, p. 73）。通訳者がこのような考え方をしては非常に危険である。通訳者が擁護者になってしまうと、取り調べの公正さが失われるだけでなく、被疑者が通訳人によけいなことを打ち明けてしまい、内容次第では通訳人に危険が及ぶことすらある。通訳人はあくまで通訳することに徹し、被疑者とのあいだの距離を保つことが重要である。

取り調べでの通訳の正確さは、法廷でのそれよりも重要だといわれる。そこで語られる内容が、法廷で証拠となるからである。特に日本の場合、従来型の裁判は書証主義なので、いったん調書に書かれると、それを後で覆すことは難しい。取り調べの最後に供述調書の「読み聞け」がおこなわれるが、そのときには一言一句正確に訳す必要がある。被疑者がそれに署名したら、すなわちそれを認めたことになるからである。特に、犯罪に直接関わる部分で使用される言葉には要注意で、たとえば、日本語で「殴打した」と書かれているのに英語で“hit”と訳したら、その行為の質がかなり異なる（中村・水野「第二回模擬法廷の言語分析」）。被疑者は“hit”という英語で表される行為なら認めても、もし、それが“punch”や“bear”だったら認めないかもしれないのである。

この「読み聞け」について、一つ大きな問題がある。かりに通訳人がある言葉を間違って、あるいはニュアンスの異なる言葉で訳した場合、通訳人自身はその訳語が正しいと思っているわけだから、「読み聞け」のさいにも、それが正されることがない。たとえば、被疑者が単に“hit”したと述べたのを、通訳人が「殴打した」と訳し、それが調書でそのまま使われたとすると、それをこんどは「読み聞け」で日本語から英語に訳して聞かせるさいにも、通訳人はおそらく「殴打した」を“hit”という英語に戻すだけだろう。そうすると被疑者は、自分が言った“hit”がそのまま出てくるので、「調書は間違いありません」とサインすることになる。しかし、調書には“hit”でなく「殴打した」と書いてある。

通訳人は、一つひとつの言葉をよく吟味し、最も近いニュアンスの訳語を選び取る努力をしなくてはならない。

取り調べの可視化　ヘイルによれば、英語圏の多くの国々では、事情聴取の録音が義務化される前は、不正確な書き起こしがされることが多かったという。イギリスでＰＡＣＥ（「一九八四年警察・刑事証拠法」Police and Criminal Evidence Act 1984）の実施基準が導入される前は、警察官は聴取中や聴取後に記録をまとめるさいに、「よい」供述の基準に合わせようとして公然と内容を編集していた。「よい」供述というのは、事件を時系列に述べ、事実を矛盾なく提示し、不可能あるいは不自然な内容を省くということである。警察官自身は証人や被告人の言葉を書き起こしているつもりだが、実際には証人や被告人の回答にもとづいた自分自身の記録を作成しているのだという研究結果も報告されている（Hale, *Community Interpreting*, p. 67）。

日本でも、取り調べ調書の文体は、被疑者の実際の知性や言語能力を反映しておらず、警察官自身の語るストーリーであることがしばしば指摘されてきた。実際にあった事件で、ほとんど手話もできず、通訳人がついてもコミュニケーションが非常に困難だった聴覚障害者の取り調べで、調書はまるでふつうになめらかに言葉の話せる人が語ったように理路整然とまとめられていたというケースもある（一九八〇年岡山黙秘事件。聴覚障害者に黙秘権がきちんと伝わったかどうかが問題になった）。

このようななかで英語圏の国々では、取り調べを可視化し、警察官によるそのような恣意的な書き起こしを防げるシステムがつくられているが、これは通訳がつく場合にその正確性を担保するうえで非常に重要である。実際に被疑者の語った内容が正確に通訳されたかどうか、後で検証できるからである。前節でふれた「メルボルン事件」では、警察での取り調べのビデオや音声テープをもとに、捜査段階での通訳が適正だったか検証作業をおこなうことができた（この作業には筆者も関わった。メルボルン事件弁護団編『メルボルン事件 個人通報の記録』）。日本でも二〇〇六年夏から、一部の事件で検察の取り調べを録音・録画する試みが始まったが、二〇〇八年には警察での取り調べもその対象となった。さらに、二〇一四年には精神遅滞、発達障害、精神障害を持つ被告人に関わる事件に対象が拡大され、二〇一六年には裁判員裁判すべてが原則的に録画対象となった。それにより、裁判員裁判については、取り調べ段階での通訳の正確性を検証することが可能になった。

弁護人とのあいだの通訳

弁護人接見の通訳は、すべて民間の通訳人が担当している。弁護士が被疑者（起訴前）または被告人（起訴後）に接見するさいに通訳をするのがおもな仕事である。この通訳の仕事を希望する人は、各都道府県の弁護士会に通訳人として登録をする。また二〇〇六年度から起訴前国選弁護の制度が始まり、被疑者の段階でも経済的に貧しい場合は国選弁護人がつき、それにともなって外国人の場合には通訳人がつけられることになった（ただし、起訴後の被告人の場合と異なり、対象になるのは一定の重い事件に限られ、かつ、勾留による身体拘束を受けている被疑者に限られる）。日本司法支援センター（法テラス）がこの制度導入と同時に開業し、通訳人の派遣もおこなうようになった。なお、日本司法支援センターでは、後で述べる法廷通訳の料金とは異なって、通訳料金の体系が明確に出されている（「国選弁護における通訳料基準」二〇〇七 http://www.houterasu.or.jp/cont/100180182.pdf）。

弁護人接見での通訳は、取り調べとは異なって、対立的な状況ではなく「味方との打ち合わせ」である。弁護人は被告人にとって有利な状況と不利な状況とを正確に把握する必要があるので、被告人には事情を正確に語ってもらいたいし、当然、通訳人にはありのまま正確に通訳することを望む。通訳人の側では、正確な通訳のためには中立の立場で臨むことがいかに重要かという点は、取り調べ段階と同様である。ただし、法廷のような高度に形式化され、被告人や証人の語る一言一句が証拠となるような場ではないし、取り調べのように調書を作成することもないので、より日常会話に近い形でコミュニケーションがおこなわれる。

弁護人が通訳人に望むことは、事情がうまく把握できるように伝えてほしいということである。被告人の話し方の雰囲気や、被告人の理解度などにいたるまで、自分にわかるようにしてほしいと要望する弁護人が多いようだ。なかには、何とかして被告人に有利な状況を引き出そうと、通訳人をまきこんで、話しやすい雰囲気をつくり出して誘導しようとする弁護人もいる。通訳人がいることで雰囲気が悪くなってコミュニケーションがうまくいかなくなり、必要な情報を引き出せないのは困るが、そうかといって通訳人が弁護人に協力したいと思うあまり、自分から率先してコミュニケーションの促進役を務めるのも問題である。主体はあくまで弁護人であって、会話をコントロールするのも、弁護人なのである。

また、弁護人には自分と依頼人とのあいだで語られたことに対して守秘義務が課せられる。通訳人がついている状況でも、それは変わらないので、その場にいあわせた通訳人も、業務上知りえた秘密はどこにも漏らしてはいけない。また、通訳人の個人情報も、被疑者や被告人に知られてはいけない。後で通訳人が危険にさらされることを防ぐためには、弁護人は通訳人の名前や住所などを、けっして被疑者や被告人の目につくところに置いてはいけないし、通訳人の名前を呼ぶことも避けなければならない。

裁判の通訳

裁判で通訳を務めるには、通訳人として登録しなければならない。通訳人として選任されることを希望する人に対しては、各地方裁判所で裁判官が面接をする（近年では、当該言語のベテラン通訳人が同席し、被面接者の語学力をチェックして裁判官に意見を述べるケースも多いという）。面接の結果、通訳人としての適性を備えていると認められた人に対しては、刑事手続きの概要や法律用語、通訳をおこなうにあたっての一般的な注意事項を説明し、これらの手続きを経た人が通訳人候補者名簿に登載されるとなっている（裁判所ウェブサイト「通訳人」http://www.courts.go.jp/saiban/zinbutu/tuyakunin/index.html）。また、裁判所では通訳人候補者を対象に、法廷通訳の経験などに応じて各種の研修をおこなっている。これには、法廷通訳の経験がまったくないか、または少ない人を対象にする「法廷通訳基礎研修」、事件をある程度担当したことがある人対象の「法廷通訳セミナー」、さらに法廷通訳の経験を積んでいる人を対象にした「法廷通訳フォローアップセミナー」がある（最高裁判所事務総局刑事局「ごぞんじですか法廷通訳」http://www.courts.go.jp/vcms_lf/h26ban-gozonji.pdf）。

ここで注意が必要なのは、名簿に登載されるということは「法廷通訳人」という身分を与えられたということではない。「法廷通訳人」という肩書はない。あくまで、「通訳人候補者」なのである。

裁判は次頁の図のように進むが、通常事件と裁判員事件とがあり、裁判員裁判ではこの流れに公判前整理手続きというプロセスが加わる。そして、もちろん、判決の前に評議がおこなわれることが裁判員裁判でのいちばん大きな相違点である。

裁判員事件で公判手続きの前におこなわれる公判前整理手続きでは、該当事件を担当する裁判官・検察官・弁護人の法曹三者が話し合い、この事件で問題になりそうな点や証拠などについて事前に整理し、争点を絞り込む。裁判が短い期間でおこなわれることや、一般人である裁判員に裁判をわかりやすくする必要があるので、この手続きをおこなうのである。この段階で、外国人被告人が立ち会う場合は通訳人が必要となる。この手続きでは、裁判官と検察官、弁護人が集まって、さまざまな証拠について議論し、整理していくので、早口でわかりにくいし、非常に専門的な用語が使われたりもする。しかも、話されている内容をその場で被告人に通訳するのに、いちいち逐次通訳のために時間を取るわけではない。本来ならウィスパリング（耳元でささやきながら同時に通訳する方法）で同時に通訳していくことになるが、同時通訳の訓練を受けた司法通訳人の数は非常に少なく、そのような場に対応できない。したがって、現在の慣行としては、裁判官が話のまとまりごとに適宜要約し、それを通訳人が被告人に伝えるという形を取っている。

弁論手続きの後の評議で、裁判官三名と裁判員六名によって、被告人の有罪無罪と量刑が決められる。また、証人尋問、被告人質問のたびに中間評議がおこなわれることもある。こうした場に通訳人が関わってくることはないが、もし裁判員に聴覚障害者が選任された場合は、手話通訳者がつくことになる。

では、法廷通訳の特徴とは何だろうか。

法廷手続きは高度に形式化されており、法廷特有の言葉や文章表現が使われ、それに慣れていないと、そこで話されていることが理解できず、正確な通訳もできない。特に、一般でも使われているが、その用法が法廷とは異なるような言葉が要注意である。覚せい剤等を「みだりに使用した」という表現の「みだりに」は、一般用語では「むやみに」「わけもなく」などの意味で使うが、法律用語としては「法定の除外事由がないのに」つまり「(覚せい剤を使用してもよいという)法で定められた例外的理由がないのに」という意味になる。また、法律用語については、それが表現する範囲というものが非常に重要で、たとえば「所持する」という言葉は、単に「持っている」という意味ではない。たとえ、そのものが自分の所有物ではなくても、自分がそれをどのようにもできる状況、つまりそれを管理下においていれば「所持している」ことになる。法廷で使用される法律用語の正確な知識がないと、的外れな通訳になってしまう(渡辺・長尾・水野『司法通訳』一一〇頁)。

人定質問 → 起訴状の朗読 → 黙秘権の告知 → 被告人・弁護人の陳述 → 証拠調べ → 論告・求刑 → 被告人・弁護人の最終陳述 → 判決

図　刑事裁判の流れ

また、当事者主義の法廷では、検察側と弁護側がそれぞれの主張を展開し、裁判官や裁判員(陪審員)がそれを聞いて被告人の有罪無罪および量刑について判断する。公正な判断というものがカギとなる場なので、通訳が公正な判断を阻害するようなことになってはいけない。つまり、原文への忠実性が最も重視される。

公判で最も通訳が重要になる場面は、証人尋問と被告人質問である。検察官や弁護人は、自分の側の主張を効果的におこなうために、特殊な法廷戦術をもって質問に臨むため、その質問には一定のパターンがあり、それを理解しないと正確な通訳ができないことがある。

質問には主尋問と反対尋問があり、それらはその趣旨や形式において大きな違いがある(渡辺・水野・中村『実践　司法通訳』一七五―一八四頁)。

主尋問は、証人を請求した側が、証人(または被告人)自身の体験などを語らせるためにおこなう。したがって、いつ、どこで、誰が、どのように、どうしたというような5W1H的な質問形式になるか、オープン・クエスチョンで、自由に語らせる形になる。主尋問では誘導尋問は認められない。

反対尋問は、証人や被告人の証言に対し、その信用性を吟味するためにおこなう。したがって、主尋問で証言された内容について問いただし、その矛盾点やあいまいさを暴き出そうとする。ここでは弁明の機会を与えないために誘導尋問が推奨され、証言者は「はい」「いいえ」で答えざるをえないような質問が多くなる。

通訳人も、このような質問のパターンを理解しておき、法廷戦術を阻害しないような通訳をする必要がある。

司法通訳人に期待されるもの

必要な資質・能力　司法通訳の分野は、人の生命や人生がかかっている現場での通訳ということで、コミュニティ通訳のなかでも最も正確性が重んじられる分野である。通訳人の訳し方によって裁判のゆくえが変わる可能性もあり、そのような責任ある立場での通訳には、それなりの資質、能力を備えた人材しか参入してはいけない。二言語にネイティブ・スピーカー並みの言語運用能力を持ち、通訳スキルの訓練を受け、司法分野の知識を備えていることが通訳という作業そのものにおいての必要条件となるが、これらの能力以外にも必要な資質がある。まず、述べられた内容を間違いなく伝えるための冷静に状況分析をする能力が挙げられる。そして、法廷等で語られる悲惨な内容などを通訳することでトラウマになったりしない強い精神力も重要である。また、司法の場で通訳するにふさわしく適切な行動を取ることができることも、非常に重要である。特に、司法通訳の倫理についての知識があり、それを遵守することが求められる。

倫理　コミュニティ通訳全般に関する倫理については後の章で詳述するが、ここでは司法通訳分野で特に重要な倫理原則について考えよう。これらは、特に法廷通訳にとって、必ず守らなければならない倫理原則である。

正確性を保つ　司法通訳は、人の生命や人生が直接関わる場面での通訳である。取り調べでも公判廷でも、被疑者や被告人あるいは証人の言葉一つひとつがのちの有罪無罪の決定や量刑判断に影響を及ぼす。そして、日本語を解さない被告人や証人の場合、通訳人が話す言葉がそのまま、被告人や証人の言葉として聞き手によって受け止められるので、通訳人は自分の訳出には細心の注意を払う必要がある。

正確な通訳にはさまざまな側面がある。まず、専門用語の等価（伝わる内容が等しいこと）である。法律家が使用する用語の意味を正しく理解できないと、当然、通訳は不正確になる。法律用語や法律文の目的は、内容を厳格かつ正確に伝え、解釈の幅を最小限にとどめることであり、その言葉によって、それの指す範囲が明確に決められているのである。たとえば、日本語の「殺人」は、英語の"murder"（謀殺）であるかもしれないし、"manslaughter"（故殺）であるかもしれない。計画性があれば前者、なければ後者となり、その両方を含む日本語の「殺人」とは、その表す範囲が異なる。

一般用語についても、訳出の等価という問題がある。法廷では、起こった事実を明確にしていくだけでなく、なぜそうなったのか、そのときどういう気持ちだったのかというように、事件をとりまく状況についても明らかにしていく。

筆者の属する研究チームは、模擬法廷を使ったある実験で、証人尋問の場面を取り上げたことがある。被告人は酒場でけんかして相手を刺してしまった外国人で、けんかを目撃した証人が、被害者が被告人に対してどのようなことを言ったのか証言する場面のシナリオを作成し、プロの通訳者にぶっつけ本番で訳してもらった。被害者が被告人に対して、英語で聞くに堪えないような罵詈雑言を浴びせかける様子を、証人はそのままの言葉で表現していくのだが、通訳人は、そのような汚い言語表現をそのまま訳すことができず、非常に当惑した果てに、はるかに柔らかい日本語表現で対処しようとした。また、言葉をそのまま訳すのではなく「汚い言葉で悪口を言った」というように、状況をまとめて説明的に訳すこともした。その結果、実験に参加した模擬裁判員は、被害者はたいしたことを言ったわけではないのに被告人はカッとなって刺してしまった、というような捉え方をしたのである。このように、通訳人が言われたことをそのまま訳すのではなく編集してしまうと、発言者の真意やニュアンスが変わってしまうことがある。

「通訳人は、言われたことや書かれたことに対して何も変えたり、省略したり追加したりすることなく、そして説明することなく、使用された言語のレベルを保持した完全で正確な通訳やサイトトランスレーションをすべきである」とアメリカ合衆国連邦認定法廷通訳人の倫理規定に明記されている。一〇〇パーセントそれを実現することは不可能でも、司法の場では、限りなくそれに近いパフォーマンスのできる能力を備えた通訳人が任命されるべきである。

守秘義務を守る

一般の市民が裁判員になると、評議がどのような過程を経て結論にいたったのかということや、評議において裁判官や裁判員が表明した意見の内容、評決のさいの多数決の数など、また事件関係者のプライバシーに関わる事柄などに対して守秘義務が課されるが、裁判というところはさまざまな個人情報が扱われるので、通訳人も業務上知りえた情報を他に漏らしてはいけないことになっている。以前、雑誌のライターを本業にしている外国人が裁判の通訳を依頼されたが、まだ係争中であるにもかかわらず、関係者の実名入りでその事件について雑誌に記事を書いてしまったことで大きな問題になったことがある。これは極端な例だが、通訳人は家族や友人に対しても、裁判で知りえた個人情報などについて話すべきではない。

また、裁判関係者が通訳人に関する情報を他に漏らすことも禁じられており、すでに述べたように弁護人接見時などに、被告人の見えるところに通訳人の名前や住所などが書いてあるものを置く、などの行為もしてはいけない。もし、自分の情報が漏れそうな状況があれば、通訳人はそれについて注意を喚起しなければならない。

中立性・公平性を保つ

裁判は当事者主義で、対立する当事者が、それぞれ自分の側に有利な主張や証拠を出し合い、これにもとづいて中立の第三者である裁判官や裁判員が判断を下すという仕組みになっている。通訳が介在した場合には、通訳人の訳出を聞いて裁判官や裁判員が判断を下すので、通訳人の果たす責任は重大である。両者の主張が正確に裁判官や裁判員に伝わらなければ、誤った判断にいたることもある。

アメリカではかつて、法廷通訳人として、被告人の友人や家族、捜査にあたった警察官など、立場が中立でない人たちが臨時に、いわゆるアド・ホック通訳人（第1章二八頁）として起用されていた（Schweda-Nicholson, “Ad hoc court interpreters in the United States”）。被告人をはじめとする裁判当事者と利益相反の関係（相反する利害関係）にある人が通訳人として法廷に立っては、裁判の公正さが損なわれる危険があることは明らかである。警察官が通訳する場合、自分たちが逮捕して取り調べた被告人なので、当然有罪と考えている立場であり、一方家族や友人なら、罪が軽くなってほしいと思うものである。そういう状況では、意図的に内容を歪曲したりもするし、無意識に自分の都合のよいように通訳してしまうかもしれない。このような問題を避けるためには、通訳人は裁判関係者との個人的な関与を避ける必要がある。関係者から個人的に報酬や贈答を受け取ったりすることは許されない行為である。

しかし、当事者の誰とも何ひとつ利害関係のない通訳人であっても、その人のものの考え方や立場が通訳のパフォーマンスに影響を及ぼすこともありうる。「通訳人は中立で偏見を持たず、偏見の様相を示す可能性のある行動をしてはならない」とアメリカ合衆国の連邦認定法廷通訳人倫理規定に書かれているが、特定の民族や宗教に対する偏見や不信感を持っていたりすると、それを知らず知らずのうちに態度で示していたりすることもあり、その通訳人の様子が陪審員の判断に影響を及ぼすこともありうる。

また、裁判の公正は被告人のためだけにあるものではなく、事件の被害者や司法権の適切な行使のためのものでもあるということを、通訳人は認識しておく必要がある。

通訳の職務範囲を守る

コミュニティ通訳のなかで、法廷通訳ほど職務範囲を厳しく守る必要のある分野はない。これは中立性の倫理とも密接に関連している。通訳人は通訳するためだけに法廷にいるのであって、それ以外の業務は職務範囲外である。たとえば、法律専門家ではない通訳人が、被告人などの当事者に法的アドバイスを求められても、それをすることはできないし、してはいけない。また、弁護士などに依頼されて被告人などに自分で何かを説明することもしてはいけない。通訳人の役割は通訳することだけなので、そのような場合は、自分の職務範囲を説明し、本人の口から質問や説明をするように求め、それを訳すことだけに徹する必要がある。中立性ということを考えても、通訳人が被告人と二人だけになって個人的な会話が可能になるような状況は極力避けるべきである。

プロ意識を持つ

司法通訳人にとってのプロ意識という点でいちばん大切なことは、正確性を保証するために全力を尽くすということである。かりに、通訳の過程で何か誤訳をしたことに気づいた場合、できるだけ早くそれを裁判官に伝えなければならない。間違えたことを知られるのは恥ずかしいと思ったり、自分の能力を疑われるのではないかというような心配を抱いたりしたら、その時点でもうプロとはいえない。また、そのような訂正をする場合には、「通訳人が間違えたので訂正します」と言うべきである。発言者の言ったとおりに訳すのが通訳なので、第一人称を使うとそれは発言者を指すことになるのである。「私が……」とうっかり言ってしまうと混乱が生じるし、証人や被告人が前言をひるがえしたと思われる可能性もある。

法廷にとって最良の結果につながるよう、適切な労働条件を整えるための行動を取るのも、プロ意識の重要なポイントである。法廷通訳の場合、これは正確性を最大限に保証するための行動ということになる。たとえば、通訳の継続時間が長すぎて疲労が蓄積し、通訳の精度が落ちてしまう可能性があれば、休憩を求めるべきである。検察官や弁護人が、あと一五分くらい質問時間が必要であると言ったのを受けて、裁判官が「通訳人はもう少し通訳を続けて大丈夫ですか」と尋ねたようなとき、「疲れているけど、私があと少し頑張れば法廷にとっても都合がいいだろう」と考え、「大丈夫です」と答えるのは、プロの行動とはいえない。休憩は自分のために取るものだと考えるから、そのような行動になる。休憩は正確な通訳を保証する、つまり、公正な裁判のために取るのだという意識があれば、疲労が悪影響を及ぼし始める前に、自分から休憩を求めるはずである。また、疲労のコントロール以外に、のどが渇いたら飲み物を飲んだり、のど飴をなめたりすることも、自分がいちばん通訳しやすい環境を整えるという意味で重要なのである。遠慮していたら、自らのコンディションを最良に保つことはできず、正確な通訳ができなくなる。

また、事前に十分準備をして本番に備えることもプロとしては当然のことであるし、ふだんから法律分野の知識を増強したり、通訳の能力を高める努力もしなければならない。

司法通訳人の役割モデル

司法通訳の役割については、さまざまな研究がおこなわれてきている。いくつかの異なる役割モデルがあるが、他のコミュニティ通訳の分野に比べると、刑事手続きにおいては、通訳人の役割は比較的明瞭なものとなっている。取り調べ通訳や弁護人の接見時の通訳に求められる役割については、司法通訳の特徴についてのそれぞれの項目ですでに解説してきたので、ここでは法廷通訳について述べよう。

倫理原則のうち「正確性を保つ」についてすでに述べたように、原文に忠実に訳すことが非常に重要視されているので、法廷通訳人の役割は、一言でいえばそれに集約される。通訳人は法廷で言われたことをそのまま変えずに伝えることが理想である。もちろん、それは「直訳」するということではない。異言語どうしでは、直訳は意味をなさないことが多いので、「形式の等価」よりも「意味の等価」を重視することが重要である。被告人の反省の言葉は、その外国語の表現を直訳すると違和感を生じ、あまり反省しているように感じられないが、日本語の文脈に置き換えた自然な表現で訳すと、その反省の気持ちが伝わりやすいという実験結果がある（Mizuno et al., "Observations on how the lexical choices of court interpreters influence the impression formation of lay judges"）。また、慣用表現なども、それぞれの言語の文脈に合致した表現に意訳するほうが、真意が自然に伝わることもわかっている。法律用語などについては「法的効果」や「法的意図」が間違って伝わらないよう、等価表現を工夫する必要がある。異なる法律体系を持つ国の言語に訳すさいには、対になる法律用語があるとは限らないので、訳すさいに多少説明的になることもある。

このように、正確に伝えることが法廷通訳人の唯一の役割といえるが、通訳人のなかには、被告人に内容をわかってもらうために「わかりやすく、くだいて」伝えることが使命だと思っている人たちがいる。つまり、難しい法律用語などを、わかりやすく言い換えるということだが、これに関しては、多くの研究者たちが以下のような見解を示している。

「英語話者〔これは英語圏の裁判についての文献なので、受け入れ社会の言語を話す人の意〕であってもほとんどは、法廷で居心地がいいわけではなく、手続きを理解しているわけでもなく、自分の有利になるようなことをうまく言えるわけでもなく、全員が高度な教育を受けているわけでもない」（Hale, *The Discourse of Court Interpreting*, p. 12）。つまり、法廷で話される言語を母語とする人にとっても、法廷で話される内容は簡単に理解できるわけではないということである。

「通訳人の仕事は被告人が手続きを理解することを保証することではない」（Mikkelson, "Towards a redefinition of the role of the court interpreter," p. 22）、「通訳人の役割は、法廷で話されることを完全に忠実に訳すことである。……質問がわかりにくくて答えが的外れになっていても、法律家の意図した意味を証人に伝えるのは通訳人の役割ではなく、法律家に対して、意図をはっきりさせるためにどのような質問の仕方をすべきかをアドバイスするのも通訳人の役割ではない」（Edwards, *The Practice of Court Interpreting*, p. 66）。たとえ、法廷でのやりとりがスムーズにいかなくても、通訳人がその調整役になる必要はないということだ。

「法廷通訳人は、英語を話さない人が英語を話す人よりも有利な状況に立つようにしてはならない。もし法廷通訳人が『調整役』をすれば、英語を話さない被告人や証人に対して、それと同等の知性と教養を持つ英語を話す被告人や証人に対しては与えられていないようなサービスを提供することになる」（Astiz, "But they don't speak the language," p. 34）と述べられているように、母語話者も困難をかかえる法廷で、外国人だけが有利な状況に置かれるべきではないと考えられる。公平性・中立性の倫理原則に照らすと、やはり、通訳人が調整役としての役割を持つことには問題があるだろう。

また、法廷通訳人が文化仲介者としての機能を果たすべきかどうかという議論もある。話された内容を正確に訳すためには、前述したようにその言語の文脈に置き換えて訳さねばならないことは多い。これも一種の文化仲介といえるのかもしれない。それとは別に、裁判官から通訳人が文化的な背景についての解説を求められるようなケースも実際にある。このような場合はまさに「文化仲介者」ということになる。しかし、そのような解説をすることには危険がともなう。通訳人は文化人類学者ではなく、当該文化についての正確な知識があるとは限らないからだ。通訳人の勝手な思い込みで、間違ったことを伝えてしまうこともある。前述した「メルボルン事件」で、被疑者が関係者の一人を「お兄さん」と呼んだことについて、オーストラリアの取調官が通訳人に、日本では血縁関係がないのに「お兄さん」と呼ぶのはどういう場合かと尋ねた。通訳人は、「とても親しい人をそう呼ぶ」と答え、被告人とその人物が非常に親しかったという解釈になってしまった。しかし実際には、その人物は被告人の友人の兄というだけの関係だった。日本では、友人の兄ならまったく親しくなくても「お兄さん」と呼ぶことは十分ありうる。ところが、通訳人がそのように説明したことで、被疑者のそれまでの供述は信用に値しないとされてしまった。なぜなら、その被疑者は、自分が「お兄さん」と呼んだ人物とはそのときまで面識がなかったと供述していたからである。このように通訳人が正しくない文化情報を伝えてしまうことは往々にしてあり、とても危険である。法律家が通訳人を安易に文化の「鑑定人」として扱うことは望ましくないし、通訳人自身も安易にそのような立場に自分自身を置くことは控えたほうがよい。

現状の問題点と今後の課題

日本では、刑事手続きの各段階で司法通訳人を手配するシステムはかなり整ってきている。通訳人の認定制度こそ整備されていないが、警察および検察、そして裁判所は、たいへん律儀に通訳人の手配をしているし、話されることすべてをきちんと通訳させるよう、気を配ってもいる。ただ、通訳の質の管理という点では、まだまだ不十分である。その背景には通訳任用の体制そのものに関わる問題と、通訳の正確性の問題がある。

通訳の継続時間と疲労

会議通訳、特に同時通訳に関しては、通訳時間の経過にともなう疲労の蓄積によって通訳の精度が落ちることは、さまざまな研究を通じて証明されている。生理学的実験や臨床心理学的アンケートから、通訳の継続時間が三〇分を超えると、通訳の質が劣化していくことが証明されている（Moser-Mercer et al., "Prolonged turns in interpreting"）。法廷通訳に関しては、最もストレスのかかるきつい仕事であるということから、三〇分以上継続しておこなわないよう、適宜休憩を取ることが提唱されている（Vidal, "New study on fatigue confirms need for working in teams"）。模擬法廷を利用した音声データ分析により、通訳時間が三〇分を経過する頃から、通訳ミスの質が変化し重篤になっていくことも明らかになっている（水野・中村「要通訳裁判員裁判における法廷通訳人の疲労とストレスについて」）。このように、三〇分というのが正確な通訳が可能な一つの目安であると思われる。

ところが、実際の法廷で通訳人がどのように働いているかを見てみると、この「三〇分ルール」が守られていないケースがほとんどである。日本の場合、通常の裁判では、それほど長時間通訳することは稀だが、裁判員裁判の場合、一回の公判に数時間かかる。会議通訳なら、そのような場合、通訳者は必ず複数で一五分から二〇分ごとに交代しながら仕事をするが、法廷では一人通訳制のケースが非常に多い。通訳人自らが、一人のほうがよいと言うこともあるというが、これでは正確な通訳を保証することはできない。また、二人制を取る場合も、交代の仕方によっては、休憩を取ったことにならない。尋問や質問の場面で、質問と答えを交代で訳すというような慣行もあるようだが、それでは、二人ともがつねに緊張を強いられ、一人ずつ交代で休むことにならない。それでは二人制のメリットがなくなってしまう。すでに述べたが、通訳人が適度に休憩を取るのは、通訳人本人のためではない。法廷で正確な通訳を実現するためであるという自覚が、法曹関係者と通訳人の双方に必要である。

通訳料金　次に、通訳料金の問題がある。日本の法廷通訳の料金は、諸外国に比べてけっして少額ではなく、むしろ恵まれているといってよい。しかし、問題点も多い。法廷通訳の料金体系はどこにも公表されておらず、およその金額は決まっているようであるが、裁判官の裁量によるところも大きいという。また、すべての裁判手続きの終了後に支払いがおこなわれるため、長い期間がかかる裁判の場合、一年後や二年後まで支払われないこともあり、その明細もはっきりしないという苦情が通訳人のあいだから聞かれる（より詳しくは、静岡県立大学法廷通訳研究会編「二〇一二　法廷通訳の仕事に関する調査報告書」一二―一三頁参照）。さらに、「訳している時間」への対価という考えが取られ、裁判全体で通訳していた時間を合計して報酬を決めるというが、それでは、二人制を取った場合に報酬が半分になることも考えられる。また、通訳能力に優れ、手早く訳せる通訳人と、スムーズに訳すことができず時間ばかりかかる通訳人とでは、時間のかかる人のほうが報酬が多くなってしまうという矛盾も生じる。通訳料金という、業務の根幹を支えるものがこのような状況では、通訳人の士気やプロ意識にも影響を及ぼす。通訳料金はきちんと体系化して明示するとともに、会議通訳の分野と同様、「半日料金」「一日料金」などのように、拘束時間への対価とすべきであろう。

通訳のクオリティ・コントロール　司法通訳人の倫理に関して述べたように、司法通訳にとって最も重要なのが、原文への忠実性である。法廷とは真実が何であるかを判断する場であり、そこで発言が正確に伝わらなかったら誤判につながる。特に口頭主義を取る裁判員裁判では、公判廷で話される内容が証拠のすべてである。誤った通訳がおこなわれると、裁判官や裁判員たちは、誤った証拠にもとづいて判断を下すことになる。人の人生がかかっている法廷という場では、正確な通訳の重要性は会議通訳の比ではない。それにもかかわらず、日本では法廷通訳人の質を管理するための認定試験がない。研修や検定試験、認定をおこなっている民間の団体はあるが（司法通訳士連合会 http://www.j-law-interpret.com/）、公的機関による認定制度は存在しないのである。欧米やオセアニアの多くの国では、通訳人の認定試験をおこない、グレードに分けて料金にも差を設け、仕事の難易度に応じてそれに合う人材を起用する制度が存在する。

また、そのような国々では、認定された通訳人の継続研修の機会も設けられており、能力の維持・向上に努めている。研修では、法律制度や法律用語、通訳人倫理のほか、言語学やコミュニケーション学の知識、通訳スキルの習得もプログラムに盛り込まれているケースが多い。日本の裁判所でも、通訳人研修を実施しているが、言語学的知識や通訳スキルはほとんど研修プログラムに含まれず、もっぱら法律や司法手続きの知識や通訳倫理を教えることに終始している。このようなことから、通訳業務の根幹である言語運用力や通訳スキルが欠如したまま法廷に立つ通訳人が後を絶たない。プロの会議通訳のトレーニングでは、まず両言語にネイティブかそれに近いくらいの運用能力を持つ人材を選び、それに通訳スキルを教えることから始める。優先順位が逆なのである。

近年、裁判での通訳の正確性が問題視されたケースがいくつかあった。第一審の通訳に問題があるとして控訴され、控訴審に鑑定書が提出されたケースとして、二〇〇二年のニック・ベイカー事件と二〇〇九年のベニース事件が挙げられる（どちらも筆者が鑑定人を務めた）。

ニック・ベイカー事件は、イギリス人の覚せい剤密輸事件だが、被告人の英語がロンドン訛りに近く、日本人にとっては非常に聞きにくいものであった。被告人質問の場面のオリジナルの英語の証言と、通訳人の訳出とを比較すると、情報漏れがはなはだしく、通訳がもとの発言の三分の一ほどの量になっている箇所が多数みられた。また、重要な部分での誤訳もあった。たとえば、「入管職員に、スーツケースに対しX線検査をしてもよいかと尋ねられ、"It ain't mine."（「私のものではない」）〔被告人は同行していた知り合いのスーツケースを持って荷物検査に並ばされたと主張していた〕と言った」と被告人が証言したのに対し、通訳人は「かまいません〔"I don't mind"と勘違いしたらしい〕」と訳していた。また、被告人が「自分は抗生物質（antibiotics）を持っていた」と証言したのを、通訳人は「輸入禁制薬物」と誤訳していた。これらの通訳ミスは、被告人の発音があまりに聞き取りにくかったことから生じていることは明らかであった。このケースでの問題は、通訳人がそのような状況を法廷に報告せず、最後まで、不正確な通訳を続けた点にある。業務を辞退するなり、ロンドン訛りのわかるイギリス人とのリレー通訳（三つ以上の言語間でリレー形式で通訳すること。この場合は、被告人の英語→標準英語→日本語と通訳する）を希望するなりできたはずである。これは、「正確性」の倫理に反する行為であった（水野真木子「ニック・ベイカー事件の英語通訳をめぐる諸問題」）。

ベニース事件は、英語を母語とするドイツ国籍の被告人の覚せい剤密輸事件である。これには筆者を含む四名の言語専門家が鑑定書を提出した（受理されたのは一本だけ）。通訳の問題は多岐にわたっていたが、被告人が取り調べのときに、自分の置かれた状況を絶望的に感じて"I felt very bad."と言ったのを、通訳人は「たいへん申し訳なく思いました」と訳した。否認事件であることや、前後の文脈から考えると、そのような訳はありえない。そのような誤訳以外にも、通訳人による多くの言いよどみ、訳し落とし、ニュアンスの改変などが頻繁に見られるケースであった（詳しくは、中村幸子「ベニース事件の通訳をめぐる言語学的分析」、水野真木子他「日本の司法通訳研究の流れ」参照）。

どちらのケースも、控訴審は通訳による影響をまったく認めなかった。いまのところ、裁判所は判決や量刑に通訳の及ぼす影響はほとんどないという立場を取っており、通訳の質の問題に踏み込む意思は示されていない。今後も、上記のような言語鑑定がおこなわれるケースが増えてくると思われる。法律家たちのあいだで通訳に関する言語鑑定の有効性に対する認識が高まり、データにもとづく科学的な鑑定技術が進むことで、正確な通訳の実現に近づけるだろう。

近年、他にも報道メディアの注目を集めた事件がある。英国人女性殺害事件（リンゼイ・ホーカーさん殺人事件）では、公判に被害者の両親が在廷したが、通訳人による多くの誤訳が問題となった（*The Japan Times* 二〇一一年七月二一日付）。未成年のアメリカ人によるアイルランド人女性殺害事件の公判では、通訳人が頻繁に誤訳をし、英語のわかる裁判員が裁判長に対して何度も誤訳を報告するというような、本来あってはならないことが起こっていた（*The Japan Times* 二〇一三年三月二三日付）。

これらのケースでは通訳言語は英語だったので、通訳の問題が明るみに出、検証することができた。ところが、理解する人が非常に少ない少数言語で通訳がおこなわれる場合は、その正確性のチェックはほとんど不可能である。現在の日本の法廷通訳はこのような危うさの上に立っている。

現在、稼働している法廷通訳人のなかには、たいへん通訳能力が高く、すぐれた通訳を提供できる人材も多くいる。しかし、法廷で通訳するだけの能力やスキルをまったく持たない通訳人も多く稼働しており、その差はあまりに大きい。質の低い通訳がつくことは、通訳がまったくつかないことよりも公正さを損なうことすらある。公正な裁判のために通訳人に対するスクリーニングのシステムを整備するとともに、言語運用力や通訳スキルを中心とするトレーニングの機会を提供し、その受講を通訳人に義務づけることは緊急の課題である。

法律実務家との協力

司法通訳に限らずすべての通訳分野で、その業務がスムーズにいくためには、通訳を使う側の、通訳という仕事に対する理解と通訳者への協力が重要なポイントとなる。司法通訳の場合、法律実務家との協力関係ということになるが、オーストラリアでは法律家に通訳のことをわかってもらうための研修をおこなっている。新たに治安判事(magistrate)に任命された人たちを対象とする研修プログラムのなかに、法廷通訳に関わるものが含まれているが、講師は通訳の経験も豊かな法言語学者で、言語学的要素も盛り込みながら、通訳行為の本質や問題点などについて非常に啓蒙的な内容の講義をする。しかし、このように法律家が組織的に積極的に通訳のことを学ぼうとするケースは世界でも稀で、ほとんどの国では、法律家はたとえ司法通訳人のトレーニングの必要性を強く認識していても、自らが通訳について講習を受けるという発想はほとんどないのが現状である。

「裁判官のジレンマ」という言葉がある。裁判で専門家の証言を聞いたり鑑定書を読んだりしながら、自らはその分野の専門家ではないにもかかわらず、その問題についての判定を下さねばならない裁判官の立場を表す言葉である。通訳についても同じことがいえる。通訳についての知識がない裁判官が、通訳によって生じる問題について、適切な訴訟指揮をおこなわなければならないのである。

裁判官を含め、要通訳事件に関わる法律家はみな、通訳のメカニズムや起こりうる問題について、通訳学や言語学の専門家から学ぶ機会を持つべきであり、今後そのようなユーザー・トレーニングをどのようにおこなっていくのかが課題である。

難民認定に関わる通訳

難民審査や難民裁判の通訳は、これまで日本ではまったく注目されてこなかった。しかし、難民認定に関わる現場においては、通訳を介したコミュニケーションがかかえる独自の問題がある。

日本の難民認定制度　日本は、一九八一年に「難民の地位に関する条約」および「難民の地位に関する議定書」に加入し、翌年からそれらが発効している。それ以来、多くの難民申請者に対応してきた。一九八二年から二〇一三年末までの申請者数は一万七五五九名で、認定者数が六二二名、人道的配慮で在留を認められた数が二二五七名であった（難民事業本部「日本の難民受け入れ」http://www.rhq.gr.jp/japanese/know/ukeire.htm、法務省「平成二五年における難民認定者数等について」http://www.moj.go.jp/nyuukokukanri/kouhou/nyuukokukanri03_00099.html、同「平成二四年における難民認定者数等について」http://www.moj.go.jp/nyuukokukanri/kouhou/nyuukokukanri03_00094.html）。

難民認定手続きは以下のように進む。第一認定の手続きとして、難民申請者に対して入国管理局等の調査官がインタビューする。これは法務大臣の管轄である。ここで認定されなかった場合には、三人の参与員による審査がおこなわれ、口頭意見陳述があり、これには弁護人が立ち会える。ここまでが行政手続きである。この段階で難民申請が認められなかった場合、裁判を求めることができる。ここからは司法手続きになり、上訴もできる。

難民審査の通訳者　難民審査の各段階でコミュニケーションを可能にするために、通訳・翻訳が必要になる。日本の場合、一般の司法通訳では、中国語、韓国・朝鮮語、ポルトガル語など、比較的よく使われる言語のケースが多いのに対し、難民申請者はミャンマー語、トルコ語、シンハラ語など、日本にとってはマイナーな言語を母語とするため、通訳の人材はつねに不足している。実際に通訳・翻訳にあたる人たちは、その多くがアド・ホック的な形で雇われており、通訳者としての認定システムも養成プログラムもなく、その質が問題視されている。海外でも日本同様、少数言語の問題の解決は難しく、通訳の質の保証が課題になっている。

通訳人の役割は、発言を何も変えずそのまま訳すこととされている（国連難民高等弁務官事務所『UNHCR研修テキストシリーズ3　難民の面接における通訳』）。しかし、難民審査の現場でこれを逸脱する行為が多く見られることが、海外のいくつかの研究で明らかになっている。たとえば、難民審査の通訳人が審査側といっしょになって自らが面接に参加していることが、“we”という代名詞の頻繁な使用によって明らかであること、そして、難民審査に慣れた通訳人が難民申請者の発言をうまくまとめ上げ、記録に残しやすい形になるよう調整していることなどの逸脱行為の例が報告されている（Kolb and Pöchhacker, “Interpreting in asylum appeal hearing”）。難民審査の面接のやりとりの録音テープを分析し、通訳人が申請者の発言に対して自らコメントをしたり、質問を自分で整理したりする様子についても論じられている（Lee, “Pressing need for training and reform of interpreting service at asylum appeal hearing”）。このような問題を防ぐために、通訳者の倫理や役割についての認識を持たせるためのトレーニングが重要であることは明白である。

世界の多くの国々では、難民審査のさいの通訳人は、他のコミュニティ通訳分野と同様、その言語を母語とする集団に属している場合が多いが、移民や難民の層の薄い日本では、通訳にあたる人材としては日本人のほうが多い。難民によっては、同国人に状況を知られたくないという理由で、同国人が通訳するのを嫌がることがあるが、逆に、すでに難民として認定されて日本にいる人が通訳することを好む場合もある。そのような人は自分自身の経験から、認定されるために必要な事柄、たとえば立証の重要性などについて、説得力を持って申請者に説明できるからである。これは、通訳を超えた役割である。また、言葉の橋渡しだけではなく、日本の文化や制度について説明したりして申請者を助けるようなこともあるという。これは、アドボカシー（生命が危険にさらされたり人権が侵害されたりすることから人を守るためにおこなう行為。前章六七頁参照）の要素も含めつつ、言葉と文化の橋渡しという二重の役割を果たしていることになる。もちろん、正式の面接や裁判の場で通訳人がこのような役割を果たすことはできないが、生活支援の場でそのようなことが起きる。必要な言語がほとんど少数言語であるため、人材がきわめて限られているという事情で、あらゆる場面で同じ人が通訳をするケースも多く、役割にはっきりした線引きが難しいのが現状である。

信憑性の問題　難民審査で非常に重要視され、認定のカギとなる概念は「信憑性」である。たとえば、自国で迫害されたという主張の信憑性を判断するさいに、本人の口から語られる状況に齟齬がないかが細かくチェックされる。たとえば、ある出来事の年度が一つ違うだけで信憑性が疑われることになる。

不真実表示・事実隠蔽や供述内容の変遷の背景にはさまざまな要素がある。当初は官憲に対する不信感があり、それが解けてからほんとうのことを言うケース、トラウマによる記憶のあいまいさ、回想能力減退が見られるケース、聴取のさい、そこで使われる言葉の意味を取り違えるケースなどである。さらに、面接は通訳を介しておこなわれ、通訳人の訳出にもとづいて判断されるため、特殊な言語を知らないせいで起こる誤訳や、ニュアンスにずれのある通訳の及ぼす影響は大きい。たとえば、拷問について話しても、通訳による訳語や表現によっては拷問ではないと判断されることがある。また、本人が同じ言葉で説明しているのに、警察での調書作成時と審査時で異なる通訳人がつき、そのために異なる訳語がつけられ、証言に一貫性がないと判断されるケースもある。そして、通訳人の翻訳にもとづいて作成された書類が一人歩きし、本人の意図とは別に、通訳人の選択した表現のみが判断の材料になってしまうケースもある。

「難民認定とは、要は目の前にいるこの人を信じられるかどうかだ」という、国連難民高等弁務官事務所ＵＮＨＣＲ元職員の言葉があるという。難民の語る内容を心理面で受け入れられるかどうかが重要であって、法律はそれを正当化する道具にすぎないというのである（鈴木雅子「日本における信憑性評価の現状とその課題」二〇一一頁）。難民申請者本人に、自分は難民として認められるべきだという難民該当性についての立証責任があるが、自分の状況を示す資料は自国にあるので、自らの言葉で説明するしかない。一般の裁判では言葉以外の証拠も雄弁に真実を語るのと比較すると、難民審査での言葉の重みは計り知れないほど大きい。したがって、通訳の一言で信憑性判断に影響が及ぶという意味で、正確な通訳の重要性も一般の裁判よりも大きいのである。

異文化理解と難民認定

難民審査の過程で、ある表現の定義や理解が、難民申請者側と認定者側のあいだで一致しないことがある。たとえば、"brother" にあたる言葉は必ずしも「兄弟」を表すわけではない。文化によっては「いとこ」「血縁関係がなくても信頼している人」「目上の人」などである。ある人物と申請者本人との関係が重要な判断材料になるような場合、通訳の訳語で、その関係が誤って伝わるおそれがある。スイスでの難民審査で、申請者が「山」にあたる言葉を使ったが、高い山の多いスイスの人々にとって「山」という言葉の与えるイメージは非常に高い山であって、申請者が「山」と表現するものは「丘」にすぎず、誤解を生じたという例もある（鈴木雅子「日本における信憑性評価の現状とその課題」二〇六頁）。

人は文化的・社会的（および地理的）背景をともなう言葉を、受け入れ社会の文化的通念で解釈してしまう傾向にある。通訳を介した法廷談話の分析から、裁判員にとって自然で合理的な推論が「常識」として「前提化」されていて、無意識に正当化され、解釈や判断の基準とされてしまう様子が明らかにされているが（吉田理加「法廷談話実践と法廷通訳」）、難民審査の現場でも、まさにそれが起こっている。言葉の一つひとつに関しても、通訳人自身に文化的社会的背景の理解がないと、発言者の意図を正確に汲み取ることはできず、通訳人の常識が訳出における判断基準になってしまうことがある。その結果、誤った情報を審査側に伝えてしまうことになる。通訳人がすべての人の文化的背景に精通することは不可能だから、このような状況を完全に防ぐことは非常に難しいが、こうした危険についての認識が審査側にもっと浸透し、慎重な対応がおこなわれる必要がある。

難民申請に関わる通訳は、訳し方が判断に直接大きな影響を与えるという意味で、その質の保証は重要な課題である。難民受け入れの状況について日本と似通っている韓国は二〇一二年から、法務省のサポートを得て、難民審査の現場で働く通訳人に対するトレーニング・プログラムを発足させた。日本でも、難民関連の現場の特殊性を視野に入れた研修プログラムをおこなって難民審査時の通訳の専門職化を図り、質の高い通訳を保証していく必要がある。

〈コラム〉外国人女性のドメスティック・バイオレンスとコミュニティ通訳の役割

長谷部美佳

コミュニティ通訳の活動の場面は、生活のありとあらゆる分野に広がっている。その一つとして、法律や医療制度の知識から、夫婦間のジェンダー、心理的な側面など、総合的な知識が必要となるドメスティック・バイオレンス（以下ＤＶ）の相談窓口での通訳が挙げられる。

日本社会の国際化にともない、いわゆる「国際結婚」の数も増加している。二〇一二年末、夫婦のどちらか一方が外国人である夫婦の数は、二万三六五七件であり、婚姻数全体の三・五パーセントにのぼる。これはおよそ一八組に一組が国際結婚をしていることを示している。ただし、日本に在住している国際結婚カップルの特徴は、このうちの約七二パーセント、おおよそ四分の三は日本人男性と外国人女性のカップルであり、日本人女性と外国人男性のカップルは四分の一にすぎないということである。日本人男性と外国人女性の数が多くなったのは一九七五年以降で、それ以降、継続して日本人男性と外国人女性のカップルが多い。ただし現在はピーク時の二〇〇六年と比べると、その数も大幅に減少しており、約二〇年前の水準と同じである。

日本人男性と結婚している女性の国籍は、中国が圧倒的に多く、フィリピン、韓国・朝鮮と続き、四番目にタイが多い。日本人女性と外国人男性のケースでは、韓国・朝鮮籍の人がいちばん多く、ついでアメリカ、中国と続いている。

国際結婚の数が増えているが、結果として「国際離婚」も増加している。二〇一二年末の統計では、一方が外国人である夫婦の離婚件数は一万六二八八件にのぼるが、そのうちの一万二八九二件、約八割が日本人男性と外国人女性の夫婦の離婚である。一般的にいって、ＤＶの九〇パーセント以上が、男性から女性に対しての暴力であることを考えると、日本人男性と外国人女性のあいだの離婚増加の背景に、男性からのＤＶの存在があると考えて間違いない。

事実、「移住労働者と連帯する全国ネットワーク・女性プロジェクト」が二〇一一年に発表した報告書によれば、各都道府県がＤＶからの一時保護を実施した総数のなかで、平均して一〇パーセントは外国人女性に対する一時保護であったことが明らかになっている。外国人の在住数が多い東京や神奈川など大都市圏で、一時保護率に対する割合が一〇パーセントを超えていたが、それ以上に、千葉、長野、岐阜、愛知などが一五パーセントを超え、それ以外にも山形、新潟、徳島、香川といったあたりで、一二パーセントを超えている状態である。こうした農村部は、一九八〇年代以降、いわゆる「農村の花嫁」を多数迎え入れてきている地域でもある。

日本人女性のDVであっても、外国人女性のDVであっても、そもそもDVは表面化しにくい。ただし、たとえDVから逃げたとしても、その解決となると、外国人女性のDVの場合、いくつか特有の問題に直面することになる。ここでは三つ挙げたい。まず一つ目は、いうまでもなく言葉の問題である。二つ目は在留資格の問題、三つ目は外国人コミュニティの問題である。

言葉の問題については、制度的な面と、概念の面の二点が問題となってくる。先に指摘したように、都道府県のなかでは一時保護者の一〇人に一人、ひどいところでは、五人に一人が外国人というくらい、外国人女性からのDV相談のニーズは高いことが予想されるが、外国人女性に特化した相談窓口が設置されているところはほとんどない。先の「移住労働者と連帯する全国ネットワーク・女性プロジェクト」の報告書では、外国人女性からのDV相談を受けているが日本語で対応していると答えたところが三八都道府県となっている。とすると、ほとんどの都道府県で、外国人女性が来たときに、言葉の問題で意思の疎通ができない可能性があることを示唆している。多くの行政機関では、コミュニティ通訳を窓口に常駐させられないのが現状であるが、それは当然、DV相談の窓口も同様であることが調査から読み取れるだろう。

また、「概念」についても問題となる可能性がある。たとえば、日本社会では「一時保護」や「シェルター」という言葉は、ある程度定着し、それを利用することについての説明は必要ない場合が多い。しかし、「シェルター」や「一時保護」という考え方がない国の出身者の場合、それをDVの文脈で理解してもらうのは難しい。筆者が同席していた通訳つきの相談のなかで、「シェルター」という言葉を非常に否定的に受けとっているように思われたケースがあった。結果として相談者はシェルターには行かなかったが、「シェルター」という意味に含まれる否定的なイメージ（たとえば逃げ出す、など）が、相談者の判断に影響を与えたのではないか、という印象を持ったケースだった。

二番目の問題は、在留資格の問題である。在留資格とは、外国の国籍しか持っていない人が、日本で在住していくために必要な「資格」で、法務省によってその資格の内容が決められている。日本人男性と結婚する外国人女性に対しては、「日本人の配偶者等」という資格が与えられることになる。この資格があれば、基本的に日本で在住していくのに何ら問題はないが、反対に、この資格がなくなると、日本では在住できない。「日本人の配偶者等」という資格は、日本人と婚姻関係にあることがその資格の要件であるので、婚姻関係がなくなってしまうと、日本に在住する理由（根拠）がなくなってしまうのである。つまり日本人の夫（あるいは外国人どうしの場合、日本に永住権などがある夫）と離婚すれば、その根拠がなくなり、在留資格を失うことになる。多くの女性たち、特に子どもがいる女性たちのケースは、それを恐れることが多い。その結果、一度逃げてきても、元の夫のところに帰ってしまったりし、それがDVを我慢させたりする原因にもなっている。

三番目は「コミュニティ」の問題である。外国人女性の多くは、彼女たちと同じ出身国の人たち、あるいは同じ文化的背景を持っている人たちと、つながりを持っている。それを「移民コミュニティ」と呼ぶ場合があるが、こうしたコミュニティは、女性たちにとってなくてはならない資源である。日本語がわからなくても就ける仕事の情報や、外国語対応が可能な役所の窓口や相談所の情報など、生活に関わる情報を、コミュニティから得る場合が多いからである。しかし、DV被害から逃げようとすると、こうしたコミュニティからも抜け出さなくてはならない。DVから逃げるとき、特にシェルターに入るときは、夫にわかると本人だけでなく、シェルターのほかの人にも危害が及ぶ可能性があるので、誰にも連絡が取れない状態になる。夫からの避難が可能になると同時に、自分の生活の最低限を支えるコミュニティとの決別になってしまう場合も多い。特に外国人どうしの結婚の場合、コミュニティの問題は大きく、それが解決を難しくする場合もある。

以上見てきたように、外国人女性のDVを解決するための通訳は、ニーズが非常に高い。しかし求められることも多い。言葉をある言語から違う言語に置き換えるという作業だけではなく、同じ言葉で「概念」が共有できているかどうか、という通訳の根幹に関わるような部分もある。そのほか、自治体ごとに異なる窓口のあり方、在留資格の問題、コミュニティといった社会的な問題、さらに離婚となれば、離婚調停についての法律の知識が、またDVは往々にして、心身に深刻な傷を負っている場合があるので、医療制度についての知識も必要になる。また、相談者にとっては通訳者が、自分の言葉がわかったうえで自分の環境を理解できる、日本社会でたった一人の頼れる人となる場合も多い。言語の知識、制度の知識を必要とするだけでなく、精神的な支えを期待される、心理的に負担の重いケースも出てくるだろう。

仕事の負担のわりに、報酬は圧倒的に少ない。しかし、ある一人の外国人女性当人にとっては、コミュニティ通訳とは、彼女たちの生死を左右するものである。DVの相談通訳は、言語、知識だけでなく、総合的な人間力が求められる重要な役割を担っている。

（はせべ・みか　東京外国語大学多言語・多文化教育研究センター特任講師）

第4章　行政通訳

二〇一二年七月の外国人登録制度廃止にともなって、第1章でもふれたように現在では外国人住民にも住民基本台帳が作成され、住民票が交付されるようになった。外国人は日本社会の一構成員であると明確に位置づけられたのである。外国人も日本人同様、地域社会に暮らす一住民として必要な、さまざまな行政サービスにアクセスできなければならない。

一般に、外国人住民が暮らしのなかで問題に直面したとき、まず解決の糸口を求めて足を運ぶことが多いのは、地方自治体や国際交流協会など、その地域の行政の現場であろう。行政通訳はいわばコミュニティ通訳の「入口」となるのであり、通訳者の担う役割はきわめて大きい。

行政の現場で扱われるテーマは多岐にわたる。妊娠・出産から進学、結婚・離婚、保険・年金、そして老後の介護にいたるまで、国籍を問わず、子どもも高齢者も対象に、それぞれのライフステージで必要になるさまざまな生活支援上のサービス提供が求められるのである。したがって、そこに同席する通訳者には、おもに制度面を中心とした幅広い分野の多面的な知識が必要である。

この章では、行政通訳の分野をさらに「行政窓口（各地方自治体や国際交流協会の窓口）での通訳」「各種相談窓口（専門家相談会などの相談現場）での通訳」「学校での通訳」に分類して、まず現状を概観し、それぞれの分野がかかえる課題をとりあげていこう。行政通訳は、これら三分野の異なりがかなり大きく複雑だからである。しかしながら、同時に行政通訳に共通して求められる役割と期待についても押さえておかなければならない。行政通訳の場合には、医療通訳や司法通訳と比べ、単に言葉の橋渡しをするだけでなく、相談員などの役割も担わなければならない場面が多いことが特徴である。

市役所の窓口に立つ相談員兼通訳者——行政通訳の現場から

中国出身のＣさんは、来日して二五年。日本人の夫と、三人の子といっしょに、関東近郊のある市に暮らしている。Ｃさんは、市役所で週に二回、嘱託職員として勤務している。業務上の肩書は「相談員」。来日このかた自分でも、見知らぬ土地で日々生活を営んでいくために苦労することが多かった。子育ても一段落したので、かつての自分と同じような境遇にある人をサポートしたい、日本社会に恩返しもしたいという気持ちから、いまでは毎週水曜と金曜の午後、市庁舎内に開設されている外国人相談窓口で、中国語を話す住民の生活相談に応えている。相談が多い日は、午後一時から五時まで、手洗いに立つ暇もないぐらい、ひっきりなしに対応に追われることもある。

先週も窓口に座るやいなや、まるで待ち構えていたかのように中年の中国人女性がやってきた。引っ越してきてまだ間もないというこの女性の話を聞くと、どうやらごみの出し方で近隣の住民から文句を言われたらしい。自治体によってごみの出し方が違うことを知らないようだ。市役所の相談員として、この市のごみの出し方を中国語で伝え、解決。女性もすぐに納得してくれて、笑顔で帰っていった。

この日はほかにも数名、中国人相談者が窓口を訪れた。もっとも、窓口で自分一人では応対できないケースも多い。ことによっては文字どおり、市庁舎内を駆けずり回り、担当の課の職員と住民のあいだに立って、解決に必要な手続きの説明を通訳するほか、関係する書類を口頭で翻訳することもある。そうしたさいにいつも難しいと思うのが、市役所職員が話す「お役所言葉」だ。自分では堅苦しい専門用語をかみくだき、わかりやすい中国語にしているつもりでも、相談に来た人がほんとうに理解できているのか、そもそも日本と中国では行政の制度にさまざまな違いがあるので不安になる。また職員がときに横柄な口ぶりで話す内容をそっくりそのまま伝えると、外国人住民がいやな顔をすることもなきにしもあらずで、通訳者としてのコミュニケーションのさじ加減に悩むことも多い。

この日もまた板挟みにあった。受付終了時刻も間近になって、そろそろ日報をまとめようかと考えていた矢先、深刻な顔をした中国出身の女性がおそるおそるやってきた。しぐさや表情からして簡単に解決する類の問題ではないだろうと、これまで窓口に立ってきた経験からCさんは直感した。

予想は当たったようである。女性は窓口に座ってしばらくしても黙ったままで、なかなか口火を切ろうとしない。どうにか会話の糸口を見つけ出して聞いてみると、最近日本人の夫と離婚したという。聞いてまず同じ外国出身者として気になったのが「在留資格」。適切な資格がなければ、日本にとどまれず母国に帰らなければならないのはよく知られていることだ。事実、外国人相談の多くはこの在留資格にまつわる事案だ。

そこで確認してみると、すでに彼女は「日本人の配偶者等」から「定住者」への資格変更をすませていた。母国に戻ることはオプションになかったようである。彼女には元の夫とのあいだに生まれた子どもが一人いて、日本で教育を受けさせたいと考えているため「定住者」への変更が認められたケースなのだろう。それではいったいどのような相談があって訪れたのか。ここは率直に聞かなければならない。ところが、尋ねようにも本人はスマートフォンの壁紙に設定してあるあどけない表情の子どもの写真を見せてくれるだけで、なかなか話が進まない。同じ子どもを持つ親としては、冷たく対応するのも気が引ける。Cさんは思いついた。もう本来の受付時間はとっくに過ぎている。それを理由に話を進めてみよう。

時刻のことを告げると、ようやくほんとうに相談したかった内容が彼女の口からこぼれ出てきた。「生活保護の申請」をしたかったのである。しかし、同じ中国出身者を前に、恥ずかしさも手伝って、なかなか話を切り出せなかったようだ。

最近は生活保護を受給する外国人が多いことは、Cさんも報道などで知っている。なかでも伸び率が急なのは、いわゆるニューカマーと呼ばれるフィリピン人、ブラジル人たちだと聞くが、中国人についても同様だ。事実、Cさんもこれまで何度か生活保護に関する相談を受けたことがあり、どのような手続きが必要かについておおまかな知識はある。しかし、今回の女性の場合に生活保護が適用されるのかどうか。また、実際に手続きをするとしたら、こまごました確認作業が必要である。前回のときとは制度が変わっているかもしれない。Cさんは、生活保護の担当窓口に同行して、職員から受ける説明を通訳することにした。

担当の課に到着すると、職員の姿はまばらである。無理もない。すでに市役所の業務終了時間は過ぎてしまっている。が、なんとかして目の前にいる相談者を助けたくて、Cさんは日頃あいさつを交わす程度に顔見知りの職員をどうにかつかまえ、事情を説明し、必要な手続きについて話してもらった。しかし、虫の居どころでも悪かったのだろうか。彼はごくごく手短に、しかも矢継ぎ早に事務手続きを説明したうえで、さらに個人の意見として、生活保護を受ける外国人母子家庭の存在を煙たがるかのような一言を口にしたのだ。相談に来た女性は、詳しい専門用語が出てくるような場面になると通訳者にやりとりを頼らざるをえない。けれども日常の日本語には困らない。職員のいうことをすべて理解できていなくても、それが自分に向けられた非難の言葉であることは感じとれる。傷ついた女性は感情をあらわにし、泣きわめいて収拾がつかなくなってしまった。背中をさすり、なだめ、しばらくして落ち着いた頃、Cさんは彼女を連れて元の相談窓口に戻った。次回あらためて時間に余裕をもって市役所を訪れるよううながし、この日の業務は終わった。

Cさんは市役所の嘱託職員でもあるので、あくまでも行政側の一職員としての立ち居ふるまいが求められている。ただその一方で、Cさんは日頃から、なにかと弱い立場に置かれることの多い相談者の心に寄り添う姿勢で通訳にあたるよう心がけている。ただし生身の人間を前にすると、この按配がなんとも難しい。通訳をするときには中立がなによりも大切であることはよく知っている。ところがその原則を遵守するのはいかに難しいことか、あらためて考えながら帰路につくCさんである。

次の出勤日には、すでに一件、相談の予約が入っている。聞くところでは、介護に関係する通訳になるかもしれないらしい。最近では中国帰国者（戦時中の中国在留邦人でその後日本へ帰国した人）も高齢化して、介護の手が必要になってきていると耳にしたことがある。それとも要介護認定について、帰国者二世からの相談だろうか。二世のなかにも、制度に関する詳しい説明となると、やはり中国語の通訳が必要な人は多いようだ。こんどの出勤までに、現在の介護の仕組みをもう一度おさらいして、単語帳も整理しておこう。

多文化共生と国の施策

まず、日本の政府がどう多文化共生を定義づけているのか確認しておこう。

これまで政府は、現在の総務省（旧・自治省）を中心に、地方自治体における地域の国際化を推進してきた。一九八〇年代後半からは「地方公共団体における国際交流の在り方に関する指針」（一九八七年）「国際交流のまちづくりのための指針」（八八年）「地域国際交流推進大綱の策定に関する指針」（八九年）などに見られるように「国際交流」を軸としていたが、九〇年代に入るとそれに加え、「国際協力」が地域の国際化を促進するキーワードになった。「自治体国際協力推進大綱の策定に関する指針」（九五年）や「地域国際交流推進大綱及び自治体国際協力推進大綱における民間団体の位置づけについて」（二〇〇〇年）などが広く知られているが、これらの施策のもとに立案・運用される制度は、地域社会でまさに進行している「内なる国際化」の実態に沿ったサービス提供の枠組みには必ずしもふさわしくはなかった。日々、直接に住民と向き合う各地方自治体の現場では、さまざまな問題点が指摘されるようになった。

また、政府レベルではおもに外国人労働者政策や在留管理の視点に立った検討がなされており、外国人住民は地域の一社会資源であるという位置づけが必ずしも施策に反映されてはこなかった。

そこで二〇〇五年六月、「多文化共生の推進に関する研究会」での検討にもとづき、新たに三本目の柱として「多文化共生」が加えられた。翌年三月には「地域における多文化共生推進プラン」が打ち出され、その一環として「地域における多文化共生」が次のように定義されている（総務省『多文化共生の推進に関する研究会報告書』五頁 http://www.soumu.go.jp/kokusai/pdf/sonota_b5.pdf）。

> 国籍や民族などの異なる人々が、互いの文化的ちがいを認め合い、対等な関係を築こうとしながら、地域社会の構成員として共に生きていくこと

これによって、外国人住民もまた地域住民であり生活者であることが、国の施策上はっきりと認められ、外国人が地域社会の構成員として日本人住民とともに暮らしていけるよう、制度面の整備がより本格的に検討されるようになったのである。このプランでは、「地域における多文化共生の意義」は次の五つにあるとしている。

1　外国人住民の受入れ主体としての地域
2　外国人住民の人権保障
3　地域の活性化
4　住民の異文化理解力の向上
5　ユニバーサルデザインのまちづくり

ここで留意したいのは、特に1に関して、地域社会への受け入れ主体として行政サービスを提供する役割は、主として地方公共団体すなわち地方自治体が担うとされたこと、地方自治体は多文化共生の施策の担い手として大きな役割を果たすとされたことである。さらにこのプランでは、基本的な考え方として、地方自治体が地域の特性やニーズなどをふまえ、指針などの計画や策定を通し、実質上、各地域の多文化共生を具体的・主体的に推進していくべきことを明らかにしている。

行政窓口での通訳――地方自治体や国際交流協会の窓口

母語で話せる相談員　多文化共生の施策として具体的には、おもに「コミュニケーション支援」「生活支援」「多文化共生の地域づくり」、そして「多文化共生施策の推進体制の整備」があるとされている。このうち、地方自治体の役所など行政窓口での通訳が特に関連するのはコミュニケーション支援であり、その主眼の一つは地域における情報の多言語化である（本章末のコラムも参照）。外国人住民が行政や生活に関わる情報を入手でき、地域生活で生じるさまざまな問題について相談できるよう、各自治体は外国人住民の生活相談窓口や情報センターを設置すべきことや、文化的・社会的背景の似かよった外国人住民を相談員として活用すること、またＮＧＯやＮＰＯなどの市民組織とも協働していくべきことが施策に盛り込まれている。

現在、全国の地方自治体や国際交流協会では、こうした政府の基本方針に沿って、相談窓口を軸とした通訳・翻訳体制の整備を進めている。なお、国際交流協会とは、その地域に暮らす外国人と日本人との交流のために、各地方自治体が設立する外郭団体である。これら地方自治体が提供する外国語相談窓口では、常勤職員のほか非常勤職員やボランティア、さらに一部ではＮＧＯやＮＰＯをはじめとする市民団体への委託を通じて相談員を配置している。雇用形態がさまざまであることが、行政窓口の相談員兼通訳者の特徴の一つである。

またもう一つの特徴として、日本に長く暮らし自分もその地域社会の住民であるような外国出身者が、相談窓口に立つことが多い。そのねらいは、相談に来た外国人が少しでも文化的背景の似かよった相談員に向かって、母語で心を打ち明けられる機会をつくることである。

さまざまな悩み相談

行政窓口では、本来の目的だったはずの相談内容以外に、さまざまな悩みや問題が吐露されるケースが多い。問題の本質を整理しきれないまま窓口を訪れる人が多く、本題に入る前にかなり時間がかかることもある。窓口で自分と社会的・文化的背景が近そうな相手に、まず母語で話せることでリラックスした気持ちになれる効果が期待できる。

実際のところ、母語で情報を提供できれば問題が解決するというケースもある。ごみの出し方などごく一般的な生活ルールや、最寄りの病院や日本語教室などの情報提供なら、相談窓口だけで解決することも可能である。窓口に立つ相談員の多くは、自分も地域住民であると同時に行政スタッフでもあるので、自分の引き出しをあければ問題を解決できるだけの力量をたいてい備えている。

縦割り行政を横断する同行通訳　その一方で、日本に中長期的に住み、地域社会に根ざした生活を送る外国人が増えているので、相談内容は多様化・複雑化する傾向にある（北脇保之「外国人受け入れ施策としての外国人相談の位置づけと連係・協働の必要性」）。相談窓口だけでは解決できないケースが増え、相談員にはいっそう多岐にわたる知識が求められるようになり、必要に応じて庁舎内のさまざまな担当窓口を回って同行通訳をする例も一般化している。

長野県上田市では、一九九〇年の入国管理法改正後に日系ブラジル人が急増した。外国人登録者が人口比二パーセントを超えた二〇〇〇年、「外国人総合相談窓口」を設け、ポルトガル語相談員を週五日勤務の嘱託職員として配置したが、その後も外国人登録者は増え、四パーセントを超えた二〇〇五年度からは職員体制をいっそう拡充している。日常では税金・保険の手続きに関する相談や、児童手当・予防接種など子どもの教育や乳幼児医療に関する相談が目立つが、二〇〇八年のリーマン・ショック後には、転入・転出や住居や生活保護など同じ行政分野でも相談内容に変化があり、労働や在留資格など司法に関わる分野へも相談内容が広がっている（杉澤経子「問題解決に寄与するコミュニティ通訳の役割と専門職養成の取り組み」）。

このように分野横断型の相談が寄せられたときは、相談員はまず問題をよく見きわめてから、同じ役所内の担当窓口に同行して通訳をすることになる。あるいは、担当各課の窓口から呼ばれて出向き、そこで通訳をすることもある。通訳以外に関係書類などをその場で翻訳することもある。緊急を要するときには、警察や入国管理局など役所の外へ出かけて通訳にあたることもある。

上田市では、窓口に寄せられた相談のうち八割が同行通訳で解決されているといい（同、二二頁）、行政窓口の通訳者が果たす役割の特徴がよくわかる。このほか行政窓口で注目されるのは、神奈川県川崎市の多言語窓口相談、島根県が国際化の一環として取り組み始めた市町村単位での相談、石川県国際交流協会で国際交流員が窓口相談に応じている例などである（河原・野山編『外国人住民への言語サービス』）。

行政の現場は、縦割り行政がいまだに根強い。たらい回しにされそうな面倒な案件でも、相談員兼通訳者はあちこちの関係部署に同行し、縦割り文化を横につなぎながら解決へと導く力量が求められる。言い換えれば、的確な通訳のスキルと、制度面の知識のうえに、組織と組織、人と人をつなぐコーディネーターの資質が必要なのである。

各種相談窓口での通訳――専門家相談会などの相談現場

利用しやすい時間帯と場所、少数言語のニーズ　地方自治体や国際交流協会では、地域によって差はあるものの、外国人住民からのニーズの高まりを背景にして「言語サービス」の必要性が徐々に認識されてきている。言語サービスとは、地方自治体が中心となり、外国人住民の理解できる言語で公共性の高い情報を提供することである。具体的にはさまざまな相談窓口の充実がまず挙げられるが、外国人が利用しやすい時間帯、利用しやすい場所に、その問題をよく知った相談員がいることが望ましく（河原俊昭『自治体の言語サービス』）、また、顔と顔を突き合わせて相談できる機会なので、できれば同国人による言語サービスとして受けられることが望ましい（河原俊昭「外国人住民への言語サービスとは」）。

英語や中国語などの場合には、行政窓口にできる限りそれらの言語による相談員を配置して、母語での相談に応じ、ときには役所の内外で同行通訳もする例が増えてきた。しかし、コミュニティ通訳の対象になる外国人の母語は、主要言語ではないことが多い。グローバル化・多文化化によって少数言語のニーズはいっそう高まりつつあり、財政も人員も限られるなかで現場は対応に迫られている。
そのうえ相談内容の複雑化にも対応しなければならない。問題の本質を複眼的に捉えることのできる専門的人材をかかえるような、外部の組織との連携が特に求められるようになっている。

専門機関との協働で開かれる専門家相談　そこで行政が力を入れ始めているのが、専門機関と協力して開く「専門家相談」である。この専門家相談は大きく二つに分けることができる。その一つは、たとえば地域にある弁護士会との協働で開催する法律相談会など、ある分野に特化した専門家が集まり、通訳者を介して相談に応じる会である。こうした法律相談会の場合、通常は無料で開催され、毎月決まった曜日の決まった時間帯に、弁護士などが役所や国際交流協会内にブースを設け、司法に関わる問題について、相談に訪れる外国人の母語がわかる相談員や通訳者を介して、専門的知見からアドバイスをする。相談内容は一般に在留資格に関するものが多い。

しかし、問題によっては、日本社会での生活が長ければ長いほど複層的な要因をはらむことがあり、多種多様なアプローチで解決方法を探らなくてはならなくなるケースも多い。複数の分野の専門家が、通訳者を介しながら、ともに解決にあたらなければならない案件が増えているのである。このようなケースに対応するために、もう一つのタイプの専門家相談として、現在、地方自治体がＮＰＯやＮＧＯなどと連携しながら取り組んでいるのが「リレー専門家相談会」である。

リレー専門家相談会と「振り返り」　リレー専門家相談会では、会場に少数言語を含めた多言語による通訳者が待機しているだけでなく、さまざまな分野の専門家がそろい、文字どおりリレー形式で相談に応じられるようになっている。外国人住民は会場に足を運びさえすれば、ワンストップで各分野の専門家から次々アドバイスを受けることができる（内藤稔『相談通訳』におけるコミュニティ通訳の専門性」）。会場には通常、弁護士や行政書士、精神科医や心理カウンセラー、社会保険労務士、税理士、総合労働相談員などがおり、必要に応じて一つの問題を多角的な視点から読み解き、解決に導く。相談内容は、在留資格をはじめとして国際結婚・離婚、事故などの法律相談、賃金の未払いや不当解雇などの労働問題、保険・年金や住居トラブルに関する相談など、実に多岐にわたる。

どの分野の専門家に相談すればいいのか自分では判断がつかない場合も多い。リレー専門家相談会ではまず、受付で通訳者が外国人住民の母語による一〇分程度のヒアリングをして、問題の核心を洗い出す。このヒアリングの内容を通訳者が日本語にまとめたヒアリング票をもとにして、マッチング・コーディネーターが適切な専門家につなぎ、外国人住民は通訳者といっしょに各専門家のブースで相談をするプロセスとなっている。一人の専門家では解決しない問題であろうと推測できる場合には、マッチング・コーディネーターが複数の専門家との相談をセッティングするなどして調整する。

たとえば、一見、単に在留資格に関する相談のように思われても、日本人配偶者と離婚したいという相談の陰に、ドメスティック・バイオレンス（ＤＶ）や児童虐待などの問題があるらしいことがヒアリングを通してわかってくるケースもある。そのためリレー専門家相談会の通訳者は、ヒアリング後にマッチング・コーディネーターが外国人住民を適切な専門家につなぐことができるよう、つねに心のひだを読み解きながら聞き取りをしなくてはならない。また専門家ブースでの相談のときも、外国人住民がほんとうに伝えたいメッセージを見きわめ、それを正しく専門家に伝えなければならない。

さらに、リレー専門家相談会の終了後には、通例「振り返り」と呼ばれる事後のフィードバック・ミーティングが開かれる。このミーティングでは、専門家と外国人住民とがコミュニケーションをはかるさいに、専門家から見て適切な通訳がなされていたか、また通訳者から見て、専門家は文化的背景の違いや力の差をふまえてわかりやすい情報伝達をしていたかなどを、専門家と通訳者が対等の立場で話し合う。すなわちフィードバック・ミーティングは、通訳者が言語と異文化に関する専門家として、多文化社会における他の専門家との協働のあり方を提案する重要な場ともなっているのである（第6章の「ユーザー教育の必要」二一九頁以下も参照）。

しかし現在のところ、リレー専門家相談会を含む多くの専門家相談会で通訳にあたっているのは、ほとんどが地方自治体や国際交流協会のボランティア制度に登録している通訳ボランティアである。本章の初めに述べたように、各自治体は主体的に多文化共生の施策を立案・実施するよう求められてはいるが、経済不況のために予算も不足しており、また多言語による通訳の専門的人材をどう育成していくかについて必ずしもはっきりした見通しがない。そのため、専門的な通訳訓練を受けたことのない市民の善意に頼る構造がなかばできあがってしまっている。

深刻な状況の潜在とアクセスの困難

専門家相談会の潜在的なニーズは、実はきわめて大きいと考えられる。自分から会場を訪れることのできる外国人住民は、どちらかといえばまだしも深刻な状況には陥っていないといえるだろう。たとえ漠然とした問題意識しかないとしても、解決に向けて必要な情報を入手しようとして、相談会場にまで足を運ぶことができるのはごく一部の住民であり、むしろ一般には、自発的に行動を起こすことが物理的・精神的に難しい状況にあると考えられる。なかにはそもそも専門家相談会の存在を知らず、その結果、問題が放置されて事態が悪化する場合がある。また知ってはいても、おもにアクセスの面で折り合いがつかず、心理的な負担をかかえたまま生活していかなければならないケースもある。

すでに述べたように、司法など特定の分野に限定された専門家相談会は、各地方自治体や国際交流協会などで月一回程度のペースで開催されているが、リレー専門家相談会はニーズの高まりにもかかわらず、全国的に実施されているとはいいがたい。先駆的な取り組みで注目される自治体としては、全国の都道府県中で最も在留外国人数の多い東京都や、多文化共生施策においてさまざまな取り組みに着手している神奈川県がある。東京都では、都下の市や区の各自治体や国際交流協会、市民団体に加え、関東弁護士連合会などの専門機関とも連携し、ほぼ毎月、持ち回り形式で、都内のいずれかの地域でリレー専門家相談会を開いている。二〇〇二年に都内九カ所で始まったこの相談会は、毎年ほぼ同じ頻度で続けられてきており（杉澤経子「多言語・専門家対応の仕組みづくり」、内藤稔「『相談通訳』におけるコミュニティ通訳の専門性」）、二〇一三年度には計一九回開催された。

他の多くの都道府県では、いまのところリレー専門家相談会の仕組みがまだ整備されていない。そこで、都内やその周辺で実施されるリレー専門家相談会には、ワンストップ型の対応を希望する外国人住民からの問い合わせが遠方からも数多く寄せられている。特に外国人の集住していない地域に暮らす、少数言語を母語とする住民は、自分の住む地域での同国人コミュニティが狭く、日々限られた人間関係のなかで生活していることが多い。コミュニティによっては同国人のあいだにヒエラルキーや力関係などがある程度できあがってしまっている場合もある。そのような環境で、プライバシーに深く関わるような、しかも複数の専門家に相談しなくてはならないような複雑な問題が生じたとき、ふだん自分が生活の基盤としているコミュニティの外へ、あえて解決の手立てを求めたいと願う外国人は多い。

このとき相談会へのアクセスという問題が浮上する。まず地方から出向くには交通費などの金銭的な負担がかかる。また、リレー専門家相談会はたいてい週末におこなわれるが、外国人住民のなかには不規則な就業形態で雇用されていたり、土曜日曜も勤務があったりするケースが多い。そのほか、たとえば国際結婚や離婚などの相談でよくあるように、専門家に助けを求めている事実を家族にはいっさい知られたくないというケースも多い。このようにアクセスに困難がある外国人住民は、かなりの数にのぼると考えられる。潜在的なニーズをいかに捉え、早い段階で問題を解決し、地域の一生活者としての尊厳を守ることができるかが、今後、健全な多文化共生社会を実現していくための早期予防策としてきわめて重要である。

遠隔通訳　こうした潜在的ニーズの掘り起こしのために早急に取り組むべき方法として、専門家相談会での遠隔通訳の導入がある。実際にも遠隔通訳はしだいに取り入れられつつある。具体的には、トリオフォンなど電話による三者間通話システムや、スカイプに代表される音声映像配信サービスといった情報技術を利用しての通訳である。

通常の対面形式による通訳では、外国人住民・専門家・通訳者の三者が相談会場で顔を合わせてコミュニケーションをはかることになっている。しかし先にふれたように、さまざまな事情で会場に来られない外国人住民への対応はもはや必要不可欠であり、これまでの対面形式だけでは限界がある。

その点で、遠隔通訳はあらゆる地域に暮らす外国人住民が利用可能な仕組みであり、諸外国でも需要が高まっている（Ko, "Teaching interpreting by distance mode"）。首都圏から離れた地域に暮らしていても、自宅などから固定電話や携帯電話、またはパソコンやタブレットの画面を通して、都内でおこなわれている専門家相談会へアクセス可能になるからである。相談会場にも同様のインフラを用意して専門家が通訳者とともに待機していれば、アクセス面での物理的な制約が大きく改善された状態で相談に応じることができる。

さらに遠隔通訳のメリットとして、通訳者もまた相談会場へ足を運ばなくてすむようになる。トリオフォンやスカイプを通じた通訳では、外国人住民と専門家と通訳者が別々の場所に待機していても、通訳の開始前に通訳コミュニケーションのプロセスが正しく共有されてさえいれば、三者間でのやりとりに本質的な問題はない。このような遠隔通訳は、特に自分の母語を話す通訳者が少ない地域で暮らしている外国人や、同国人コミュニティが狭いために適切な通訳者を見つけるのが難しい少数言語の外国人にとって、今後ますます拡充の期待される通訳形態である。

学校での通訳

外国につながる子どもたち　これまで解説してきたように行政窓口や各種相談窓口は、外国人住民からのさまざまな相談に応じられるよう徐々に整備が進められている。これらの相談を必要とする外国人は、難民申請を希望している場合などを除けば、多くは自らの意思によって日本社会で暮らしていくことを選択しているケースである。けれども、こうした外国人住民の子どもたちについてはどうだろうか。親の経済的・社会的な事情にともなって突然住み慣れた母国を離れ、言葉も習慣もまるで違う新たな環境で一から暮らし始めなくてはならなくなった子どももいる。また、おもに一九九〇年代に国際結婚や留学・就労を目的に来日したニューカマーと呼ばれる日系南米人やアジア諸国出身者が定住する傾向にあるが、その第二世代は日本で生まれ育ち、両親の祖国を知らない。こうした子どもたちも今日の日本に数多く暮らしているのである。

さらに、外国籍の子どもばかりではなく、日本国籍を持ってはいるが外国にルーツがある子どもたちもいる。いわゆる帰国子女も含まれるが、注目しなくてはならないのは、保護者の国際結婚などによって家庭内での使用言語が日本語以外となっている子どもの存在である。これらの子どもを「外国につながる子どもたち」という視点で捉える必要がある。

外国につながる子どもたちの多くが、学校現場での教育の問題に直面する。特に学齢期にさしかかった子どもにとって、学校という場は、日常生活を送るうえで中心的な役割を果たすコミュニティそのものである。また、教育は一人ひとりの子どものその後の人格形成にも大きな影響を与える。したがって、外国につながる子どもたちへの支援体制を学校現場でいかに整備するかということは、行政が取り組まなくてはならない大きな課題の一つである。

日本語指導が必要な児童生徒の数　まず、文部科学省が実施している「日本語指導が必要な児童生徒の受入れ状況等に関する調査」の結果（http://www.mext.go.jp/b_menu/houdou/25/04/1332660.htm）を見てみよう。

国内では一九九〇年六月に、「出入国管理及び難民認定法」の改正が施行されたことをきっかけに、日系南米人を中心に定住外国人の数が急増したが、そのさい子どもを連れて来日するケースが多かった。そこで文部科学省は一九九一年度からこの「日本語指導が必要な児童生徒の受入れ状況等に関する調査」を開始し、現在では一年おきに実態調査をしている。この調査では「日本語指導が必要な児童生徒」を、「日本語で日常会話が十分にできない児童生徒」および「日常会話ができても、学年相当の学習言語が不足し、学習活動への参加に支障が生じており、日本語指導が必要な児童生徒」と定義している。

調査によると二〇一四年五月現在、公立の小学校、中学校、高等学校、中等教育学校、特別支援学校（以下、まとめて「公立学校」とする）に在籍している日本語指導が必要な外国人児童生徒は二万七〇一三人であり、前回調査より五・三パーセント減少している。母語別に見ると、ポルトガル語が三二・八パーセントと最も多く、ついで中国語（二〇・四パーセント）、フィリピン語（二六・六パーセント）、スペイン語（一二・九パーセント）の四つの言語で全体の八割以上を占めている。

一方で、日本語指導が必要な日本国籍の児童生徒数は増加している。この調査によれば、日本語指導が必要な日本国籍の児童生徒は六一七一人おり、前回調査と比べ一二・三パーセント増加している。

同じく二〇一四年五月現在、日本語指導が必要な外国人児童生徒が在籍する公立学校は五七六四校あり、前回調査と比べて一〇・三パーセント減少している一方、日本語指導が必要な日本国籍の児童が在籍する公立学校は二五二五校で、八・九パーセント増加している。これらの数字からわかるように、外国籍かどうかによらず、さまざまなルーツを持つ外国につながる子どもたちを広く支援していくための仕組みづくりが急務である。

専門の通訳者の不在　このような学校現場では、通訳という観点からすると、外国につながる子どもたちにどのような支援をしているだろうか。また、誰が支援の担い手になっているだろうか。

まず担い手についていえば、「学校通訳」「教育通訳」などと呼ばれるような、通訳者としての専門職は存在していない。学校現場では、多くは各地の教育委員会によって採用され、時給で「日本語指導員」や「母語支援員」などとして勤務し、外国人児童生徒の日本語指導を受け持つ担当者などが、本務である日本語指導（次項で解説）に加えて、学校側からの要請をうけ、通訳・翻訳を通して子どもたちの支援を担っているのが実情である。外国人児童生徒の言語サポートに関して問題意識の高い校長がいる学校では、校長の裁量により、必要に応じて通訳が臨時に雇用されるケースもある。ただそれは一般的な例とはいえず、実際には一部の日本語指導を受け持つ担当者の善意により、通訳・翻訳がおこなわれている。こうした状況は、日本語指導の担当者に過重な負担が生じていることを意味する一方、日本の学校現場において、通訳という専門性をともなうコミュニケーションが軽視されていることの裏返しであるといわざるをえない。

教室内外の通訳——教科指導・生活指導・進路指導から保護者と教師の橋渡しまで　外国人の子どもに対する教育支援は、義務教育で課せられている学習指導要領のような基準がない。そのため、何を教育支援の対象とするかについては、各地の教育委員会と各学校とが判断することになっている。しかし今日一般に、外国人の子どもの教育には主として「適応指導（初期指導）」「日本語指導（初期指導型、教科指導型）」「母語・母文化指導」の三種類の教育活動があると考えられており、そのほか教科指導、生徒指導、進路指導なども指導内容に含まれる。このうち「適応指導」は、子どもたちが学校に入学ないし編入したとき最初に実施されることから「初期指導」と呼ばれることもあり、日本語についてほぼ何の知識もない児童生徒に対し、日本で学校生活を送っていくうえでまず必要となる、サバイバルのための日本語や日本文化を習得させることがその目的である。また、「日本語指導」は初期指導型と教科指導型に分類され、外国につながる子どもたちの教育において重要な位置を占める。このうち初期指導型は、ひらがなやカタカナの習得に加えて、簡単な日常会話ができ、平易な文章を読むことができる程度までの日本語力の習得をめざす。一方、教科指導型は、子どもたちが在籍する学級での各教科の授業内容が理解できる程度の日本語力の習得をめざしている（臼井智美編『イチからはじめる外国人の子どもの教育』）。

これらの「適応指導」「初期指導型日本語指導」「教科指導型日本語指導」を総称して「日本語指導」という。どのように実施・運営されているかは学校によって異なり、具体的には、放課後や学校外活動の時間を利用して日本語指導をおこなうケースのほか、多くの場合は校内に設けた日本語指導教室や、子どもたちが在籍する学級での日本語指導がおこなわれている。

このうちで通訳が必要とされることが多いのは、日本語指導教室で広くおこなわれる「取り出し指導」と、在籍学級でおこなわれる「入り込み指導」である。

「取り出し指導」とは、日本語力が不足していて教科内容の理解に困難がある児童生徒を対象に、在籍する学校の外で、個別にまたは集団でおこなう指導であり、多くの地域では「国際学級」などと呼ばれている。地域によっては日本語指導教室が設置されていない学校もあるので、その場合には、児童生徒は地元の学区の学校に籍をおいたまま、他校への通級という扱いを受けて、日本語指導教室のある別の学校へ通学するケースもある。「取り出し指導」では、専任教員に加えて、バイリンガルの日本語指導員や母語支援員などが指導にあたり、子どもたちがより教科内容をよく理解できるよう、必要に応じて子どもたちの母語で言語サポートをしたり、場合によっては指導内容を通訳・翻訳したりする。

もう一方の「入り込み指導」とは、文字どおり授業中に日本語指導員や母語支援員が教室内に入り、子どもたちのそばについて、教員が話している内容をときにはかみくだきながら通訳する。また必要に応じて、教科書やプリント類に書かれている内容を子どもたちの母語に翻訳するなどのサポートもする。

外国につながる子どもたちの多くは、個人差はあるものの、たいていは入学・編入後一年もたつと同級生どうしでコミュニケーションをするなど、学校生活を送るための生活言語としての日本語には困らなくなる。しかし、教科ごとの指導内容をきちんと理解し、授業についていけるだけの学習言語としての読み書きの能力は、十分に身についていないケースがある。また来日したときの学齢によって、小学校の中学年や高学年に入学した場合など、教科によっては抽象的な概念の理解が必要になるが、たとえば社会科なら、日本語を母語とする小学生にとってもわかりにくい「平和」「人権」「文化」のような形のない抽象的な概念や、さらに日本社会に固有の出来事や事象が扱われるために、授業がわからなくなる場合がある。算数でも、簡単な計算問題なら難なくこなせるのに、漢字のまじった文章題を解くとなるとつまずいてしまうなど、通訳や翻訳のサポートが必要になることがある。

このように、外国につながる子どもたちの教科指導は、単に言葉を教えるだけでなく概念も理解させなければならないが、教科指導を理解できるにはそれなりの言語能力が必要であり、その習得のためにはいうまでもなく中長期的な支援の枠組みが必要である。そのような地道な取り組みにおいては、肩書や立場はさまざまであっても子どもたちの心に寄り添いながら、一人ひとりのニーズに応じて、教室の内外で通訳・翻訳を担っていく人材が重要な役割を果たす。

教科指導以外に、生活指導として子どもたちが日本の学校文化になじむよう適宜説明をしていくことも、学校現場で必要とされる通訳・翻訳の一部である。たとえば、給食指導や清掃指導、授業の受け方や通学上の注意、そのほか学校への持ち物や服装やアクセサリーに関する規則など、母国の文化との違いにも気を配り、教師と児童生徒の力の差の問題も考慮しながら、心に寄り添うコミュニケーションの支援が必要となる場面が多い（太田晴雄『ニューカマーの子どもと日本の学校』）。

さらに学校現場の通訳・翻訳の特徴として、子ども本人だけでなく保護者も対象とするという点がある。日本語のわからない保護者と教師とのあいだに立ってコミュニケーションの橋渡しを務めることも、通訳者の重要な役割に含まれるのである（水野真木子『コミュニティー通訳入門』）。たとえば、進路指導はおもに子ども本人に対しておこなわれるものだが、保護者とも面談などをしたうえで最終的な卒業後の進路が決定される。外国人保護者のなかには、日本の教育制度を十分に理解していないケースも多い。日本の義務教育は中学校までで、高校に進学するには入試を受けなくてはならないことを知らない例もあり、特に中学校の後半で来日した親子の場合に問題となることが多い。このようなトラブルを防ぐために学校によっては編入学ガイダンスをおこなっているが、そうした場では子どもに対してだけでなく保護者に対しても、正確な情報伝達のために通訳が必要となる。それ以外に、学校から配布されるお知らせなどのさまざまな印刷物も、内容を保護者の母語に翻訳して伝える必要があるなど、翻訳によるサポートが必要な場面が多いのも学校での通訳の特徴である。

行政通訳の各分野の現状と今後

行政通訳では分野による異なりが大きいので、現状の問題点もまず分野ごとに見ていくことにしたい。ただし、いずれの分野にも共通する問題は、通訳にあたる専門的人材が不足していることであり、そしてそのような人材育成・活用のための仕組みもまた未整備であることである。

オン・ザ・ジョブ・トレーニングと非正規雇用に頼る行政窓口の通訳　二〇一四年春現在、各地方自治体や国際交流協会の外国人相談窓口に関して、全国規模の調査はおこなわれたことがない。しかし、全国の都道府県および政令指定都市に設置され、各自治体における国際化政策の推進をはかる「地域国際化協会」六二団体（各地の国際交流協会やそのほか地域で国際化を担う中核的な民間組織を含む）を対象として、地域国際化協会連絡協議会が情報共有化事業の一環として実施した調査をまとめた「平成二五年度地域国際化協会ダイレクトリー」（http://rliea.clair.or.jp/directory/pdf/h25.pdf）から、おおよその現状をつかむことができる。

このダイレクトリーには「外国人住民支援事業」として、「日本語講座の開催」や「外国人子ども支援」などに加え、「相談業務」という調査項目が設けられている。調査対象になった六二団体中五八団体でこの「相談業務」がおこなわれ、対応言語数は団体によって異なるものの、英語、ドイツ語、フランス語、スペイン語、ポルトガル語、ロシア語、中国語、韓国・朝鮮語、インドネシア語、フィリピン語、タイ語、ベトナム語、ウルドゥー語に加えて「やさしい日本語」を含む、全一四言語の相談員が配置されていることがわかる。

これらの国際交流協会やその他の民間国際交流組織では、生活相談や行政窓口での手続きに関する相談などについて、個々の組織が単独で相談の機会を設けているほか、自治体からの要請を受けて対応にあたってもいる。その意味で、国際交流協会に配置される人材は、役所で雇用される通訳者兼相談員と同じく、各地域の多文化共生施策を担う立場にあり、今後ますます重要性を増していくと考えられる。

そこで課題になるのは、これら行政窓口で相談業務を担う人材の専門性をいかに確保するかである。現在、地域によっては外国人住民から寄せられる相談に対し、行政の職員が単に窓口相談の一案件として、言語と異文化という外国人特有の問題があることを十分理解せず処理しているところもある。そのうえ縦割り行政という組織の壁が立ちはだかるなかで、通訳者兼相談員は、通訳だけでなく日々周囲の職員たちへの地道な働きかけを通して、組織の内外で人間関係の調整をはかっていくが、その過程で初めて通訳者としての立ち位置も定まってくるのであり、相談員として外国人住民に対して的確な問題解決への道筋を示せるようにもなる。

このような自らの立場の確立と、それに対する周囲からの理解は一朝一夕にかなうものではない。しかし現状では、通訳者兼相談員は各自治体や国際交流協会の募集に応じて、希望者がオン・ザ・ジョブ・トレーニングの形で業務を開始するケースがほとんどである。それに先立つ体系的な養成の仕組みはないので、各人が日常の業務を通して、独自に行政制度に関する知識と通訳のスキルを蓄えながら、人間関係を調整していくコミュニケーション能力をも含めた専門性を高めていくしかない。したがって、少なくとも現在のところ、行政窓口の通訳には日々の連続性こそが最も重要な要素であるといえるだろう。

ところが、多くの行政の現場ではその連続性を確保することが難しい。一部には常勤職員が相談業務にあたっている自治体や国際交流協会もあり、また、外国人の多い集住地域では相談体制が拡充されつつあるものの、散在地域を含めた多くの自治体や国際交流協会では、予算不足やそれにともなう明確な多文化共生施策の欠如のために、相談員を嘱託職員ないし非常勤職員など非正規の雇用形態で配置しつづけている。通常これら非正規職員の雇用は、長くても三—五年程度となっており、任用期間を過ぎれば次の新任者が引き継ぎなしで業務を始めることになる。

すでに解説したように、行政窓口の通訳者兼相談員は、本来の通訳に加えて縦割り行政の壁を突破するためのコーディネートの能力、そして必要に応じて適切な専門機関につなぐ情報提供の能力を発揮しなければならない。これらはいずれも即時に養成できる能力ではなく、また日々の実践知の積み重ねによって形成される専門性である。しかし、こうした多文化共生の担い手が暗黙のうちに持っている専門性は、今日の行政の現場では認識されにくく、その結果、中長期的なスパンに立った適切な人材配置がなされていないのである。

今後は日本の多文化化がいっそう進むにつれて、しだいに地域ごとの特色も生まれてくるであろうが、そうした特性をもふまえながら、全国のどこでも日本人と同じく地域の一生活者である外国人が必要な言語サービスを享受できるよう、さまざまな仕組みづくりがなされなければならない。そのさい、それを担う行政窓口の通訳者兼相談員の専門性が正しく評価され、組織内で専門職としての地位が確立されるよう、まず養成の段階からどう整備すべきかを議論・検討していく必要がある。

想定外のテーマ、市井の住民、心の問題への対処が求められる各種相談窓口の通訳

ある特定の分野をテーマに開かれる専門家相談会もあれば、複数の専門家が一会場に集まる相談会もあるなど、各種相談窓口のありようはさまざまだが、ここでも行政窓口と同様、通訳者の専門性をいかに確保するかが大きな課題である。

現在、東京都内の各地で開催されるリレー専門家相談会では、相談に対応するさまざまな分野の専門家に対しては一人ひとりに謝金が支払われるのが一般的である。ところが同じ相談会に参加している通訳者については、通訳の対価が支払われることは稀なのである。通常は相談会を主催する自治体や国際交流協会がそれぞれ独自に通訳ボランティア制度を持っており、そこに登録している人々が自治体や国際交流協会からの呼びかけに応じて、ボランティアとして会に参加するケースがほとんどである。

近年、外国人住民のかかえる問題がますます複雑化するなかで、解決にあたろうとする各種相談窓口の相談現場では、通訳者は言葉と文化に関する専門家として正しく評価され、法律や心理や労務などに関する他の専門家と対等な立場にあるものとして位置づけられる必要がある。相談に訪れる外国人住民は通訳をつけてもらう権利を持っているのであり、相談通訳の業務が十分に果たされなければその権利も全うされないという意味で、言語権の観点

からも非常に責任が重い業務なのである（関聡介「外国人相談『通訳』に求められる条件と課題」、また本書第1章二三頁以下も参照）。さらに、相談会で話される相談内容は、会場を訪れた外国人本人だけではなく、家族の生命や人生にも大きな影響を与えることが多いので、発話は逐一正確に訳出しなければならない。コミュニティ通訳の適切なトレーニングなしには、それらの責任を果たすことは難しい。

専門家相談会ではほとんどの場合、通訳者は自分が通訳する内容をその場で初めて知ることになる。日頃から医療・司法・行政・教育などコミュニティ通訳の基本領域に関する制度面の背景知識を蓄えておくよう心がけていても、当日、会場で想定外のテーマに出会って通訳をしなければならないことが多い。そのうえ外国人住民の多くは、会議通訳の対象とするような専門家ではなく、市井の住民である。自分では相談内容を整理しきれていないことが多いせいもあって、弁護士や行政書士などの専門家の前で、論理的でわかりやすい話し方ができないケースが目立つ。

そのうえ何か心にトラウマをかかえて相談会を訪れる外国人が増えている。特に最近では、たとえば日本語・英語間の通訳が求められている難民申請の相談と思われた案件の背後に、拷問や殺人、内戦、テロリズムなど想像を絶する経験が見え隠れするケースが後を絶たない（内藤稔「『相談通訳』におけるコミュニティ通訳の専門性」）。このような難民申請の場合は、ときには通訳者も業務の後に精神的なケアが必要になるほど厳しい内容の訳出を求められる。また難民申請という相談内容の特性上、申請者の出身国や出身地域に特有の言葉がひんぱんに発話にあらわれる。しかも、そのような一般のメディアでは報道されない聞き慣れない言葉を、外国人住民は自分の不遇を理解してほしいという激しい思いをこめて、文脈を無視して発話にさしはさんだりする。相談が進むにつれて何度も同じことを口にしたり、同じ質問を繰り返し投げかけたり、話される内容に大幅な時間的ずれが生じたり、ときによっては感情が爆発して他者の誹謗中傷ばかりになってしまうこともある。

このような場面にさいして、たとえば弁護士がまず相談会で最初の専門家として相談に応じる場合には、外国人住民の言葉を一言も漏らさず聞き取り、あらゆる情報の乱れや矛盾、話し方や感情の起伏まですべての要素を判断材料としてアドバイスを導き出す。ときにはその後、必要に応じて精神のケアなどを含む他の複数の専門家につなぐためにも、発話のすべてが重要なカギとなるのである。そのため通訳者には、外国人住民の話した一部始終をすべて正確に専門家に伝える義務がある。

会議通訳と比較してみよう。会議通訳ではメインメッセージを聴衆に伝えることに主眼があるので、このような場面に遭遇した通訳者は同じことを繰り返し訳出するのではなく、話が繰り返しになっているということだけを伝えるであろう。また会議通訳では、時制のずれについても通訳者が必要に応じて文脈に沿った調整をし、論理的一貫性を保った訳出をおこなうことが多い。これに対して各種相談窓口では、相談に来た外国人住民のありのままを示す必要があり、そのために通訳者には忠実な訳出をおこなうことのできるスキルが問われるのである。

また日本の会議通訳では通常、逐次通訳は三〇秒から一分、長くても一分半の区切りで訳すことが多く、会議通訳者の養成の場でもこうした時間枠に沿った演習がおこなわれている（内藤稔『「相談通訳」におけるコミュニティ通訳の専門性」）。各種相談窓口の通訳もこのくらいの区切りで訳出できるのが望ましいが、相談によっては二―三分のあいだ発話が途切れないこともある。最近では心の問題がからんだ相談が増え、こうした状況はけっしてめずらしくないので、相談会の通訳者には相応のスタミナが必要とされるのである。

このように、各種相談窓口は通訳者としての確かな基礎能力が必要な現場であるにもかかわらず、現状ではボランティアが通訳を担っているのが実態である。こうしたボランティアには年に数回の研修の機会が設けられているにすぎない。特に実際のニーズが高い少数言語については、定期的、かつ体系的に通訳のスキルを磨くことのできる教育プログラムは、少なくとも地方自治体や国際交流協会のレベルでは用意されていない。

各種相談窓口で取り扱われる案件は、相談内容によってはその後、医療・司法の分野や、教育など同じ行政分野でも他の領域での専門的アドバイスが必要になるケースも多い。したがって、そこでの通訳はコミュニティ通訳者にとっても外国人住民にとっても問題解決の入口となる重要な役割を担っているのである。今後はまず、通訳者を専門性のある有用な社会資源として位置づける明確な政策の立案が急務である。

心に寄り添うサポートが求められる学校での通訳

行政窓口や各種相談窓口で、通訳者が当事者の心に寄り添う姿勢を求められるケースをいくつか見てきたが、このことは通訳・翻訳の対象がおもに子どもである学校現場の場合にも共通である。

外国につながる子どもたちに対する「適応指導」や「日本語指導」のさい、一時的な学習支援を提供するだけでは内実のあるサポートとはいえない。実際のところ、子どもたちが本格的に学校生活を始めてからも学習が継続され、卒業後もめいめいふさわしい進路を選択できるよう、包括的なサポートが必要な場合が多いのである。ところが現状では、各教育委員会が規定している日本語指導を必要とする児童生徒一人当たりの学習支援の時間数は、おおむね六〇—一二〇時間が上限とされており、これでは子どもたちが中長期的な将来を思い描けるにはほど遠い。

このように基本となるべき中長期的な教育支援体制が十分整備されていないために、学校での勉強についていけず、学校生活に溶け込めなくなった結果、いわゆる不就学にゆきつくという問題が深刻化している。不就学とは「基礎的な教育を受ける権利や学習する権利を享受できない状態」をいうが（宮島喬・太田晴雄編『外国人の子どもと日本の教育』）、外国人の散在地域だけでなく集住地域でも不就学は見られ、特に教師の側の理解が欠けているときに起きやすい。言語と異文化の問題をよく知らない教師の場合、子どもたちが来日後数カ月にわたる「適応指導」や初期段階の「日本語指導」を経て、生活言語としての日本語をあやつるようになると、自然に教科の読み書きができる学習言語としての日本語も使えるようになっているはずだと考えやすい。そう思って子どもたちに接すると、たとえばテストの成績がよくなかったり、授業についていけずに劣等感から欠席しがちになっても、やる気のない子、勉強する意欲のない子というレッテルを貼ってしまう。子どもと教師の関係は悪循環に陥り、なかには通学を拒否するようになって不就学に発展する例もある。

このような子どもたちの実態を捉えようと、文部科学省では二〇〇五年度から翌六年度にかけて、「外国人の集住する自治体」における「外国人の子どもの不就学実態調査」を実施した（http://www.mext.go.jp/a_menu/shotou/clarinet/003/001/012.htm）。これは、東海・近畿地方などの一二の自治体（一県一一市）に外国人登録をしている住民のうち、義務教育の就学年齢にある九八八九人の子の保護者などを対象にした調査である。その結果、公立学校などに在籍している子が六〇二一人（六〇・九パーセント）といちばん多く、外国人学校などで学習している子が二〇二四人（二〇・五パーセント）とそれに続くが、一方で不就学の児童生徒が一一二人（一・一パーセント）おり、そのほか連絡がとれず就学状況を把握できない児童生徒が一七三二人（一七・五パーセント）にものぼることが明らかになった。

調査では、不就学にいたったおもな理由として「学校に行くためのお金がない」（一五・六パーセント）、「日本語がわからない」（一二・六パーセント）、「勉強がわからない」（八・一パーセント）などが上位を占めている。しかし不就学の背景には、これまで見てきたとおり、言語や文化の違いを考慮した十分な教育支援の欠如や、日本人との違いによるいじめが原因で不登校になるなど、学習や就学支援の面での問題に加えて、厳しい労働条件にある両親に代わって弟や妹などの世話をしなければならない家庭事情の制約があると考えられる（殿村琴子「外国人子女の『不就学』問題について」）。

外国につながる子どもたちの保護者のなかには、労働条件が厳しいだけでなく雇用形態が不安定なケースが多い。

雇用主の経済事情によっては派遣切りなどの雇い止めに遭うこともあり、子どもたちも親に連れられて日本各地の工場などを転々とする運命になる。そのため一部の子どもたちは、そもそも継続的に学習することが困難な環境におかれ、また、せっかく学校生活に適応できた頃にまた新しい教師、新しいクラスメートとの人間関係を築き直さなければならなくなるのは大きな負担である。

そのうえ保護者の教育観もさまざまである。たとえば現在、定住者として日本に暮らしている日系南米人の場合には、数年後に本国へ帰国することを想定しているケースもあれば、中長期的に在留することを前提に考えているケースも多い。教育的背景も、母国で単純労働に従事していた保護者もあれば、弁護士資格や博士号を持っているなど高学歴の保護者も多い。しかし、いずれの場合も、来日の時点で恵まれた労働環境を得ている保護者はわずかである。多くは土日祝日も仕事に出、日夜を問わず厳しい労働条件のもとで身を粉にして働いており、もともと母国では教育熱心だった保護者も、日本で暮らし始めてからは子どもの教育の面倒を見る余力がないことが多い。また、日々の仕事に追われて地域で開催されている日本語教室などに参加するゆとりがなく、保護者自身が日本語を習得する機会を逃してしまっていて、わが子の学習につきあうのは困難であることがしばしばある。

子どもたちが来日した年齢によっては、日本語だけでなく母語の発達もおぼつかない「ダブルリミテッド」に陥ることもある（中島和子「テーマ『ダブルリミテッド・一時的セミリンガル現象を考える』について」、生田裕子「ブラジル人中学生のL1とL2の作文に見られる問題」）。日本語も母語も中途半端な言語能力しか身につけられないままでいることは、思考能力はもとより精神面での発達にも重大な影響を及ぼす（佐久間孝正『外国人の子どもの不就学』）。子どもたちは学校生活にもストレスを感じ、家庭で保護者との必要なコミュニケーションもとれず、精神的にきわめて不安定な状況におかれる。学校にも家庭にも居場所を見つけることができないまま、日本社会の漂流者にならざるをえない。いうまでもなく、社会におけるすべての営みは言葉を介在しておこなわれる。言語は子どもの思考を育てるにも欠くことができないものであり、言語は伝達だけでなく認知や思考の手段としても重要な役割を果たす。その言葉がいずれの言語においても十分に習得されていなければ、結果として自己のアイデンティティそのものの喪失が引き起こされることになる（平高史也「日本語教育」）。

こうしたアイデンティティの喪失は、多感な時期の子どもたちにとって心の問題を生じる引き金となりうる。特に最近は、精神遅滞や学習障害のほか、自閉症やアスペルガー症候群などの広汎性発達障害、注意欠陥多動性障害（ADHD）、小児神経症の発症例など、第二世代の外国につながる子どもたちのあいだでこうした心の問題が表面化しつつあり、対応策が急がれている（阿部裕「多文化時代のこころの支援」）。また第二世代の子どもたちの特徴として、幼児期から両親とは異なった文化のなかで生活すること、家庭内で受け入れ国の文化を学ぶのが困難であること、受け入れ国で自我のアイデンティティと同時に文化のアイデンティティを獲得していかなければならないこと、家庭での生活と学校での生活にギャップがあること、日常言語には困らないが感情を表現したり授業を理解したりしていくには困難であること、といった背景が発症に関わっていると指摘する専門家もいる（村内重夫「異文化ストレスと日本の医療システム」）。

心の問題を抜本的に解決するのは精神科医や心理カウンセラーなどの役割である。しかし、多文化共生社会で外国人住民がかかえる他の問題と同様に、ここでも早期の予防策をめぐらす必要があり、そのさい学校現場で通訳者が果たすべき役割は大きい。

学校で外国につながる子どもたちと相対する教師は、教育の専門家であって異文化間コミュニケーションの専門家ではない。教育支援の根幹となる「日本語指導」の教師も、持ち回りで担当しているケースもあり、その場合には各教科の専門家であっても日本語教育の専門家ではない。まして、外国につながる子どもたちの心の問題に精通しているとは期待できない。けれども学校の現場では、学習面での支援だけでなくそれに先立つ、あるいは並行してなされるべき心理面でのサポートこそが強く求められているのである。

このように心の問題とも深く関連している学校現場での通訳には、学校制度に関する知識や教室内外での指導に必要な背景知識はもちろん、子どもたちの心に寄り添いながら中長期的に一人の人間の支援に取り組む真摯な姿勢がなければならない。最近はこうした志のある人材も現場に数多くなってきたが、いまだ状況はなかなか改善されない（藤原法子「外国につながる子ども・若者の生き方」）。このような専門的人材がさらに能力を発揮できるためには、外国人児童生徒一人当たりの指導の時間枠が拡充されなければならないし、通訳者が積極的に子どもたちと関わることができるためには、教育委員会および各学校の他の専門家たちが学校での通訳者の果たす役割について理解を深めなければならない。この二つが根本の課題である。

行政通訳者の役割

行政通訳者の専門性とは

それでは、行政通訳の三つの分野に共通して求められる通訳者の役割とは何かを考えよう。現在のところ、行政の各現場でおこなわれている通訳について、国が保証する認定制度などによって専門性を明確に測り、評価する仕組みはない。この点はコミュニティ通訳の他の分野である医療通訳・司法通訳と同じである。

これまで見てきたように、行政通訳の場で明らかになる外国にルーツを持つ人々がかかえる問題は、多文化共生社会についての専門知識を備えた人材によって解決されるべき内容が多い。通訳者もその専門家の一人である。しかし、行政の場では限られた予算のもとで多文化共生施策が実施されているために、通訳の現場に配置される人材の雇用形態はさまざまであり、この雇用形態の未整備が背景となって通訳者が長期間つづけて業務に携わる例がなかなか一般化せず、その結果、行政通訳者の専門性が他の専門家から認められにくいという構造的な問題に陥っている。この状況を克服するには、政府が強いリーダーシップをとり、まず都道府県レベルの各地方自治体の役所内に多文化共生施策に本格的に取り組む専門の部署を設け、さらにその施策の一環として、多文化社会における専門的人材の雇用安定化を中長期的課題として組み入れるべきである。ところが多くの行政機関では数年おきに人事異動があり、担当者が変わると制度だけは存続しても、そこにかけた思いまでは継承されにくく、結果的にすべて仕切り直しとなることがめずらしくない。

このような日本の行政の組織文化を変えることは容易ではないが、とはいえ日本社会の一住民として外国人が現にかかえている問題は、子どもから大人まで、年齢や国籍にかかわらず、深刻化し切迫している。にわとりが先か、卵が先かと議論しているゆとりはない。一日でも早く、まず公共機関、民間組織から専門家個人、外国人住民当人にいたるまで、多文化共生に関わるあらゆる当事者が立場の違いを越えて協力し、市民社会を中心にしたサービス提供の仕組みづくりに着手しなければならない。それと並行して通訳者をはじめとする専門人材の養成に取り組まなければならないが、そのさい、単なる通訳行為だけにはとどまらない行政通訳の専門性とはどのような点にあるかを詳しく議論・検討する必要がある。

「つなぐ」役割から多文化ソーシャルワーカーまで

行政通訳者に必要とされる専門性は、行政窓口、各種相談窓口、学校のそれぞれの現場によっていくぶん異なる。しかし共通するのは、外国人住民のかかえる問題の核心部分を読みとる能力であり、また、多文化共生社会に関する専門家として、その場のコミュニケーションを主体的に調整していく能力である。

従来、行政通訳といえば役所の窓口や相談会の会場で、外国人住民と専門家のあいだに立ってその場限りのコミュニケーションを支援することがほとんどであった。しかしこうした現場でも、外国人住民が問題解決にとって必要な情報を十分に入手できない場合には、通訳者が自分自身や専門家の判断によって、さらに支援を提供できる専門機関などへつなぐ行為が必要とされる。こうした通訳者の果たすコーディネーター的な役割についての認識が、近年しだいに広まってきている。

このような「つなぐ」機能は、いままでの会議通訳を中心に考えられてきた通訳者の役割論と照らし合わせると、やや逸脱行為であるように思われるかもしれない。また一方で、行政通訳の現場では、今日おこなわれているような情報提供を主とした「つなぐ」行為が、果たして十分な外国人支援といえるかどうか疑問視されるようになってきている。

この頃では、通訳者が純粋な言葉と言葉の橋渡しという役割を超えて、ソーシャルワーカー的な機能を果たしながら、外国人住民が問題の解決にいたるまでの一連のプロセスに携わる「伴走型支援」といわれる通訳形態も見られるようになった。また、多文化共生社会を支える専門人材として「多文化ソーシャルワーカー」、すなわちソーシャルワークの専門性を活かしながら外国人相談において継続的な支援をおこなう専門家の存在が全国的に認知され始めており、その養成も愛知県・群馬県・神奈川県などの外国人集住地域で始まっている（石河久美子「多文化ソーシャルワーカー養成の現状と課題」）。

今後、行政通訳者はこのような関連する異分野の実践にもとづく知見もとりいれていく必要があろう。また、行政通訳者には従来からの中立的な役割を超えた、擁護者あるいは文化の仲介者としての役割が必要であるとの考え方も提起されるようになっている(Roberts, "Community interpreting today and tomorrow," quoted in Mikkelson, "The professionalization of community interpreting")。最近では、対人援助をおこなうコミュニティ通訳の場面で、専門家と援助を受ける外国人のあいだの関係を調整する役割や、援助を受ける外国人の不安な気持ちを落ち着かせる精神的ケアの役割を担うケースもあらわれており、これらは今後、行政通訳者に求められる重要な役割の一部と考えられていくであろう（飯田奈美子「対人場面のコミュニティ通訳における『逸脱行為』の分析」）。

もちろん、通訳者としての中立の立場から逸脱することをどこまで認めてよいかは、慎重な議論が必要である。通訳者はコミュニケーション行為のなかでつねに自分の立ち位置を調整しながらも、あくまで雇用主の考える範囲内で通訳業務にあたるのが原則である。

日本社会の実情に沿う通訳者像を求めて　今後このような役割論の見直しを含め、行政通訳のほか医療・司法の分野でもコミュニティ通訳者の専門性が認知されるようになり、専門職として社会に位置づけられるようになると、これまで考えられてきたものとは異なる通訳者像が描かれるであろう。このとき、諸外国で理想とされているコミュニティ通訳者像をそっくりそのまま日本に移植することはできない。なぜなら、国によって外国人の受け入れ政策はそれぞれ異なるからである。

日本社会の実情に沿いながら、多文化共生社会を担うすべての機関・組織および専門家がたがいに垣根を取り払い、外国人住民のニーズに即して柔軟に協力しあえる土台を築く必要がある。その土台のうえに望ましい行政通訳のあり方を定めることができよう。

災害時ボランティア――有事のときの通訳・翻訳

本章で解説してきたように、行政通訳の各現場で通訳者は、外国人住民が日本社会において直面するさまざまな日常生活上の課題を解決するための支援の一端を担う。日頃、現場で扱われる問題は、必ずしも行政分野には限られず、ときにコミュニティ通訳の他の分野である医療や司法にも及び、必要に応じて広範な知識を動員しなければならない。こうした業務が平時の役割であるのに対して、有事のさいにも行政通訳者は、同様に外国人住民を対象にサービスを提供する業務を通して外国人支援にあたることが期待されている。

外国人住民を対象として特に地方自治体・国際交流協会などの行政が対応を求められる有事の支援の一つに、地震や他の自然災害時の通訳・翻訳を含む情報支援がある。日本は地理的な条件からつねに震災や津波、台風や洪水や豪雪などの大規模災害におそわれる危険にさらされており、日本社会に暮らす外国人にとっても、これらの緊急時に、いかに正確な情報をすばやく入手できるかが切実な問題として存在しているが、一九九五年の阪神・淡路大震災の神戸で障害となったのは言葉であった（大原始子「災害時の多言語サービスネットワーク」）。

その後、特に二〇一一年三月一一日に起きた東日本大震災が契機となって、現在では全国の地方自治体・国際交流協会で、それぞれの地域に暮らす外国人住民を対象に、災害時における多言語情報支援の仕組みが強化されつつある。災害発生時に各地に設置される災害対策本部が発信する情報の翻訳に始まり、避難所では外国人住民と行政間のやりとりの通訳が必要であり、こうした通訳・翻訳のできる人材を地域で育成するための研修がさかんに実施されるようになってきた。

現状では多くの地方自治体や国際交流協会が独自に通訳ボランティア制度を持っており、すでに紹介した「平成二五年度地域国際化協会ダイレクトリー」によると、調査対象になった六二団体のうち五三団体が「通訳派遣業務」をしている。これらの通訳ボランティア制度は、公共機関などからの要請に応じて登録者を派遣し、コミュニケーションのサポートをおこなうことを目的にしているが、特別に災害時だけに対応する制度ではない。また一部の団体では、地域の国際交流イベントでの通訳がおもなサービス内容になっている。国際交流は、俗に三つのFといわれる「衣装（Fashion）」「お祭り（Festival）」「食べ物（Food）」を中心に地域住民の親睦をはかることが目的とされているので、そこでの通訳は、問題解決に向けて外国人住民を支援するコミュニティ通訳とはかなりかけ離れたものである。すでに述べたように一九八〇年代には国際交流が地域の国際化推進のキーワードとなりえたが、日本社会に定住する外国人が増えて多文化共生に向かう今日、もはや時代のニーズに合わなくなっている。

さらに通訳ボランティア制度の多くは地域住民から希望者を募っているが、登録にあたって必要な資質がはっきり条件として示されているわけではなく、まして通訳・翻訳に不可欠な基本的な語学力についての明確な基準は定められていない。そのため通訳ボランティア制度を持っている自治体や国際交流協会も、多くはいざ災害の起きたとき登録ボランティアがどこまで実動部隊として機能するか不安視している。

一部の自治体では、登録を希望する地域住民に語学力を測る筆記試験などを課してはどうかが検討された。しかし、市民の善意を行政が点数化すべきではないという抵抗にあって実現しなかった例がある。このようなジレンマをかかえる自治体や国際交流協会は少なくなく、今後は通訳ボランティア制度の見直しを試みるところが増えてくるだろう。しかしながら、災害発生時には外国人住民の生命や人生を大きく左右する案件が、平時と同様かそれ以上に多いのであり、専門的スキルのある人材が通訳・翻訳業務にあたることが望ましいのはいうまでもない。

実例を紹介したい。東日本大震災の発生時、東京外国語大学多言語・多文化教育研究センターでは、被災地の宮城県仙台市にある仙台国際交流協会から依頼を受けて、計二二言語による多言語情報支援活動に従事した。支援の内容としたのは、おもに仙台市災害対策本部が提供する情報のうち、特に外国人住民の生活に深く関わると思われたものを選び出して多言語に翻訳することであった。

災害発生の当初は、とりわけライフラインに関する即時性を求められる情報の翻訳が目立って多かった。病院や交通、火災予防や児童施設、罹災申請証明書の発行手続きなどに関する情報をおもに翻訳したが、ときが経つにつれて、放射線被曝に関する基礎知識や入国管理局からのお知らせなど、日本で中長期的に暮らしていく外国人に向けた専門的な情報を翻訳することが増えた。また、この翻訳による多言語情報支援活動を終了した後、こんどは日本弁護士連合会などが主催する「外国人のための電話による無料法律相談会」で、被災のため生活が困窮した外国人の法律相談を通訳の面から支援した（同センター『「東日本大震災　多言語翻訳・情報提供」活動報告』）。

この一連の流れからもわかるように、災害時など有事のときの言語支援の現場では、ふだん医療・司法・行政というコミュニティ通訳の各専門分野に分けて考えられている知識が、総合的に必要とされる場面がまさに続出する。また、有事のさいには言語支援の内容が外国人住民の生命や人生に直結するので、正確性と迅速性が平時にもまして重要であり、したがって通訳者・翻訳者にはどんな案件を前にしても冷静かつ確実に対応できる専門性が必要となる。このような専門性は日々の実践を積み上げることで培われるものであり、通訳者が十分な知識とスキルを備えていない限り、提供した情報によって外国人住民を誤解のリスクにさらすことになる（Naito, "Community interpreting at the time of Great East Japan Earthquake"）。

したがって、災害時のような有事の状況では、基本的な能力を十分に身につけ、通訳・翻訳を職業としているような専門の人材が言語支援にあたるのが望ましい。しかし、いつ発生するかわからない災害に備えて、ただでさえ予算の厳しい各地方自治体や国際交流協会が常時、専門のスタッフを雇用しておく余裕はない。そのうえ有事の場合はなによりも人道支援が優先される。これまで日本各地で発生してきた阪神・淡路大震災、中越地震、東日本大震災といった大規模災害では、いずれも言語支援活動は無償でおこなわれてきた。今後も似たような事態が発生したときには、被災した人々が緊急事態に陥っているのを目の前にして、会議通訳や実務翻訳と同じように一件一件の通訳・翻訳を有償にする手続きはとうてい踏めないであろう。

このような緊急時の特殊な環境では、通訳ボランティア制度をはじめとするボランティア活動そのものを否定することはできない。また災害発生時にはなによりも先に、公益のために支援にあたる姿勢が求められる。先にふれた東京外国語大学の多言語情報支援活動では、未曾有の大規模地震に加えて原子力発電所事故による放射能漏れという国家的危機に直面し、日本中が不安につつまれるなかで、大学の教職員や卒業生などに加え、日頃、自治体や国際交流協会や市民団体で通訳・翻訳業務にあたる専門の人材がボランティアで支援をおこなった。ここで注目すべき点は、たとえ参加の形態がボランティアであっても、支援にあたる通訳者・翻訳者は「プロボノ」として、すなわち自分が専門家として職業上持っている知識・スキル・経験を活かしてボランティアで社会貢献しようと考え、活動に従事していたことである。参加者たちは、日常の通訳・翻訳業務のなかで養ってきた専門的能力を、有事にさいしてできる限り社会に還元しようとして無償で支援活動にあたったのである。

この例では、有事の場合も機能しうる人材をネットワーク化していたことが大きい。もっとも逆に考えてみれば、災害時に通訳・翻訳を通した情報支援活動がどれほど機能するかは、ひとえに平時における活動の蓄積にかかっている。その意味で、各地方自治体や国際交流協会は、通訳ボランティア制度を含めた平時の行政通訳者の役割と専門性とを見直すことによって、いざというときに対応できる準備を整えるべきである。

加えて、多言語化だけでなく「やさしい日本語」も、行政が特に意識して取り組まなければならない言語支援の一つである。有事のさい、日本語の不自由な外国人住民にとってサバイバル言語となるのがこの「やさしい日本語」である。災害の発生後、被災者の生死を分けることが多いといわれる七二時間以内に、通訳者・翻訳者が被災地に到着して言語支援をおこなうのは難しいと考えられている。そこで、それまでの限られた時間内に、「やさしい日本語」によっていかに必要な情報をわかりやすく情報弱者に伝えることができるかが議論されているのである（弘前大学人文学部社会言語学研究室『減災のための「やさしい日本語」』、庵功雄・イヨンスク・森篤嗣編『「やさしい日本語」は何を目指すか』）。「やさしい日本語」は、災害時の外国人住民にとってまさにライフラインである。特に被災した現地では、災害発生直後はまず「やさしい日本語」で支援をおこない、その後ひきつづいて多言語による通訳・翻訳支援をおこなっていくモデルが今後の理想と考えられる。したがって、行政は「やさしい日本語」を組み入れた新しい言語支援のありようを立案し実現していく必要がある。

〈コラム〉
言語支援における多言語化の課題と今後の展望

山本一晴

このコラムでは日本で展開されている言語支援について、多文化共生施策の観点からその政策的位置づけを確認し、浮き彫りになってきている課題を明らかにしたうえで、今後の展望を示そうと思う。

　日本政府の国際化の施策は、一九八〇年代後半から始まる。「国際交流」を軸としていた当時は、生活に関連した情報を多言語化する必要性はあまり顧みられていなかった。しかし、二〇一二年の住民基本台帳法の改正とともに、政策のうえで外国人は地域住民として位置づけられるようになった。地域住民としての外国人に対しては、生活のさまざまな局面で言語支援が求められる。言語支援とは、具体的には通訳による対人援助、翻訳による情報の多言語化、そして言語教育の三つを意味するのだが、これらの支援は日本の文化と社会に対する理解促進に大きな役割を果たすと期待される。

　ここでは翻訳による情報の多言語化を例に挙げ、政策との関連性について述べよう。情報の多言語化の政策的背景には、旧自治省から現総務省にひきつがれている日本の国際化施策が存在する。「情報の多言語化」は、現行の施策である多文化共生施策にその実施が定められている。そこでは、教育、労働環境、医療・保健・福祉、防災をも含む情報の多言語化が求められていた。すなわち、情報の多言語化は、多文化共生施策の基本となり施策の全体にわたって実施されるべき言語支援として位置づけられている。

　総務省の施策の通知を受けた自治体は「誰に」「何を」「どのように」情報提供するのか、具体的な取り組みを迫られた。二〇一〇年に愛知県がまとめた報告（「多文化共生実践モデル支援事業報告書」http://www.pref.aichi.jp/0000027287.html）によると、ウェブ翻訳ツールを利用して翻訳した多言語情報が受け手にとって理解しがたい内容であったり、多言語情報が受け手にあまり周知されていなかったりしたという。また「情報の内容や翻訳方法、発信媒体の多様化、発信方法を再検討したうえで、情報の多言語化とその周知に努める必要がある」（六八頁）と、課題克服に向けた取り組みの抱負も述べられている。二〇一一年の大阪府の報告書（「外国人府民への情報流通促進調査事業」http://www.pref.osaka.jp/kanko/jyouhouryutsu/index.html）では、情報の多言語化の取り組みについて、必要のない情報をいくら多言語化しても流通しないので、必要な時に必要な内容を提供する必要があると結論づけている（三二―三五頁）。その他の多くの自治体でも多文化共生推進プログラムの調査報告書が作成され、興味深い成果が明らかにされてきている。また、多言語情報の対応言語数については、言語サービスとして多言語情報の提供を実施する場合、経費などのコストや対応できる人材の不足により、対応言語には限界があると指摘されている（河原俊昭「外国人住民への言語サービスとは」）。

自治体における多言語化のための経費は、多文化共生事業や国際化推進事業という名目で一般財源から捻出されていることが多い。そのため、自治体の財政力の差が、多言語化への対応の差を生じさせる要因の一つとなっている。また、財政的な課題に加えて、多言語に対応できる人材の不足も課題である。特に、話者数の少ないマイナーな言語に対応できる支援者が足りない。この課題の解消に向けて多くの自治体が活用し始めたのが、機械翻訳である。大阪にある箕面市は、無料の自動翻訳システムであるグーグル翻訳を市のホームページに適用させ、多言語化を遂行している。ただし、このほとんどコストをかけない取り組みに追随する自治体は少ない。

多言語化に特化した有料の機械翻訳システムをホームページに適用している自治体も多い。このシステムは、事前に固有名詞の単語登録や定型表現の登録をしておくことで、訳出の精度を上げることができる特徴を持っている。もちろん、この機械翻訳も万全というわけではない。機械翻訳の導入によってホームページの外国語版を一時閉鎖した事例を紹介しよう。観光庁は、東北六県を博覧会会場に見立てた「東北観光博」の公式ホームページを作成したが、その多言語版（英語版、中国語版、韓国語版）のいずれの言語においても誤訳が見つかり（『秋田魁新報』二〇一二年四月一一日）、多言語情報の提供を一時的に停止する事態となった。秋田魁新報（二〇一二年四月七日）は、誤訳のおもな例として、秋田が英語で「飽きた」、男鹿市の「なまはげ」が中国語で「はげ頭病」などとなっている点を指摘し、朝日新聞（二〇一二年四月一四日）も誤訳の一覧を作成して、「安潟みなとまつり」が「すべての安い潟とまつり」と訳されていると報じた。

多言語情報にこのような誤訳が散りばめられてしまうのには、どのような背景があるのだろうか。今回の事態に対して観光庁は、「問題となった固有名詞、方言等についてその適正化等の修正作業」をおこない、「地域の情報の随時追加・更新に伴い発生する適切ではない翻訳を防止するため、関係者による事前確認を可能とするシステム上の改良」を加えることで改善をはかろうとしている。

このコメントから推察できることは、用語の登録や翻訳結果の適切性について確認する人材が確保できていなかったということである。筆者は個人的にこの機械翻訳会社の幹部とお話しする機会があった。そのさい、自治体に対して機械翻訳の適切な使用のための研修やサポートを実施しているとうかがった。今回の問題は、運営側の機械翻訳システムに対する理解が十分ではなかったというよりも、むしろ機械翻訳の運用のための十分な人材と修正に必要な時間とを確保していなかったという、サイトの運営管理上の単純で技術的な要因によるのではないだろうか。読み手の情報理解よりも、外国語へ翻訳したという結果そのものに重きを置く姿勢は、他の自治体でもごく一般的に目の当たりにする実情である。

ただし、通訳や翻訳、そして地域の日本語教育に振り分けられる予算を、二〇一〇（平成二二）年度の市区町村の外国人だけを対象とした施策や事業の予算編成において比較すると、医療保険サービスの八二・〇パーセントに対して、情報提供は〇・一パーセントであり、学習サービスは二・二パーセントと低い。また、都道府県レベルでの予算編成の場合においても、予算割合を最も占めている生活相談対応の五四・五パーセントに対して、情報提供は〇・二パーセントであり、学習サービスは七・五パーセントと低い（渡辺博顕『地方自治体における外国人の定住・就労支援への取組みに関する調査』一六一―一六二頁）という実情も認識しておく必要がある。その証拠に、多言語化の翻訳コストが市町村レベルで議案に挙がり、積極的に議論されることはほとんどない。それは、なぜか。予算規模が小さく、議員の多くは多言語化に政治的関心が低く、取るに足らない問題と思われているからである。EUで言語多様性の保護とその実施の高コスト化をめぐって、論争が繰り広げられている状況とは対照的である。日本において議会の関心が低ければ、自治体職員の関心も低くなるのは自然なことといえよう。実は、自治体における言語支援の最も大きな課題は、支援を提供する側の言語支援に対する関心の低さ（あるいは誤解）にあると、筆者は考えている。

翻訳学的観点から多文化共生に向けた言語支援を考えるのは、外国人の生活、仕事、あるいは将来を保障できるような優れたプラットフォームやシステムを提示することをめざしているわけではない。また、情報の多言語化を充実させたからといって、地域住民である外国人の生活向上にただちにつながるわけでもない。なぜなら、彼らはすでに地域で生活しており、それほど不自由なことはないようにすら見えるからである。しかし、わたしたちは地域で生活する外国人についてどれほど理解しているだろうか。筆者の友人の一人は職業訓練センターで日系人の言語支援サポーターをしているが、一〇年近く日本の工場で働いている者でも、仕事で使う特定の語彙（注意、危険、停止など）は理解できるが、生活言語は十分に理解できていない状況だという。読み書き能力が乏しいため、一度仕事を失ってしまうと、再就職の情報を得たり、面接を通過したりすることがたいへん厳しいのだそうだ。言語支援は、危機的な状況に陥ったとき、あるいは助けを必要とするときに、その重要性を初めて痛感するものである。仕事を失った日系人の住民がその後仕事を見つけられなければ、社会保障を受ける必要性が高まり、自治体の財政状況にも影響を及ぼしうる点も十分に考慮すべきであろう。

近年、翻訳コストや人材確保の観点から、情報の多言語化を通訳・翻訳の専門会社やＮＧＯ、ＮＰＯをはじめ市民団体などに委託する自治体も現れ始めた。いわゆる翻訳の外注化である。通訳においても、国際交流協会をはじめ自治体の外郭団体などと自治体が協力して言語支援に取り組んでいる事例が、愛知県や神奈川県などで医療分野を中心に見られる。

この流れを積極的に捉えれば、自治体の自前主義からの脱却であると見ることができる。自治体以外でも担うことのできる業務は外部へ委託し、経費を削減すれば、費用対効果を最大限に高めうる。翻訳に限らず通訳の業界でも、外部へ委託することはごく当然のことである。一方、翻訳の外注化を否定的に捉えれば、「翻訳の丸投げ」であるとも表現できるだろう。翻訳の外注化によって、自治体は積極的かつ主体的に情報の多言語化を実践する必要性が低くなり、多言語化に関わるさまざまな取り組みに向けた議論の必要性もまた低くなる。なぜなら、外注化によって翻訳の結果に対する責任の所在があいまいになり、自治体の積極的な関わりがかえってマイナスの結果をもたらすとも考えられるからだ。

筆者は、翻訳の外注化はたしかに情報の多言語化に向けて必要十分ではないものの、外部と共同協力できる点は十分に考慮し、採用すべきだと考えている。それに、翻訳の外注化をパブリックビジネスとして捉えた場合、社会に対する波及効果が大きく、とりわけマイナーな言語話者の雇用にもプラスの影響を及ぼすと思われる。ただし、翻訳をひたすら外注化していけばよいということではなく、たとえば各自治体や団体が所有している翻訳してきたテキストを資源とみなし、再利用を目的にそれらのテキストを共有するような、翻訳の広域化に向けた動きを広めていくことも同時に必要である。この広域化は、翻訳に限らず、通訳においても人材バンクの共有化をはかれば、人材不足の解消の一助となるかもしれない。さらに言語教育においても、多様な背景を持った日本語教師を確保できれば、生徒のレベルや需要に応じたクラス運営や展開が可能になってくる。すなわち、自治体や関係機関が横の連携を深め、翻訳資源や人的資源の共有を進めながら、多言語化の効率を高めていくことで、より持続的な言語支援が可能になる。しかし、いずれの理由や形であっても、現状の情報の多言語化について、いくつかの議論すべき点がまだ残されている。

たとえば、想定している翻訳の読者が誰なのか明確でない点である。一般的には、それぞれの言語話者が地域の人口に占める割合を重視した言語選択がおこなわれているが、想定されたグループの日本語の習得状況や、日本語との言語距離（ここでいう言語距離とは、言語間の類似度を距離にたとえており、その距離が遠ければ遠いほど比較対象となる言語の習得が難しいということを意味する。フランス語はイタリア語と言語距離が近いが、日本語とは遠いため、フランス語を第一言語とする者にとって、イタリア語は日本語よりも比較的習得が容易であるという。Isphording, "Disadvantages of linguistic origin," p. 3236–3239）や文字の共通性なども考慮に入れたニーズ調査がほとんどおこなわれていないため、議論の土台となるデータが不十分である。翻訳の流れについても、現在のところ日本語対多言語という対訳の方式を多くの自治体は採用しているが、まず日本語対英語→さらに多言語という方式も考えられる。さらに、近年「やさしい日本語」も言語内翻訳として提供している自治体があることから、日本語対「やさしい日本語」→多言語という方式も考えられ、翻訳の方針や方略以前に、翻訳過程のあり方について、議論の余地が残されている。

最後に、翻訳学というのは、言語を媒介としたコミュニケーションを対象とする学問領域の一つである。多文化共生施策における言語支援について翻訳学から考える理由は、多様な文化的社会的背景を持つ者と日本人との相互理解のさらなる促進が必要とされていると考えるからである。今後いま以上に相互理解が深まり、言語支援に対する関心が高まれば、諸問題へのより創造的で実用的な解決策が、人と人とが互いに交わす豊かなコミュニケーションから生み出されていくものと筆者は信じている。（やまもと・かずはる

マヒドン大学アジア言語文化研究所（タイ）講師　Lecturer, Research Institute for Languages and Cultures of Asia, Mahidol University）

第5章　コミュニティ通訳者の資質と倫理

通訳という職業が一つの専門職として確立している以上、その業務に携わる人たちには、専門職としてどのような資質や能力が求められるのか、その基準ができあがるのはもっともなことであるし、それと同時に、業務上守らねばならない職務規定や倫理規範が設定されるのも当然のことである。しかし、コミュニティ通訳とボランティア通訳とのあいだの線引きが、いまだ明確にされていないことから、コミュニティ通訳者の能力の基準もあいまいであるし、倫理的な事柄について学ぶ機会を与えられないまま、通訳の業務に携わる人たちも多い。コミュニティ通訳は司法や医療といった非常に専門的でデリケートな分野を扱うことから、その重要性は明白である。通訳者は、かりにボランティアと変わらない立場にあっても、業務に大きな責任を負うことになるし、そのような場においては、何がよい通訳なのか、通訳者にとってどのような行動が望ましいのか、目標とすべき姿を明らかにしておくことはきわめて重要である。

本章では、コミュニティ通訳者の資質や能力および守るべき倫理について、それぞれの分野を比較しながら解説しよう。

よい通訳とは

コミュニティ通訳の業務をおこなうためには、それなりの資質や能力が必要となる。会議通訳も含めた通訳一般に共通する資質・能力に加え、コミュニティ通訳の現場特有の状況で仕事をするにふさわしい資質・能力もある。

一般的によい通訳の条件として挙げられるのは、正確さ、迅速さ、わかりやすさである。どのような形態であれ、伝える情報の正確さが通訳にとって最も重要な要素であることは疑いの余地がない。迅速さに関していえば、迅速でなければ同時通訳はできないし、逐次通訳の場合でも、話し手が話し終えて二、三秒以内に通訳を始めないと、聴衆を不安にさせてしまう。そして、能力不足によって訳出にあまりに手間どってしまう通訳は、情報を得るのに不必要に長い時間がかかってしまうという点で、使う側にとっては望ましくない。わかりやすさという点では、通訳はサービス業であり、通訳者は聴衆を意識して理解しやすい話し方をするよう努める必要がある。発音を明瞭にし、「あのう」「ええーと」などの言いよどみもなく、リズムをうまく調整して聞きやすくするなどの努力はもちろんのこと、聴衆の年齢や背景に注意し、専門家ばかりであれば使用する語彙を専門的なものにする、一般人であれば皆になじみのある表現を使う、お年寄りが多ければカタカナ語を多用しない、など、いろいろと気を使うことが求められる。外国人の聴衆に対しては、文化的背景を知らないと理解できない日本独特の表現などを、聞き手がわかるように訳す工夫が必要なこともある。このように、聞いている人にとって聞きやすくすることも、よい通訳の条件である。

では、上記の三つの条件をふまえ、コミュニティ通訳の分野でのよい通訳とは何かを考えてみよう。

正確さ　まず、正確性であるが、司法分野や医療分野では、正確な情報の重要性は計り知れない。誤った情報が与えられた場合、その及ぼす影響は甚大になりうる。もちろん、会議通訳に関しても、国際会議などで非常にデリケートな事柄が扱われる場面で、もし誤った通訳がおこなわれれば、外交上たいへんな事態を招くようなことはあるだろう。しかし、会議通訳とコミュニティ通訳とでは、必要とされる正確性の意味合いやレベルが異なっている。たとえば、医療の現場での誤訳は命とりになることがあるように、正確でない通訳はその場に関わる個人個人の生活に直接影響を及ぼす可能性がある。コミュニティ通訳にとって、正確性は最も重要な要素として倫理規定の大きな柱となっているので、この章の倫理に関する部分で詳しく述べる。

迅速さ　会議通訳では、同時通訳はいうまでもなく、逐次通訳でも訳出の迅速さが要求される。話し手が話し終えたあと間髪を入れず訳し始めることが重要で、長いポーズを置くと聞き手が不安になるといわれる。そのため、どのような訳出をするかについての迅速な判断が必要となる。コミュニティ通訳の場合、速さよりも言葉の一つひとつのニュアンスが正確に伝わるかどうかが非常に重要であり、正確性を犠牲にした迅速性はありえない。

法廷通訳人の訳し方に関する研究の一環としておこなわれた実験で（中村・水野「第二回模擬法廷の言語分析」、Nakamura and Mizuno, "A study of lexical choices and its impact on decision-making in the interpreter-mediated court sessions"）、「殴る」「（金を）要求する」などの日本語表現に対して、被験者として参加してもらった複数の通訳人は訳出のさいに、それぞれ "hit" と "bear" そして "mug" "ask for money" "threaten" などの異なる言葉を選択した。ところが、それらの表現をコーパス分析（言語の実際に書かれたり話されたりした結果がデータとして集積されたものであるコーパスを、コンピューターを使用して分析する手法。辞書が言語の知識について調べるために使用されるのに対し、コーパスを利用すると言語の使用実態について調べることができる）すると、それぞれ共起語（いっしょに出現する語）が大きく異なり、英語においてはまったく異なるニュアンスで使用される言葉であることがわかった。“hit” と “bear” とでは、“hit” よりも “bear” のほうが暴力的で犯罪を想起させやすい語といっしょに使われることが多い。また、“mug” は「路上強盗」をするという文脈で使われるし、“threaten” は「脅迫する」というニュアンスで使われることが多い。このように、言葉の選択によって、聞き手が受ける印象が異なり、裁判員などの判断に影響を及ぼす可能性が高いのである。

通訳者は原文のニュアンスについて熟考する時間はなく、とっさに訳語を思いつかない場合には、それに近似する表現をすばやく選び取ることも多い。しかし、司法通訳の場合や、伝わる内容のちょっとした違いによって病気の診断に影響が及ぶ可能性のある医療通訳の場合は、すばやく繰り出される「次善の訳」よりも、時間が多少かかっても、原文の意味をよく考えたうえでの「最適の訳」のほうが求められるのである。

わかりやすさ

コミュニティ通訳にとっても、音声的に聞きやすい通訳がよい通訳の条件であることに変わりはない。ただ、会議通訳はたいていの場合、聞き手に合わせて内容が理解しやすくなるよう努力するのに対し、コミュニティ通訳は分野によって、その必要性が変わる。たとえば法廷で、証人や被告人のわかりにくい証言を通訳人がわかりやすく編集して訳してしまったら、証言の印象が一変し、裁判員などの判断に影響を及ぼす可能性がある。また、医療の現場で、患者が支離滅裂でわかりにくい発言をした場合、それは病気の一つの症状であることもある。通訳者がわかりやすく整理して訳してしまうと、誤った診断につながるおそれもある。

しかし、コミュニティ通訳には、正確性の追求よりもスムーズにコミュニケーションを成立させることのほうが重要な場面もある。相談窓口や教育現場での通訳などの場合、そのような状況が生じることがある。もちろん誤訳は認められないが、多少表現が変わっても、相手がよく理解できればよいし、通訳者がある程度交通整理をしたほうが、よい人間関係の構築につながると考えられる場合もある。ケースバイケースである。

以上の三つ、つまり「正確性」「迅速性」「わかりやすさ」の論点は、コミュニティ通訳の場合、すべて通訳者の倫理のうちの「正確性」あるいは「忠実性」のカテゴリーでの議論に包含される。これについては、後述する倫理の部分でさらに詳細に述べる。

通訳という作業そのものに必要な能力

コミュニティ通訳という業務をおこなうには、それなりの能力が必要である。分野にかかわらず、通訳という行為をおこなうための最低限の能力と、コミュニティ通訳分野にとって特に重要とされる能力がある。

コミュニティ通訳者に必要な基本的能力としてまず挙げられるのは、語学力、通訳スキル、知識である。

まず、語学力であるが、移民の多い国々では、いわゆるナチュラル・バイリンガル（生まれたときから両言語に接し、どちらの言語においてもネイティブ・スピーカーと呼べる人）である人たちの層が厚い。コミュニティ通訳は多くの場合、移民のコミュニティに属する人たちがおこない、受け入れ社会の言語と自分たちの母語（たとえば両親の言語）の両方にネイティブ・スピーカーのレベルで精通している。ところが、日本の場合、移民の層が薄いので、ナチュラル・バイリンガルは少ない。外国籍の人が通訳する場合、日本語の能力が十分でないことが多いし、日本人が通訳する場合も、通訳する外国語についてネイティブ・レベルの人はそれほど多くない。日常生活において、ある程度複雑な会話を流暢にこなすことができるレベルの語学力がなければ、通訳をすることは無理であるが、実際には、語学力という最初の条件すら満たすことができないまま通訳業務についている人も多いというのが日本の現状である。多くの通訳者が、まず、この段階でのハードルを越えなければならない。

語学力の次は、通訳スキルである。世間では、二言語に精通していれば自動的に通訳ができると考える人が多い。「英語、得意だったら、通訳しに来てよ」というようなセリフがいとも簡単に人々の口から出てくる現状が、それを如実に物語っている。「同時通訳は神業、でも普通の通訳は外国語ができれば誰でもできる」というのが一般的な認識である。二言語以上に精通していることは、もちろん、通訳の必要条件である。そして、すでに述べたように、両言語ともにネイティブ・スピーカーのレベルかそれに近いレベルの言語運用能力が求められる。しかし、それだけでは十分ではない。

通訳という行為は単に言葉を置き換えるだけではない。同時通訳は聞くことと訳して話すことを同時進行させるので、もちろん、特殊な技術を必要とする。しかし、一区切りの発話が終わってから訳し始める逐次通訳なら簡単な作業であるかといえば、まったくそうではない。ある程度の長さのある発話を聞き、その内容を整理しながら正確に記憶に残すことは、メモ取りの技術を習得していなければ難しい。通訳という行為は、同時通訳であれ、逐次通訳であれ、かなり複雑な認知プロセスを経ておこなわれており、メモ取りを含めたさまざまなトレーニングをおこなって初めて、プロとしての仕事ができるのである。どのような専門職も必ずトレーニングを経たのちに就業する。通訳も同様である。

次に、言語能力、通訳スキルが備われば通訳ができるかというと、やはり、それは基本的な条件が整ったということにすぎない。話された内容を正確に伝えることができるためには、やはり、「知識」を持つことは必要条件の一つである。「知識」と一言でいっても、さまざまなタイプの知識がある。会話がおこなわれている状況に関する知識を意味する「状況知識」、いま進行しているテーマについての基礎的な知識やそれに関する専門用語などの「共有知識」、一般常識である「百科事典的知識」（水野真木子他『グローバル時代の通訳』七三頁）がすべてそろって初めて、的確な通訳ができる。「テクストにある情報は、われわれがすでに持っている他の情報と関連づけて初めてその意味が理解される」（Baker, *In Other Words*, p. 256）ので、どのような分野の通訳であっても、通訳しようとしている内容についての知識がなければ、話し手の伝えようとしていることを理解することすらできないこともあるし、容易に誤解や誤訳につながる。「新しい情報を処理するためには、入力をさまざまな既存の知識、すなわち語彙的、統語的、語用論的、百科事典的知識などと統合することによって、心的表象の何らかの形態を積極的に構築する必要がある」（ポェヒハッカー『通訳学入門』鳥飼玖美子監訳、一三九頁）というように、多面的に知識を蓄えることで、適切な情報処理ができ、正しい通訳ができる。

特にコミュニティ通訳の場合は、医療、司法をはじめとする専門的な内容が扱われ専門用語が多用される場面での通訳が多く、分野別の専門知識の蓄積なしには正確な通訳は不可能である。通訳者は多くの場合、医療提供者や法律実務家など、その分野の専門家に比べると専門知識の量が不足している。通訳者は背景知識をできるだけ補う努力をして、知識のギャップを埋め、誤訳を防ぐようにする必要がある。

以上のように、語学力、通訳スキル、知識は、通訳という行為をおこなうのに必要な基礎的な要素である。

コミュニティ通訳にとって特に重要な能力

対人コミュニケーション能力　コミュニティ通訳は会議通訳とは異なり、同時通訳ブースに隔離された物理的に目に見えない存在になることはなく、ほとんどの業務が対話の通訳である。明らかに目に見える存在として人と人のあいだに立ち、コミュニケーションの仲立ちをするには、自分自身がある程度、対人コミュニケーション能力を備えておく必要がある。

通訳者は言葉の通じ合わない二者のあいだのコミュニケーションの橋渡しをするだけだから、自分自身は対話の参与者ではないという考え方が通訳業務の基本となっていることは事実である。通訳をする状況が公的であればあるほど、そして対話のパターンが形式的であればあるほど、通訳者の存在は関与的あるいは介入的でないことが期待される。たとえば、コミュニティ通訳においても法廷通訳は、高度に形式化された環境での言葉のやりとりを扱うため、通訳人自身が通訳以外の形で対話に参与することはほとんどない。言葉が通じ合う人のみが参加する通常の法廷と同じような状況が、通訳を介しても維持されることが期待されており、コミュニケーションを促進するための通訳人の積極的な関与は求められていない。ところが、医療通訳や相談窓口での通訳などでは対話の流れはより自由であり、自然発生的である。そして、その場の人間関係や雰囲気によってコミュニケーションの成否が左右されやすく、ラポール（第2章七〇頁）形成がとても重要になってくる。言葉が通じ合わない者どうしの会話においてラポール形成のカギを握るのが通訳者であるという状況はごく自然であり、通訳者にそれを期待する依頼人も多い。依頼人から「よい雰囲気をつくってほしい」という要望が述べられることすらある。このような状況はコミュニティ通訳に限らず、ビジネス通訳などにもあてはまり、対人技術のすぐれた通訳者が高く評価される場面は多い。

異文化対応能力　第1章ですでに述べたが、通訳者は二言語に精通するだけでなく二文化にも精通していなければならない。日常生活の一場面での業務が多いことから、通訳者は文化差に起因するさまざまな問題に直面するし、その文化によるギャップを埋めることができる唯一の存在であることが多い。文化の違いによる誤解や軋轢を回避させつつ、対話の流れをよい方向に導くことも通訳者の仕事であると考える依頼人も少なくないのである。通訳者が文化差の問題に敏感でなければ、そのような状況に対処できない。また、文化と切り離して言語だけの橋渡しをすることは難しく、文化に精通していて初めてほんとうに正確な通訳ができるのである。

強い精神力

コミュニティ通訳は司法分野、医療分野、そして相談窓口での通訳などが中心になるので、人の不幸やトラブルにじかに直面することになる。難民審査の通訳をする人たちがトラウマに悩み、精神的に病んでしまう例が多くあるように、極端に悲惨な状況が語られる場面で通訳することにより、自分自身がそれを経験したのと同じ影響を受けることがある。そして、それが蓄積していくと、精神のバランスを崩すことにつながることもある。

二〇一三年に、強盗殺人事件の裁判員裁判で、被告への死刑判決に参加した裁判員の女性（六〇代）が、証拠品として見た死体のカラー写真などがフラッシュバックするなど、心的外傷を負ったとして国を訴えた。女性は「急性ストレス障害」と診断されて精神科に通うことになったという。法廷通訳人も裁判員と同じ証拠を見たり証言を聞いたりするので、同じことが起こってもおかしくない。

医療の現場でも、人の死や病をとりまく状況は悲惨であることが多いし、通訳者は苦しむ人間を目の当たりにすることもあれば、自分が通訳をしていた人の死に直面することもある。そのような状況は、通訳者にとっての大きな精神的負担を生じる。また、医療通訳者は検査に立ち会ったりすることもあり、検査によっては、その光景が耐えられないものであることもある。血を見るのが怖いというような人は、医療の現場には適さない。

コミュニティ通訳者にとって必要なのは、自分と通訳対象とのあいだに線引きをし、現場で起こっていることを客観視する能力である。相手への共感や同情、つまり、相手の身になって考えることは人間として大切なことであるが、自分がそれに取り込まれてしまっては、業務を遂行することができなくなる。そして、自分自身を傷つけてしまっては、元も子もない。冷静な判断を可能にする強い精神力も、通訳を続けるためには非常に重要な要素である。

職業倫理とは

倫理と専門家意識　倫理（ethics）という言葉は、「道徳的習慣」を意味するギリシャ語の「エトス」という言葉に由来するそうであるが、「倫理」の意味については、さまざまな辞書が「善悪の判断においての普遍的な基準」であると説明する。簡単にいえば、倫理とは「正しい行動、間違った行動についての原則」なのである。「倫理的な行動とは、何が善であり悪であるとみなされるのかを表明する一般に是認され理想化された原則に合致した行動である」と、全米医療通訳者協議会ＮＣＩＨＣの倫理規定は「倫理」という言葉について説明している。

ある職業が成熟し確立したものになり、それに携わる人が「専門職」としての立場を得ると、その社会的役割や責任を全うするために、職業人としての行動を律する基準・規範が必要になる。つまり、どのような行動が適切であると認められるのか、その職業に関する善悪についての共有の支配原則ができあがるのである。そして、それが形式化されたものが職業倫理規定である。「多くの倫理規定を比較すると、地方や国を超えて、おしなべて似た内容になっている。それらには〔社会学者〕パーソンズ（Parsons, 1964）の定義した『専門職意識（professionalism）』が認められる」（Wadensjö, *Interpreting as Interaction*, p. 58）と述べられているように、倫理規定の根底をなすものは「専門職意識」なのである。

倫理規定と専門職　ＮＣＩＨＣの倫理規定はこう述べている。「倫理規定は、いかに詳細にわたっていようと簡潔であろうと、通訳者が直面しうるすべてのジレンマや選択に完全で正確な答えを与えることはできないし、しないものである。それは『ハウツー』のレシピではないし、通訳者が現実世界で直面するかもしれない多くの特殊な、問題のある状況のための解答書でもない」(http://www.ncihc.org/assets/documents/publications/NCIHC%20National%20Code%20of%20Ethics.pdf)。また、「オーストラリア通訳者翻訳者協会ＡＵＳＩＴ(Australian Institute of Interpreters and Translators)」の倫理規定の序文には、「倫理規定は通訳者や翻訳者が業務上おこなう決定に指針を与える価値観や原則を明確に示すものである」と述べられている(http://ausit.org/AUSIT/Documents/Code_Of_Ethics_Full.pdf)。倫理規定は、あらゆる具体的な状況を想定しているわけでもないし、通訳者がぶつかるすべての問題に答えを提供できるものでもない。倫理規定とは、その職業に携わる者に対し、基本的な倫理上の規範を示すことを目的とする。そして、その職業に携わる者は、その基本的原則を熟知したうえで、それに従って、個々の状況に対して各自が自分で判断を下せるようにするための指針として、倫理規定を使用するのである。それに従って行動することで、依頼人の利益が守られるだけでなく、専門職としての自分自身も守られるし、ひいては、業界全体の利益につながるのである。

コミュニティ通訳者の倫理

通訳倫理規定の基本理念　九カ国の一六の倫理規定を比較した研究では、規定の内容を三つの広い分野に分けている(Hale, *Community Interpreting*, p. 108)。

1　正確性、中立性、守秘義務を含めた発話の話者に対する通訳者の責任
2　服装、時間厳守、連帯などの専門職としての行動の問題を含めた職業に対する通訳者の責任
3　職業訓練、役割の明確化、適切な労働条件と賃金の必要性を含めた専門職としての自分自身への通訳者の責任

この研究によると、調査対象となった各種倫理規定に盛り込まれる頻度としては「守秘義務」が最も高く、「正確性」「中立性」がそれに続くという結果になった。これらはすべて、上記の1に属するものである。

また、会議通訳、コミュニティ通訳全体、法廷通訳、医療通訳を対象におこなった各種倫理規定の分析によると、分析対象とした四分野に共通して盛り込まれていたのが「守秘義務」であった（水野真木子「各種通訳倫理規定の内容と基本理念」）。守秘義務は、あらゆる専門職において共通して重要視される普遍的なものであり、通訳に関しても、分野を問わず、必ず盛り込まれる重要な倫理原則である。「正確性」と「中立性」は、会議通訳者の倫理規定以外の三分野には共通して盛り込まれており、コミュニティ通訳にとって重要な原則であることがわかる。

ここでは上記の三つの原則、つまり、「守秘義務」「正確性」「中立性」について解説し、他のさまざまな項目については「専門職としてのプロ意識」というカテゴリーを設け、そのなかで論じることにする。すでに医療通訳、司法通訳、行政通訳に関する各章で分野別に倫理についてふれているので、ここではコミュニティ通訳全体を俯瞰し、各分野を比較しながら、分野ごとの力点や特徴について考えよう。

守秘義務　守秘義務は職業倫理としていちばんわかりやすく、医師、弁護士、聖職者などの多くの専門職に共通する倫理原則である。守秘義務には二つの構成要素があり、「業務上知りえた情報を漏らしてはいけない」という部分と「業務上知りえた情報を自己の利益のために用いてはいけない」という部分である。前者はほぼすべての倫理規定に載っている基本的な事柄であるが、後者については、これを盛り込んでいる倫理規定と、そうでないものがある。

コミュニティ通訳分野は、人のプライベートな生活に深く関わる場面が多く、個人情報の保護が適切になされなければ人権侵害につながる。そういう意味でも、つねに守秘義務を守ることが義務づけられるが、状況によっては情報開示のほうが優先されることがある。たとえば、犯罪につながる情報を得、それを開示しないことが公益を大きく損ねるような場合や、人の命が危険にさらされているような状況では、情報開示が守秘義務に優先されることがある。児童虐待防止法第六条では、虐待を受けた児童を発見した場合に、児童福祉法第二五条の規定により通告をおこなうことは、守秘義務違反にあたらないことを明記している。

正確性　正確性や忠実性の原則は、日本のものを含め、ほとんどの倫理規定に盛り込まれているが、何を正確な通訳と考えるかという点について、これまで多くの議論がおこなわれてきた。

正確性というと、原発話を「逐語的」に再現することであると考える人たちがいる。特に、法廷通訳人に「言われたままをそのまま逐語的に訳すように」と求める法律家が多い。司法通訳はコミュニティ通訳のなかでも最も正確性が重視される分野であるが、「正確性」の原則に関して「文字どおり」訳すことであると明記する倫理規定はほとんどないし、実際にそのようなことは不可能である。

アメリカの連邦認定法廷通訳人の倫理規定には、正確性について以下のように規定されている（http://www.uscourts.gov/uscourts/FederalCourts/Interpreter/Standards_for_performance.pdf）。

> 通訳人は、言われたことや書かれたことに対して何も変えたり、省略したり追加したりすることなく、そして説明することなく、使用された言語のレベルを保持した完全で正確な（complete and accurate）通訳やサイトトランスレーションをすべきである。

ここでは「使用された言語のレベルを保持した完全で正確な」という文言が使用されているが、「文字どおり」というような表現は使用されていない。逐語訳を求めていると解釈できる唯一の倫理規定として、国際刑事裁判所の倫理規定が挙げられている（Hale, *Community Interpreting*, p. 112）が、それには、「通訳や翻訳の対象となる人が使用した言葉づかい」をそのまま伝えなければならないと書かれている。

オーストラリアのＡＵＳＩＴの倫理規定は通訳の正確性について、「歪曲や省略なしに起点のメッセージやテクストの内容と意図を保持する」「起点のメッセージの内容や意図から何も変えず、追加せず、省略しない」というように説明している。この「何も追加や省略をしない」という文言が誤解を招いているという指摘がある（Hale, *Community Interpreting*, p. 112）。正確性を保持するためには、追加や省略が必要になることもある。倫理規定の文言が意味することは「発話の単語数ではなく、中心的メッセージに対する追加や省略のことである」と考えられるのである（Hale, *Community Interpreting*, p. 113）。レジスター（第１章三三頁）、ポーズ、ためらい、声のトーンなどにいたるまで、もとの発話のすべての要素を正確に伝えることを求める規定の文言は、「単語対単語、あるいは文字どおりの訳出が求められているのだという誤解を多くの人に与えるもとになっている」（Mikkelson, "Towards a redefinition of the role of the court interpreter," p. 23）が、実際には、それが強調しているのは文字どおりの訳出が必要だということではなく、そのようなディスコース（第２章五七頁）上の特徴は、一見、重要ではなく表面的であるように見えても、実は重要だということなのである（Hale, *Community Interpreting*, p. 113）。

このように、通訳における正確性とは、構文や単語などの表面的な要素をそのまま文字どおりに訳すことではなく、もとのメッセージを伝えることである。言語が異なれば文字どおりの通訳ができないという事実がこれらの倫理規定の前提条件になっていることは、いくつかの規定の文言を見ればわかる。たとえば、「全米司法通訳人翻訳人協会ＮＡＪＩＴ（National Association of Judiciary Interpreters and Translators）」の倫理規定には、「目標言語の文章構造と意味のパターンを考慮しながら」もとのメッセージに忠実に訳すべきであり、そして、「通訳は目標言語で聞いたとき自然に聞こえなければならない」と述べられている(http://www.najit.org/about/NAJITCodeofEthicsFINAL.pdf)。つまり、文字どおり訳すのではなく、言語構造などの違いを考慮して自然に聞こえる訳出をすることが大切であるということなのである。

司法通訳は正確性が最も求められる分野であるが、それは、すべてを言われたままに一言一句変えずに訳すということではない。言われた内容や意味、文体やレジスターなどの要素、そして法的な意図や効果が正確に伝わるように訳すということである。つまり、原文と訳出とのあいだの「等価」が非常に重視されるということである。

また、医療通訳の倫理規定を中心に、文化的な要素を考慮に入れて通訳することが正確性の保持に重要だというように、「文化的コンテクスト」に言及しているものも多い。NCIHCの倫理規定では、「言語は多くの点で文化が表現されたものであり、文化が現実を構成する方法である。文化的体験が言葉に意味を吹き込むのである」とし、忠実な通訳のためには、医療通訳者は言葉を理解するだけでなく、それが使用される状況においてそれに意味を与えている文化的背景を理解しなければならないとしている(http://www.ncihc.org/assets/documents/publications/NCIHC%20National%20Code%20of%20Ethics.pdf)。日本でも、医療通訳士協議会による倫理規定案の正確性の項目において、「医療通訳士は、医療従事者と患者等の発言の意味するところを忠実に通訳するとともに、社会・文化・習慣・宗教などの違いを考慮し、良好なコミュニケーションの成立を図る」と述べられ、言語以外の社会、文化的要素を考慮することが正確な通訳にとって必要であることを示唆している(同会倫理委員会ブログ http://blog.goo.ne.jp/jami_ethics)。

医療通訳の場合は、司法通訳に比べ、よりいっそう文化や宗教などの違いを考慮したうえでの忠実な訳出が求められている。NCIHCの倫理規定に書かれている中核的価値の一つが、患者と家族の健康と幸せとそのための支援である。互いに満足できる診断と治療方針に行き着くための重要な情報源となる患者が発信するデータを、医療提供者が利用できるように、その理解できるフォーマットに変換すること、そして、医療提供者の発信する内容を患者にわかるフォーマットで伝えることで治療に対する患者の協力を得る努力をすることが、通訳者の役割である。患者の健康と幸せを実現するための、両者の共同作業が可能な土台づくりをするためには、単に言語が伝えようとする内容の等価だけでなく、文化・社会的な差異の橋渡しをし、良好なコミュニケーションを促進させることも必要となる。これは相談窓口での通訳などにもあてはまる基本的理念である。発話自体の意味の等価に焦点をあてる司法通訳と大きく異なるのはこの点である。

ほぼすべてのコミュニティ通訳分野における各種倫理規定には正確性の項目が盛り込まれているのに対し、「国際会議通訳者協会ＡＩＩＣ（Association Internationale des Interprètes de Conférence）」の倫理規定には、正確性の項目がない。しかし、「労働環境（Working Condition）」の項目には、たとえば、交代要員のいない状態でブースでの同時通訳をしてはいけない、業務遂行が妨げられない特殊な条件下以外では、ブースなしの同時通訳やウィスパリング通訳をしてはいけない、発話者と会議室が直接見えるようにしなさい、などの注意事項が列挙されている。会議通訳といえば同時通訳がその前提となっており、この倫理規定の項目には同時通訳の業務をうまくこなすための注意が盛り込まれている。他には、事前に資料の入手をすることや、適切な時期にブリーフィング（簡単な打ち合わせ）をしてもらうようにすることなどが述べられている（Code of professional ethics, Article 7. 1–8, http://aiic.net/code-of-ethics）。そのどれもが通訳業務のレベル維持には欠かせないものである。ここでは、プロとして良質のサービスを提供することが強く意識されており、「正確性」の項目に通じるものがあるが、正確性に対するスタンスという点においてコミュニティ通訳分野の倫理規定の内容とは質が異なる。

中立性　会議通訳の倫理規定には中立性の原則が明言されていない。会議通訳の場合、その依頼者の立場が反映して中立の立場を取らない場合もある。しかし、法廷通訳、医療通訳を含むコミュニティ通訳分野は、程度の差こそあれ、多くが公務的あるいは公益的性格を帯びているので、「公平、中立、利益相反の排除」という項目が非常に重んじられている。

ほとんどのコミュニティ通訳の倫理規定には中立性の定義や説明はなく、一連の「してはいけないこと」を述べるだけであるが（Hale, *Community Interpreting*, p. 120）、さまざまな「してはいけないこと」は、三つの柱に集約される。「個人的偏見を持たず、中立的な立場を保つ」「個人的な利害関係を避け、利益相反の状況をつくらない」「個人的な助言や意見を述べない」の三つである。

一つ目であるが、依頼人の人種や宗教、社会的立場などに対する偏見を持たないようにしなければならないということは非常にわかりやすい。しかし、その人独自のものの考え方も個人的偏見を生じることがある。通訳するさいに、話者が通訳者自身の信条や常識に反することを述べたりすると、それを通訳するのに抵抗が生じるかもしれないが、そこで述べられていることに対して通訳者には何の責任もないということをはっきり認識して仕事に臨めば、よけいな感情に苦しむこともない。そして、自分の主義や信条には関わりなく、言われたことを冷静に聞き、それをそのまま訳していけば、誤解や誤訳も起こりにくい。オーストラリアのＡＵＳＩＴの倫理規定の中立性の項目に、「通訳者や翻訳者は、当事者たちが伝達する内容に対しては責任を持たない。完全で正確なメッセージを伝えることにのみ責任を持つ」と述べられている（http://ausit.org/AUSIT/Documents/Code_Of_Ethics_Full.pdf）。通訳の現場で話される内容を客観視できることが中立性を保つことにつながり、中立性を保つことにより、感情的な関わりを持たずにすむ。そして、それによって通訳の正確性を保持しやすいのである。また、アメリカの連邦認定法廷通訳人の倫理規定やＮＡＪＩＴの倫理規定には、偏見があるような様相も示してはならないとあるが（http://www.uscourts.gov/uscourts/FederalCourts/Interpreter/Standards_for_Performance.pdf; http://www.najit.org/about/NAJITCodeofEthicsFINAL.pdf）、法廷にいる人たちは通訳人の表情や様子も目にすることになるので、それが事実認定者（裁判官や裁判員・陪審員）の判断に影響する可能性もあるのである。

二つ目の柱であるが、利害関係や利益相反が非常に問題になるのが司法の現場である。かつて、多くの国でいわゆるアド・ホック通訳人が起用されていた時代には、さまざまな立場の人たちが法廷通訳の業務に就いており、利益相反の問題などほとんど意識されていなかった。警察官や警察職員が法廷通訳人を務めるというケースは多く、日本でも一九八〇年代に使用されていた裁判所の通訳人候補者名簿には多くの警察官の名前が記載されていた。被告人と警察関係者は当然、利益相反の関係にあり、通訳の公正さは期待できない。さらに驚くことに、アメリカの例では被告人の相被告人（同じ事件で被告人となっている別の人）が通訳人を務めるケースや、被告人の弁護人が、たまたま被告人の母語が話せるからという理由で通訳をさせられたというケースもある（Schweda-Nicholson, "Ad hoc court interpreters in the United States"）。複数の被告人のうち誰が主犯かというようなことが争点になるなど、共犯関係の性質が罪の軽重に関わってくるような場合、相被告人が通訳をするようなことが起これば、自分が有利になるような通訳をしないとも限らない。弁護人が通訳をするような場合は、被告人と弁護人は利害関係が一致するので、公正な通訳が期待できないし、弁護活動しながら通訳をすることによって弁護に集中できなくなり、被告人は手続き上も公正な裁判を受けることができなくなる。また、友人や知人、場合によって家族が通訳人の役割を果たすようなケースもかつては多かったようだが、そのような個人的関係は公正な通訳の阻害要因となる。

法廷通訳に関しては、そのような個人的関わりがあったり利害関係があったりした場合は、それを裁判所に告げて、代わりの通訳人を探すという手続きになる。利益相反の状態で通訳することは認められないのである。

しかし、医療通訳をはじめとする、地域コミュニティにより密着した現場での通訳に関しては、個人的関わりを完全に断ち切ることは難しい。通訳者が患者と同じコミュニティ出身のことが多く、通訳をおこなう現場以外の場所で個人的接触を避けることが難しいケースも多い。たとえば、愛知県のブラジル人コミュニティには通訳を完備している特定の医療機関があり、ブラジル人はほとんどの場合、そこを利用する。そこで働く医療通訳者も同じコミュニティ出身で、患者と知り合いであることが多い。ＮＣＩＨＣの倫理規定は、「患者との個人的な関わりを避けるために専門職としての業務の範囲を守るという問題は、患者と同じ小さな密着した人間関係をもつ文化言語コミュニティ出身の通訳者にとっては、時にはジレンマとなる」と述べ（http://www.ncihc.org/assets/documents/publications/NCIHC%20National%20Code%20of%20Ethics.pdf）、そういう状況を想定している。そして、そのような場合には、その関係が倫理原則の遵守を絶対に邪魔することのないようにすることが通訳者の責任であるとしている。そして、たとえ通訳者の側に、そのような状況においても中立性を保てるという自信があったとしても、通訳者の役割にとって非常に重要な信頼関係が損なわれる（Mikkelson, "Towards a redefinition of the role of the court interpreter," p. 23）こともあるので、細心の注意が必要である。

また、このようなケースとは異なり、事前に何の個人的関わりもなく、まったくの他人どうしであったにもかかわらず、通訳業務を通じて依頼人と親しくなったり、情が移ったりし、そのために中立性を保てなくなるという状況もある。多くの倫理規定には「関係者と不必要な個人的接触を避ける」という項目があるが、通訳者にとって難しいのは、依頼人にとって自分がその人たちとコミュニケーションできる唯一の存在であるので、何とか助けてあげたいという善意の気持ちとどう折り合いをつけるかということである。親切心や同情心は人間にとって大切なものであるが、個人的な関わりを深めたおかげで自分の生活にまでどんどん踏み込まれ、自分の家族との関係も悪化してしまったというような例もあり、注意が必要である。この倫理原則は、通訳者に中立性を保つことをうながすと同時に、通訳者自身を守るためにも必要なものなのである。

三つ目の柱は、通訳者の業務の線引きの問題と密接に関わっている。基本的には通訳者の仕事は通訳のみであり、個人的意見を述べたり助言したりする立場にはない。司法、医療、行政のどの分野においても、通訳者はその分野で扱われる事柄についての専門家ではないので、適切な知識を持たないまま意見を述べたりアドバイスしたりすることには危険がともなう。依頼人が通訳者の誤った知識にもとづく情報を信じて行動した結果、取り返しのつかない事態になってしまう可能性もある。また、アドバイスという形を取りながら、実は、依頼人の行動を通訳者の都合のよい方向に誘導するということも起こりうる。情報弱者である依頼人の弱い立場を自己の利益のために利用するようなことは、けっしてしてはいけないことである。

ただし、通訳者に通訳以外の役割が求められているような現場も存在する。たとえば、学校では派遣された通訳者が生徒の生活相談の相手になることを求められたりすることもあるし、福祉関連施設の職員が自分自身の本来の業務と兼ねて通訳をおこなうような場合もある。このような場合は、通訳者は役割の切り替えをおこなわなければならない。相談を受けたりするときには、通訳者の業務としてそれをおこなっているのではないことを明確にしておく必要がある。「ある通訳者は助言をしてくれるのに、別の通訳者はしてくれない」というような混乱を依頼人の側に生じさせてはいけないのである。現場によっては通訳者の業務範囲と役割の線引きは難しいかもしれないが、少なくとも、通訳者の業務はコミュニケーションの仲立ちのみであるという基本的な認識を共有しておくことは重要である。

職業倫理としてのプロ意識

たとえボランティア・ベースで通訳業務をおこなっており、報酬も十分でないような場合でも、通訳という高度で専門的な業務に携わる以上、「プロ意識」を持つことは非常に重要である。ここでは、コミュニティ通訳者に求められる倫理のうち、プロらしくあるために重要な項目をいくつか紹介しよう。

業務の範囲・能力の限界

通訳者の業務範囲については前項の中立性のところですでにふれたが、すべての分野にわたって多くの倫理規定に、「通訳者（あるいは翻訳者）という役割を果たすべく仕事を引き受けた場合は、それ以外のことはしない」という項目がある。たとえば、医療の現場で外国語のできる看護師が通訳を務めるような場合でも、通訳業務のあいだは通訳の仕事のみをおこない、看護師としての役割を果たすべきではないというようなことである。もちろん、さまざまなタイプの通訳業務があり、期待される役割もそれぞれ異なることから、まず、自分自身の役割を明確にすることから始める必要がある。役割があいまいなまま、一貫性のない行き当たりばったりの行動を取ることは、専門職に携わる者にはふさわしくない。

能力の限界ということでは、AIICの倫理規定に、「協会のメンバーは、自己の能力を超える仕事を引き受けてはならない」（Article 3.a）という項目があるが、多くのコミュニティ通訳関連の倫理規定にも同様の規定がある。AUSITの倫理規定にも、「能力（Competence）」という項目があり、そのなかに同様の内容が記載されている。さらに「引き受けた仕事が自分の能力を超えた専門的なものであることがわかれば、速やかに依頼人にそれを告げ、その仕事から手を引く、あるいは他の可能な方法に従うなど、状況改善に努めること」とまで述べられている（Code of Ethics, 3–4）。アメリカの連邦認定法廷通訳人の行動規範第八項も、「つねに自分のサービス提供に関する能力を正確に評価し、自分が完璧に業務をおこなうことができないという懸念を感じる場合は、それをただちに適切な権威ある司法機関に告げなければならない」としている。

また、疲労や劣悪な音響など、正確な通訳を阻害するような状況があれば、それを改善するようにしなければならないということも、AUSITの規約7やNAJITの規約8には述べられている。これは、AIICの「労働環境（Working Condition）」という項目に相通じるものであり、ベストコンディションで業務をおこなうことで正確性が保証できるということを明示している。医療通訳に関しては、NCIHCの倫理規定の解説部分に、特殊な診療領域などで自分の技能がそれに達していない場合は辞退すべきであるが、もし辞退できない場合は関係者すべてに自分の能力について告げておかなければならないという内容が書かれている。医療の現場では通訳を辞退することが難しい状況が多い。緊急の場合など、専門職として正確性を保証するという責任を追求している余裕はないかもしれない。自分が行かなければ現場でのコミュニケーションがまったく不可能であるというような状況で、人の命がかかっていたりする場合は、自分ができる範囲で何らかの助けを提供するというスタンスで関わるしかないであろう。

継続学習　専門職としての知識や技術の維持・向上は、コミュニティ通訳のどの分野でも重要な倫理原則となっている。AIICの倫理規定にこれが盛り込まれていないのは、一般的に会議通訳のほうが、技術面でも報酬面でもプロフェッショナルな分野としてすでに確立しており、知識とスキルの維持・向上は、あまりに自明のことだからであると思われる。コミュニティ通訳でこの原則を強調するのは、十分な訓練を受けていない通訳者が能力の裏づけなしに参入しているという現状を考えると、全体としての能力向上がより切実な問題であるからであろう。

継続学習に関しては、AUSIT、NAJIT、NCIHCなどの倫理規定で、つねに新しい知識を求め、言語能力を磨き、通訳技術を向上させるよう努めなければならないという趣旨のことが強調されている。日本でも、医療通訳士協議会JAMIの倫理規定案を含む多くの規定に同様の内容が盛り込まれている。ここで、AUSITの倫理規定の規約8を紹介しよう。この部分に重要な要素がほぼ網羅されている。

8　専門性の向上

通訳者と翻訳者は継続的に専門知識と技能を向上させなければならない。

解説〔通訳・翻訳の〕実務家は、時の経過とともに人々や事業、業務慣行が発展し変化することを認識し、生涯にわたって学びつづけることを約束する。また、継続的に言語と伝達の技術と、状況や文化についての理解を向上させる。そして、質の高いサービスを提供しつづけるために、その業務に関連する技術の進歩に遅れないようにする。標準的な訓練や資格証明のない言語で業務をおこなう実務家は、自分たちの水準の評価、維持、向上を自分自身でおこなわなければならないこともある。

オーストラリアの場合、全国翻訳者通訳者認定機関NAATI（次章二一三頁）の認定は一度取得すると一生有効であったことから、あまり業務に携わらないまま何年も経ている人が、いつでも業務を再開できていた。このような状況のもとで能力の低下が問題となっており、二〇一二年七月一日以降に認定を受けた者は三年ごとに資格更新をしなければならないことになった。更新には二つの基準を満たさなければならない。第一にNAATIが設定した継続的実務活動の基準を満たすこと、第二にNAATIが設定した専門技能開発活動の基準を満たすことである（http://www.naati.com.au/home_page.html; 小柴健太「NAATI認定更新制度の概要およびその課題」）。このように、現在は、倫理原則に制度が連動した形で通訳者や翻訳者の専門家としての技能の維持、向上をうながす仕組みになっている。他に、ニュージーランドなど、通訳者や翻訳者が継続学習のために研修会に出席すればそれに報酬を出すシステムを持つところもある。このようなインセンティブも効果的である。

礼儀とふるまい　通訳のあらゆる分野に共通して倫理原則として規定されているのが、服装なども含めた礼儀やふるまいに関する事柄である。通訳者は、職業にふさわしい礼儀をもって倫理的にふるまわねばならないが、そのニュアンスは分野によってかなり異なる。通訳者は、自分が業務をおこなう状況に応じて、その現場や関わる組織の礼儀に従うことが求められるので、分野によって強調点はさまざまである。

たとえばＡＩＩＣの規定では「職業の品位をおとしめるような行為をしてはいけない」(Article 4.a)、「職業に対する悪評を招くような行為は慎む」(Article 4.b) というように、会議通訳という専門職の尊厳を守る点に重きが置かれている。これに対し、法廷通訳については、法廷という場の性格を反映した内容になっている。ＮＡＪＩＴの倫理規定では、「法廷通訳人は法廷の基準や儀礼にかなった行動をするべきであり、できるだけ慎み深く業務をおこなうべきである」となっており、高度に形式化され、厳粛さを尊ぶ場である法廷という場にふさわしい行動が求められている。さらに、通訳人を使用する側である法廷の立場がより多く反映されているといえる連邦認定法廷通訳人の倫理規定では、「法廷での業務においては、通訳人は法廷の威厳にかなった行動をすべきであり、できるだけ慎み深くするべきである」となっている。ここには職能団体であるＮＡＪＩＴの倫理規定にはない「法廷の威厳 (dignity)」という文言が加えられている。また、上記の二つの倫理規定に「慎み深く (unobtrusively)」という文言があるが、儀式化・形式化された法廷では、通訳人の役割がコミュニケーションの橋渡しをすることに限定されているので、それを超えるような行動をして通訳人の存在が目立ってしまわないようにすべきであるというメッセージである。

質の高い通訳を保証するために——倫理原則を守り通す

以上、会議通訳者の倫理規定とも比較しながらコミュニティ通訳の各分野の倫理規定の特徴について述べてきた。倫理規定とは、質の高い通訳を実現するために、さまざまな観点からよく考えられた行動の指針を提供するものであることがわかる。しかし、それは「理想的な」指針であり、場合によっては、そこに述べられた原則どおりの行動ができないこともあり、多くの通訳者が倫理原則と現実とのギャップにジレンマをかかえながら仕事をしている。たとえば、通訳者の業務の範囲から逸脱してでも、人情としてもっと依頼人に寄り添いたいと思うこともあるし、原文の意味、文体、レジスターなどを含めた訳出における「等価」をめざすという正確性の倫理原則を守ることは非常に難しいと感じることもあるだろう。しかし、たとえそのようなジレンマは逃れようのないものだとしても、倫理原則は必ず存在しなければならないものである。そして、現場の現状に合わせて原則を緩めたりすることなく、最も正しい原則を維持することは非常に重要である。倫理規定の内容を緩めることは、それに携わる人がめざすべき目標を下げることを意味し、コミュニティ通訳業界全体のレベルの低下につながるからである。

さらに、通訳倫理に関する教育も充実させ、通訳者に倫理原則について熟知させることも重要である。倫理原則を知らずに通訳の業務に就くことは非常に危険である。それは羅針盤なしで航海するようなものである。倫理原則を知らない通訳者たちは、まったく意識せず、あるいはそれを正しいと確信して間違った行動をしてしまうことがある。そのため、多くの通訳者のためのトレーニング・プログラムに通訳倫理が大きな柱として組み込まれている。現場で求められる行動についての原則を就業前に周知させておくことと、就業後も継続的にケース・スタディなどをおこなうことによって、プロとしての判断力を身につけていくことは、質の高い通訳の実現のためには不可欠のプロセスである。

また、「通訳の質を保証するためには、単に倫理規定が存在することよりはるかに多くのものが必要である。一方で倫理規定に定められているような高い基準が通訳者に期待されており、もう一方で、通訳者の就業前の訓練義務の欠如、制度上の支援の欠如、労働条件の悪さがあり、そのあいだには大きな矛盾が存在する」（Hale, *Community Interpreting*, p. 105）と指摘されるように、倫理規定は通訳者に高い水準を求めているにもかかわらず、それを十分可能にする制度や条件が整っていないのが、コミュニティ通訳の世界の現状である。しかし、ここでも強調しなければならないが、このような矛盾は、倫理規定を現状に合わせるような形で解消されてはならない。通訳者が倫理原則に則った正しい行動をすることを可能にするために、通訳者をとりまくさまざまな条件が整備されていく必要があるのである。

第6章　コミュニティ通訳者教育

異なる言葉と言葉、文化と文化を橋渡しするという近代的な意味で、通訳者が職業として確立したのは、二〇世紀初頭のヨーロッパにさかのぼる（小松達也『通訳の英語　日本語』四三頁）。国際機関や国際会議などで英語やフランス語をはじめさまざまな言語が用いられるようになるにつれて、通訳・翻訳の需要が高まり、それに応じて高等教育機関で通訳者養成の仕組みがつくられていったのである。ジュネーヴ大学やウィーン大学、パリ第三大学などで通訳者・翻訳者養成プログラムが開始され、アメリカでは一九六八年にモントレー国際大学に翻訳通訳大学院が開設されるなど、世界では高等教育機関を中心に、本格的な訓練体制が整えられてきた（武田珂代子「高等教育機関での翻訳者・通訳者養成」一〇〇頁）。

日本では、民間の通訳エージェントなどが設置するいわゆる通訳スクールが通訳者養成をリードしてきたが、現在は全国の大学・大学院で通訳・翻訳に関連するコースが開講されるようになっている。今後は高等教育機関を中心に、実技と理論の両面を押さえた総合的な通訳教育が進んでいくことが期待される。

通訳教育全般はこのように充実してきているが、コミュニティ通訳の専門教育は世界でもまだ十分におこなわれているとはいえない（ポェヒハッカー『通訳学入門』鳥飼玖美子監訳、三〇頁）。大学院修了後に研究者をめざす人には、国内・国外の高等教育機関において関連分野での教育や研究のポストを得る道がそれなりに開かれているが、コミュニティ通訳の実践者をめざすための教育体制はいまだ不十分である。本章では、このような現状のもとで大学・大学院に期待される役割、社会連携の可能性、訓練されていない通訳者が引き起こす問題、そしてユーザー教育、つまり通訳を使う側を含めた広い意味でのコミュニティ通訳者教育の必要について解説していく。

大学・大学院でのコミュニティ通訳者教育の現状

世界の高等教育機関で念頭におかれているのは、特に会議通訳者に代表される専門職としての通訳者養成である。コミュニティ通訳者にとって実技の面で必要な基本的スキルは、会議通訳とあまり違いがない。しかし、本書で繰り返し解説してきたように、コミュニティ通訳者には実技のスキルに加え、実務面において個々の多文化社会の内実に沿った幅広い背景知識が必要である。

コミュニティ通訳は、世界で最も長い歴史を持つ通訳形態である（Roberts, "Community interpreting today and tomorrow," p. 7）。しかし、いまだコミュニティ通訳という概念は、研究者・教育者・実践者いずれのあいだにも十分広まっているとは言いがたい。さらに、会議通訳では国際会議通訳者協会ＡＩＩＣなどのプロの団体が設立されているのに対し、コミュニティ通訳はトレーニングを受けて正式の業務に就く人からアマチュアやアド・ホック通訳者までさまざまであるために、専門職という認識が社会に定着していない。これはつまり、コミュニティ通訳を専門に学んで大学院を出ても「出口」が確保されにくい、すなわち職が見つかりにくいということである。すでに通訳市場が確立している会議通訳やビジネス通訳と比べて、職の確保という問題がコミュニティ通訳者教育を難しくしているのである。

しかし、コミュニティ通訳に不可欠な百科事典的知識（前章一八一頁）は、むしろ大学や大学院でこそ身につけやすい。とりわけ大学院がコミュニティ通訳者教育に取り組むことで、専門職としての社会的認知も高まり、専門性を備えた人材が社会に送り出されて活躍することを通して、現状は確実に変わっていくはずである。教育や資格認定や報酬など制度的な面をすぐさま変革するのは難しいが、次に述べる専門機関との社会連携はおおいに期待される。

大学・大学院と各分野の専門機関との社会連携

日本は司法通訳や医療通訳の分野での認定制度や報酬体制が未確立である。行政通訳の分野でも、通訳者の組織内での位置づけや雇用形態がさまざまに異なっているために、資格化やトレーニング体制づくりがしにくい。

たとえば、法廷通訳人として登録するには、最寄りの地方裁判所で刑事裁判の法廷を傍聴し、必要な書類を提出した後、裁判官の面接を受ける。面接では留学経験の有無やこれまでの民間の通訳経験について質問に答え、その結果、適性が認められると所定の手続きを経て通訳人候補者の名簿に載るが、通訳者一人ひとりの通訳能力そのものを審査する明確なプロセスはない。また行政通訳の場合も、多くの地方自治体や国際交流協会が通訳ボランティア制度に頼り、通訳者として登録したい人は通訳ボランティア団体に問い合わせをするが、語学検定試験や職務経験などを必要書類に記入した後は、法廷通訳人と同様、通訳能力についての審査は特にないまま現場に派遣されることがしばしばある。通訳訓練の重要性は認識されていても、現実には個々の自治体などで単独に定期的に事前研修の場を設けるのは困難である。そのうえ人事異動など組織の運営上、通訳訓練のノウハウが蓄積されにくい。

こうしたなかで、専門機関とNGOやNPOなど市民団体や、大学など教育機関とのあいだで社会連携の取り組みが始まっている。たとえば、東京都児童相談所と東京外国語大学とのあいだでは連携の試みが始まりつつある。児童相談所は児童福祉法にもとづく児童福祉の専門機関で、すべての都道府県と政令指定都市にそれぞれ一ヵ所以上設置され、一八歳未満の子どもに関する相談を本人や家族や学校の教師や地域住民から受けて問題解決にあたる。東京都には一一の児童相談所があって、外国人児童の相談はおよそ年間九〇〇件から一〇〇〇件前後あり、相談件数全体の五―六パーセントほどを占めるが（『東京都児童相談所　事業概要　二〇一三年（平成二五年）版』http://www.fukushihoken.metro.tokyo.jp/jicen/others/insatsu.files/2013jigyou2r.pdf）、これまで専門の訓練を受けた通訳者が児童・保護者と児童相談所の職員とのやりとりを橋渡しすることは稀であり、多くはボランティアに支えられてきた。しかし特に最近では、児童虐待の問題も増加するなど、児童相談所に寄せられる相談案件が深刻化・複雑化するなか、通訳者にはよりいっそうの専門的力量が求められるようになってきた。このような場合において東京外国語大学などの教育機関が通訳訓練の部分を担い、専門機関が専門知識の伝授にあたりながら、適切な通訳者を配置していく仕組みづくりがなされていくことが期待される。

加えて、中長期的な人材育成の観点に立った社会連携の取り組みも始まっている。東京地方検察庁公安部と東京外国語大学多言語・多文化教育研究センターとのあいだでは、二〇一七年四月、多言語・多文化社会における円滑なコミュニケーションの実現、ならびに通訳人の育成等を目的とする覚書が結ばれ、相互に講師を招き合い、研修の機会を提供している。昨今では在留外国人だけでなく訪日外国人の増加にともない、外国人が犯罪の被疑者ではなく、被害者や証人となるケースも増えており、取り調べにおいて通訳を要する場面は多い。今後そのようなケースが拡大する傾向にあるとされるなか、通訳人には、取り調べにおいて求められる知識や心構えを身につけるための学びの機会が必要となる。その一方、現場で対応にあたる若手・中堅クラスの検察官にも、通訳人を介したコミュニケーションについて知見を深めることを目的とした研修が必要不可欠であり、このように、後述するユーザー教育（二二〇頁）をも視野に入れながら中長期的に取り組もうとしているのである。

他にも、医療機関と大学の連携や、公共のための通訳をめざす大学と地方自治体との連携など、具体的な模索が各地で進んでいる。今後は認定制度や資格化も視野に入れた社会連携を、医療・司法・行政それぞれの分野で推し進めていくべきである。

訓練されていない通訳者

では、訓練されていない通訳者がどのような事態を引き起こすかを次に見よう。現在のところ一定の手続きを踏めば実質上誰でもコミュニティ通訳者になることができ、またそれが社会により黙認されているだけに、適切な教育と訓練の欠如はなおさら深刻な問題である。

コミュニティ通訳のために必要な実技面での基本的トレーニングとしては、話の要点を捉えて内容をまとめる訓練（サマライゼーション・エクササイズ）、逐次通訳に欠かせないメモ取り（ノートテイキング）などがある。また、双方向のやりとりを通訳する機会が多いので、ロールプレイング形式での逐次通訳の演習も必要である。加えて実務面での多面的な知識と、通訳者の職業倫理・マナーについての教育が必須である。

力の差の増幅　第1章で解説したように、コミュニティ通訳は、力の差のある二者間で通訳をする場合が多い。通訳者はその場に働いている力の差を考慮したうえで、自分の立ち位置を定めて正確に訳さなければならない。もし自分も力のある側に立っているかのように通訳すると、訳出される内容は必ずしも正確性をともなわなくなってしまう。

コミュニティ通訳では、外国出身者が通訳にあたるケースも多い。特に少数言語の場合にはその傾向がいちじるしい。外国出身ならではの経験知を生かしてくれるよう専門機関などから依頼されて通訳をするのだが、一定の言語能力が備わっていても通訳の訓練を受けていないと、通訳者としての中立的な立場を越えて、過度に対象者間のコミュニケーションに介入してしまうことがある。もとの発言にはない内容の追加や、逆に省略や修正をしてしまうのである。

たとえば警察での取り調べ通訳で、外部から雇われた通訳者も捜査側の一員であるかのようにふるまったり、捜査員が質問している以上に厳しく真偽をただして詰め寄ったり、叱責したりしてしまうケースがある。取り調べのように力の差が明白な場では、こうした通訳者の役割を逸脱した行為により、力関係の偏りをさらに増幅するおそれがある。取り調べや難民申請の審査などは、特に人生を左右しかねない重大な局面である。とりわけ注意しなくてはならない。

私的なアドバイス　難民申請や、役所の窓口で生活支援に関わる申請をする場面など、通訳者が受け入れ社会での先輩のようにふるまうケースもある。たとえば専門家の意見を通訳するだけでなく、そこに通訳者個人の意見や感想をつけ加えて伝えたり、専門家の発言を一切無視して私的なアドバイスをすることさえあり、通訳の正確性がそこなわれてしまう。

通訳者自身も外国出身で日本に長く暮らし、社会的にも経済的にも安定しているような場合、新しくやってきた外国人に対して優越意識が働くことがあり、そのようなときには言葉の選び方や話し方などの態度にそれが表れやすい。また、コミュニティ通訳の場には、受け入れ社会側に無意識の排他意識が働いていることも多い。通訳者は、優越意識も排他意識も調整しながら、中立で正確な通訳をしなければならない。もちろん、受け入れ社会をよく知る先輩としての親切心や善意からであっても、訳出時において通訳者の立場を越えた個人的な助言はけっしてしてはならない。とはいえ、外国出身の通訳者には同じ文化的・社会的背景を共有するがゆえ、外国人のおかれた状況や発話意図をより深く理解し、専門家に伝えることができるメリットがあるのも事実であり、これを外国人への私的アドバイスとするのではなく、通訳者の立場で専門家と外国人の文化のギャップを埋めることに活かすべきである。

個人情報の漏洩　また通訳の訓練を受けていないと、通訳の対象者となる外国人との適切な距離感をつかむのが難しく、特に個人情報の扱いがトラブルを招きやすい。個人情報を漏らしてはならないことはコミュニティ通訳者の守秘義務の一つだが、とりわけ少数言語の場合には、地域でその言葉を話す人の数が限られているので、通訳の業務が終わったあと同僚と電車やバスなど公共の交通機関で話をするだけで、誰のことか特定されてしまうおそれがある。したがって、通訳者は家族や友人も含めて部外者には絶対に、自分の携わった案件を明かしてはならないのである。

通訳の対象者の個人情報については年々意識が高まっているが、むしろ最近、現場を悩ませているのは通訳者自身の個人情報を守ることである。たとえば医師の診察や検査結果を待つあいだ、外国人患者と通訳者が二人きりになったり、行政の相談会で専門家が適切なアドバイスを準備するために席を外したり、教育現場での通訳でも似たような場面があるだろう。そのようなとき、外国人が同じ言語を話す通訳者に親しみを感じたり、問題をかかえて不安な気持ちを払いのけようとして、母語で話しかけてくることが多い。もし通訳者に対してアドバイスや意見を求めてきたら、専門家が戻ってきてから尋ねるようにと返答すればよいが、会話や雑談の延長で通訳者の名前や出身地、経歴や現在の所属などをきかれると対応が難しい。

行政の職員として正式に雇用されている通訳者は、職員証を身につけているので、自然に名前が伝わるが、コミュニティ通訳では不特定の外国人住民のために通訳をするので、のちに予期しない問題にまきこまれるのを避けるためにも、通訳者は自分の名前などの個人情報を必要以上に明らかにしないのが望ましい。また出身地も、文化によっては圧倒的な親近感をよびおこしてしまい、通訳者のことをどんなときにも絶対に味方になってくれる人だと思い込むケースがある。このように通訳者の個人的なバック・グラウンドが特定されやすく、それによって通訳の進め方にも支障が生じるおそれのある話題は、できる限り消極的に受け答えすべきである。ところが、名前や出身地などの個人情報はごく通例のあいさつの一部とみなされて、一方が伝えたらもう一方も伝えないのは非礼だと思われることもしばしばあり、文化によってはさらに握手などのふるまいもあいさつにともなうので、通訳者は外国人住民の気分を害さないよう配慮が必要である。

通訳者の個人情報という問題は、通訳者自身が気をつけるだけでなく、通訳を必要とするユーザーの側も意識を高める必要がある。通訳を始める前にまず、コミュニティ通訳の各分野の専門家が外国人住民に向かって、通訳者の個人情報を守らなくてはならないことについての申し合わせ文書を読み上げるといった対応がなされていることが多い。また通訳の途中でも、外国人が通訳者に個人情報を尋ねようとしていたら、専門家があいだに入って不必要なコミュニケーションをやめさせるといった対応が可能である。

通訳者を匿名にするやり方もおこなわれている。特に行政通訳の分野では、各種相談会などの当日におこなわれる事前ミーティングのさい、参加する通訳者どうしでその日に用いる仮の名を男女別に決めておくことが多い。もっと一般的なのは、通訳者が自分のことをただ「通訳者」とだけ名乗り、本名を伝えないやり方である。その場合は、外国人住民に向かって単に通訳者ですと自己紹介するのではなく、なぜ本名を名乗ることもできないし、それ以外の個人情報も伝えてはいけないのか、職業倫理上の立場を十分に説明する必要がある。

業務終了後の個人的なコミュニケーション　通訳の業務の終了後も、外国人から個人的なやりとりを求められるケースが多い。コミュニティ通訳では外国人支援という考え方が根強く、また外国出身の通訳者が同じ母語を話す外国人の通訳をする例が多いこともあって、なんとしてもこの人を助けなければという使命感にかられる通訳者もある。特に、その場で問題が解決されずひきつづきサポートが必要な場合など、頼まれてつい通訳者自身の名前や出身地ばかりか携帯電話の番号まで知らせてしまう通訳者がいる。

特に教育現場での通訳でこのようなケースが目立つ。ことに自分も言葉の壁を乗り越えながら子育てに苦労してきたような通訳者の場合、いっそう切実に感じられ、通訳以外でもできる限りの手助けをしたくなるのは自然な感情かもしれない。しかし、相手から昼夜かまわず電話がかかってくるようになり、毎回の話も長時間に及ぶようになれば、ふだんの通訳の業務ばかりか、日常生活にも支障をきたす。こうしたトラブルを避けるためにも、前項でふれた個人情報の扱いは、通訳の事後も含めてきわめて慎重でなければならないのである。

身内の通訳　医療通訳では、おもに経済的な理由から、外国人患者の子どもや家族、友人・知人が通訳をするケースが多い。しかしプライバシーの観点からも、そして、なにより患者の生命と健康を守るためにも、第三者が通訳者として立ち会うべきである。日常の生活言語のレベルでは日本語に不自由していなくても、医学用語を理解できないために適切な通訳ができないケースがある。あるいは、肉親の深刻な病状にショックを受けて、事実を伝えることができないケースもあり、後になってＰＴＳＤ（心的外傷後ストレス障害）を発症することさえある。特に子どもが通訳をする場合に問題が大きいが、大人や日本人の通訳者にとっても、専門用語の訳出や人の命のかかった場面での通訳は、難しく負担も大きい。身内による通訳は、医療通訳に限らず他の分野でも問題である（Hale, *Community Interpreting*, p. 165）。

身内の通訳を避けるために、医療通訳の場合には一部の地方自治体や国際交流協会で、医療問題に詳しいNGO、NPOや専門機関などと連携しながら人材養成に取り組み始めている。けれども全般には、医療通訳のトレーニングを受けたことのないボランティアの通訳者が現場に派遣される例がまだ多い。こうした場合に、通訳者があたかも患者の身内であるかのように、必要以上のコミュニケーションをしてしまうことがある。たとえば、特に通訳の業務が終わったあとなど、外国人患者から医師の話の内容について感想をきかれたり、セカンドオピニオンの必要があるだろうかと尋ねられたりして、通訳者自身の意見を述べてしまう。あるいは診察後の会計のとき、立て替えを頼まれて、少額だからと自分の財布から支払ってしまうなどである。

こうした役割は、本来は医療ソーシャルワーカーに委ねるべきである。医療ソーシャルワーカーは社会福祉の専門家として患者を援助する立場にあり、中規模以上の病院には常駐していることが多い。精密検査や手術を含む高度な診療や治療を受ける必要がある場合、通訳者にとっても外国人患者自身にとっても頼ることのできるサポートの専門家である。小さな個人病院などでは、一般に医療ソーシャルワーカーの常駐がない。医療通訳に限らず、こうした通訳者の役割を越える問題に出会うことがあるので、そうしたときはどこにいけば、どのような的確なリソースを利用できるのか、日頃から知識を蓄えておく必要がある。

自己実現のための通訳　特に行政通訳の分野では市民の善意を尊重する傾向が強いので、さまざまなバック・グラウンドを持つ人が通訳にあたっており、なかには自己実現の一環と思っているようなケースがある。海外に駐在した経験があって語学力を披露したいとか、バイリンガルの能力を試す機会がほしいとかいう理由で安易に通訳に携わり、現場で扱われる問題の深刻さも、通訳者に求められる専門性と倫理についても理解していない。このような人はしばしば、恥ずかしさや引け目から聞き返すのをためらったり、聞き取れなかった部分や訳出の難しい部分をまるごと省略してしまったりする。また、メモを取らない人も多い。一定の外国語の言語能力があれば通訳は務まると考えるような風潮がいまだに残っているのは、大きな社会問題である。

メモを取らない通訳

語学力さえあれば、どんな長さ、どんな内容であろうと通訳はできると思い込み、メモを取らない通訳者がいる。しかし、コミュニティ通訳では扱われる内容の性質上も、通訳者はすべての発話をくまなく正確に伝え、対象者間のコミュニケーションを橋渡しするのが役割である。発話時間が長びいたときでも、発話内容のすべてを正しく別の言語で再表現し、メッセージを的確に伝えなくてはならない。そのためのスキルの一つとしてメモ取りは不可欠である。

コミュニティ通訳では逐次通訳が基本だが（第1章三〇頁）、コミュニティ通訳の対象となる外国人は必ずしも会議通訳の対象者のようには話し慣れていないうえに、たいていは自分のかかえている複雑な問題を整理しながら話していくので、発話の一区切りが長くなりやすい。そこで、通訳者も発話の区切りに従ってメモを取り、訳出していくことになるが、もしもメモを取らないでいると、通訳者がわかったことや覚えていることだけを訳出し、それ以外の情報がすっかり抜け落ちかねない。極端な場合には枝葉ばかりが訳出され、メインメッセージがまったく伝わらないこともありうる。

最近は、英語ならば話すのは不得意でも聞き取れるという専門家が増えているので、通訳の不正確を専門家から指摘される場合もある。また、たとえ言語の意味はわからなくても、発話の長さに比べて訳出時間が極端に短ければ、明らかに通訳者のスキルに問題があると考えられるし、逆に極端に長い場合も、もとの発話にない内容を通訳者がつけ加えているおそれがあるので、やはり専門家から指摘を受けるケースが実際にある。
メモ取りに関して詳しくは、章末のコラムをお読みいただきたい。

これからのコミュニティ通訳者教育

資格認定制度の整備　歴史的に移民を数多く受け入れてきた国では、コミュニティ通訳者教育が多様な場で提供されている。国ないし連邦や州単位で設けられる資格認定制度以外に、業界団体の設ける認定制度もあり、それらの認定を受けるために必要な教育やトレーニングの場づくりも、社会のさまざまな機関や団体が担っている。

まず、国レベルでの先駆的な取り組みで知られる移民大国オーストラリアの例をみよう。白豪主義の廃止後、オーストラリアは多文化主義の一環として一九七七年、連邦政府の移民省内に「全国翻訳者通訳者認定機関NAATI（National Accreditation Authority for Translators and Interpreters）」を設立した。NAATIはその後、各州政府も出資するなどして再編されていくが、当初の目的は先住民や移民などを地域社会の一員として受け入れるために、全国的に通訳・翻訳の水準を設定・監視し、通訳者・翻訳者の最低水準を維持することであった（水野真木子「オーストラリアのコミュニティー通訳と医療通訳」）。NAATIはしだいにコミュニティ通訳だけでなく会議通訳も対象とするようになり、現在では一〇〇を超える言語について資格認定をおこなっている。資格認定は通訳と翻訳に分かれ、現在通訳はProfessional Interpreter と Paraprofessional Interpreter の二段階、翻訳は Advanced Translator, Professional Translator, Paraprofessional Translator の三段階になっている。またこれとは別に通訳について Conference Interpreter と Senior Interpreter が設けられているが、前者は大学院レベルのNAATI認定課程でのみ試験を受けることができ、後者は通訳業界での実績にもとづいて資格が与えられる（丸岡英明「オーストラリアの翻訳事情」http://journal.jtf.jp/column12/

id=182)。現在、オーストラリア国内では裁判所や病院などで通訳者が必要となった場合、原則としてNAATI資格を持つ通訳者が手配されることになっている。また資格認定はNAATIのこのような段階別試験を直接受験するほか、おもにオーストラリア国内にある大学などの教育機関が課す卒業試験の点数によっても取得できるので、認定を受けるために必要な教育やトレーニングの方法も多様性がある。NAATIの試験は実技試験と倫理試験が中心である。

大学以外にTAFE (Technical and Further Education) などの職業教育機関も、NAATI認定の通訳・翻訳関連コースを開講している。これらの教育機関では修士号ないしディプロマを取得することができ、そのさい受ける卒業試験の点数が資格認定に直結している。たとえばメルボルンにあるRMIT大学では Paraprofessional Interpreter の資格認定を取るための Diploma of Interpreting コースが開講され、日本語、ネパール語、カレン語、ソマリ語など三六言語での通訳教育が、オンキャンパス形式とオンライン形式の両方でおこなわれている。NAATI自体もオンライン形式で二カ月間のコースを二種類開講しており、国土の広いオーストラリアの教育事情に対応している。このNAATIのコースも認定試験の内容と連動していて、特に Paraprofessional レベルのプロをめざす層を対象にしている。NAATIで認定を受けた通訳者・翻訳者は、オーストラリア国内のプロの団体オーストラリア通訳者翻訳者協会AUSITが定める倫理規定に従うことになっており、NAATIのコースではケース・スタディやテストを通してさまざまな規定を現実的なアプローチから学べるようになっている。

このほかイギリスでは National Register of Public Service Interpreters という制度が一九九〇年代半ばに発足し、司法・医療・行政の三分野でパブリック・サービス通訳認定試験を実施し、その合格者が名簿に登録されるシステムになっている（水野真木子『コミュニティー通訳入門』一〇頁）。アメリカではボストン大学で Center for Professional Education が中国語・スペイン語・ポルトガル語によるコミュニティ通訳者養成プログラムを開講しており、受講生は職業倫理に加え、逐次通訳・同時通訳・サイトトランスレーション（与えられた文書を目で追いながら口頭で訳すこと。章末コラムに解説）を一年から一年半かけて学ぶ。修了後にはサーティフィケート（コース修了の証明）が与えられ、また現場に立つ準備期間として一〇〇時間に及ぶインターンシップの機会も設けられている。アメリカではいっそう専門に特化した教育もおこなわれており、特に医療通訳の分野で国際医療通訳者協会ＩＭＩＡの取り組みなどがいちじるしい。ＩＭＩＡは倫理規程を一九八七年に制定、二〇〇六年に改訂し、全国統一認定試験を開発してその普及のためにさまざまな通訳技法についてのワークショップも開いている。カナダでもコミュニティ通訳に関連したコースは各地で開かれているが、現状ではまだ基本的トレーニングで終わるものが多く、求められる言語能力のレベルも高度とはいえないので、教育機関だけでなくプロの団体などがさまざまな改善に取り組んでいる。

さて、このように世界のコミュニティ通訳者教育はその先にある認定制度と結びつけて展開している。ところが日本では、現在のところＮＰＯ、ＮＧＯや国際交流協会などが設ける教育や研修の機会も、ほとんどが非体系的で時間も不十分である。短いものではわずか一日の単発のセミナーもあり、せいぜい数日間の座学が一般的である。そのうえ「はじめに」で述べたように根本的問題として、来日した外国人が地域社会で長期間暮らすという想定が政策から見えにくい。こうした現状ですぐにも資格認定制度の整備が進むとは残念ながら考えにくい。そこで、先にもふれた教育機関と専門機関の社会連携を通して、制度を確立していくのが現実的であろう。

学部・大学院の一貫教育と社会連携

日本のこれからのコミュニティ通訳者教育のためには、特に高等教育機関の果たすべき役割が大きい。教育機関として十分な通訳訓練の機会を提供し、かつ研究機関としてコミュニティ通訳の重要性・専門性についての社会の認識を高め、そして実社会と結びついた教育プログラムを拡充すべきである。それは将来、国による資格認定制度の創設へとつながる、小さいけれども確実な一歩である。

ところで、同じ専門教育といっても大学の学部と大学院とでは到達目標が違ってくる。世界的にも、専門職としての通訳者養成は大学院レベルで可能であるとされ、学部は多文化社会についての基礎知識や基本的な通訳技法を広く学ぶ場と考えられる。学部と大学院とをこのように明確に位置づけたうえで、連関する体系的な教育プログラムによって両者を結び、学部・大学院の一貫教育を実現すべきである。学部の段階では多文化に関する科目のほか、自分の専門とする言語文化圏に特有の政治問題・経済問題・社会問題に関する科目も履修して、幅広い教養を身につける。あわせて逐次通訳や、サイトトランスレーションなどの基礎力を、外国語から日本語へ、日本語から外国語への両方向で鍛える。基本的なスキルとしてはこのほか、通訳者として求められる人前での話し方や態度を学ぶパブリック・スピーキングや、通訳者が通訳業務そのもの以外に依頼を受けることの多い実務的な翻訳などについても、学部で基礎を学べるのが望ましい。これらをふまえて大学院では、理論面から通訳者の役割と立場を探求するとともに、実技面ではより専門に特化した教材に即して十分な期間をかけて通訳訓練を積むのである。

さらに、高等教育機関が舵取りをして社会連携の仕組みを確立すべきである。学部教育・大学院教育のどちらの課程でも、コミュニティ通訳者は現実にどのような問題に直面することがあり、そのときどう対処できるのか、肌で感じとる機会が必要であろう。そのためにインターンシップなどの授業科目のほか、学外の専門家・専門機関と連携しながら実践的な教育の場をつくりあげるべきである。たとえば、大学と児童相談所の連携、大学と検察庁の連携など具体例はすでに本章でも紹介した（二〇五頁）。実践的な経験を積み重ねることで、ふたたび教室へ戻って通訳理論を学ぶときにも現実感を持てるようになる。そして、こうした実践的な研究成果が公表されていくことを通して、コミュニティ通訳に対する社会の認識もニーズも高めていくことができる。

多言語に対応する教員と科目

大学・大学院でこのように十分な時間をかけて、基礎から応用までを体系的に学べる環境を整えるには、日本に限らず諸外国でも、特に担当教員の配置が大きな課題となっている（Hale, *Community Interpreting*, p. 169）。コミュニティ通訳は地域社会に暮らす外国籍の人々および外国につながる人々を対象とするため、必要となる通訳言語はふつう、その国や地域における在留外国人の国籍・地域別の内訳に比例する。日本の場合、二〇一七年末の時点で在留外国人数の内訳は、中国が全体の三割近くを占め、以下、韓国、ベトナム、フィリピン、ブラジル、ネパール、インドネシアと続いている（法務省入国管理局「平成二九年末現在における在留外国人数について（確定値）」http://www.moj.go.jp/nyuukokukanri/kouhou/nyuukokukanri04_00073.html）。このように国や地方によって外国人住民の使用言語は異なるので、その内訳に応じて、少数言語を含めた多言語による通訳者教育が必要なのである。しかし財政的な制約もあるので、必要とされるすべての言語を網羅するような教育プログラムを設計するのは難しい。

歴史や文学などを専攻する教員がコミュニティ通訳者教育の関連科目も担当するという方法で、少しでも多言語社会のニーズに対応しようとしている例もある。しかし、それでは通訳現場の必要に沿った専門的な教育はしにくい。日本は移民法などの法的な支えがなく、外国人受け入れの十分な国家予算が組まれていないので、財政事情は特に厳しい。

けれども、社会連携は必ずしも教育機関以外との連携とは限らない。むしろ、高等教育機関どうしで積極的に連携すべきである。実社会からコミュニティ通訳者教育に対して真っ先に求められるのは何か。それは多言語によって通訳スキルの科目が開講されることであり、どの大学、どの大学院にも共通して期待されていることであろう。そこで、たとえば国内・国外を問わず、協定や提携を結んでいる大学間で協力して通訳言語を分担し、集中講義や遠隔授業などの形式も適宜とりいれると、より多言語に対応していくことが可能である。

そのほか、医療・司法・行政の各分野に特化した背景知識に関しても、大学間の連携によって教育内容を豊かにすることができる。通訳教育をおこなっている大学では、語学の専門課程は持っていることが多いが、医療・司法・行政に関して詳しく学べるような学部や学科はないところもある。こうした場合には、同じ地域の他大学との協働が考えられる。

このように、コミュニティ通訳に関するコースや科目を設けている大学どうしのあいだでも、また設けていない他大学とのあいだでも、さまざまな連携によって教員配置や科目設置の困難をカバーすることを検討していく必要がある。

大学卒業後・大学院修了後の職の確保　通訳が専門職であり大学院レベルでの通訳者養成に意義があることは、日本政府も認識しているが（鳥飼玖美子「第二二期国語審議会答申に見る通訳および通訳教育」）、認定制度の創設などはまだ先になりそうである。これまで強調してきた社会連携は、卒業後・修了後の職の確保という、日本のコミュニティ通訳者教育の前に立ちはだかっている難問にも突破口をあけると期待できる。

次の項で詳しく述べるが、社会連携によって一方では通訳経験のある社会人向けの教育プログラムを整備し、もう一方ではすでに述べたように、実践的な通訳者教育の場を継続・拡大していくことができる。これらを通して、学生・通訳者・専門家は単にたがいに知り合えるだけではなく、通訳者が社会人学生となって大学や大学院でより深く理論的な知見を得たり、学生が通訳の現場を経験して専門家からの評価を得たり、また経験豊富な通訳者が教員として教えるなどといった実質のある人的交流が生まれ、実際の就職口にまでつながるという意味でつねに実社会と結びついた教育が実現可能である。

社会人の学び直しのプログラム　急速なグローバル化でコミュニティ通訳の即戦力が求められている今日の社

会状況に対応するには、すでに通訳経験のある社会人の学び直しの場が早急に必要である。

現場に立ってみて、あらためて基本的な勉強をしたいと考える通訳者は多い。けれどもすでに職があり、しかも非正規雇用だったりすると、休職などして大学に通うのは困難である。そこで、大学・大学院は高度なスキルと知識をバランスよく学べる一連の科目をとりそろえるだけでなく、一定の年数のうちにそれらの科目を履修すれば単位が取得できるなど、必ずしも通常の学期制によらない柔軟な履修の仕方や単位認定の仕組みも整えるべきである。現場での通訳実習も教育プログラムに組み入れるべきであり、学生が実習後に自分の達成度をふりかえってレポートをまとめるだけでなく、通訳の現場に立ち会った専門家からも詳細に項目分けした評価レポートを提出してもらうのがよい。そしてさらに、実習を通してわかったことやこれからの課題を話し合い、学んだ成果を共有していくのである。

社会人の学び直しの教育プログラムは、今後、日本語を母語としない通訳者の再教育に力を注いでいくべきである。コミュニティ通訳者教育はこれまで、外国語と海外文化の理解に注意が向きがちであった。しかし、前にも述べたように、一般に少数言語であればあるほど外国出身者が通訳をするケースが多く、この傾向は今後もあまり変わらないであろう。日本語の専門用語をどう外国語に訳すか、また、正しい言葉づかいを求められることの多い日本社会で、専門家に対して細かな日本語の訳し分けをしながらどうメッセージを伝えられるかなど、外国人通訳者が日本語と日本の社会・文化について知識を深めることのできる場がぜひとも必要である。これからは、外国語を母語とする人が日本に長期間在住する場合、その人が地域のコミュニティで貴重な社会資源として力を発揮できるような多文化共生社会を築かなければならない。

ユーザー教育の必要

さて、コミュニティ通訳者教育は通訳者の側だけでは完結しない。通訳を使う側、つまり通訳者を介してコミュニケーションをする通訳の対象者側の教育が必要である。コミュニティ通訳のユーザーの捉え方はさまざまだが、大きく分けて通訳を必要とする外国人ユーザーと、受け入れ社会の専門家ユーザーとに二分できる。通訳者とこれらユーザーとの関係性は、医療・司法・行政の各分野によっていくぶん違いがあるが、共通するのはこれまでも繰り返し解説してきた力の差という問題である。

通訳を必要とする外国人のユーザー教育

コミュニティ通訳の対象になる外国人は、なにか生活上の問題をかかえた地域住民である。たいていは特に専門知識もなく、人前で話したこともあまりなく、通訳者と接した経験も少なく、そのうえ悩みや身体の不調のために、状況や問題点をなかなか整理できない場合がある。

よくあるのは、不安や焦りから通訳者の存在を忘れて直接に専門家とコミュニケーションをとろうとするケースである。このようなときには、感情的になりやすく、発話時間が長くなりやすく、発話内容も時系列が乱れたり、主語と述語のつじつまが合わなくなったりしやすい。逆に、自分のプライバシーに関わることを勇気をふるって伝えようとして、話し始めるまでにたいへん時間がかかるケースもある。いずれも通訳者にとっては、最も伝えたいメッセージは何なのかをつかみとるのがきわめて難しくなる。

たとえば医療通訳では、医師が問診票に沿って、いつからどんな症状が出たのかを質問するのはごく一般的なことである。すると患者が答えるだけでなく、家族がそれは話が食い違うと口をはさみ、こんどは家族のあいだで延々とやりとりが繰り広げられるといったことがしばしば起こる。

また弁護士や行政書士などが介する通訳の現場では、国際結婚にともない外国から配偶者の子どもを呼び寄せたいと相談を受けることがある。そうした子どもの多くは未成年者であり、在留資格が必要になる子ども本人をともなって、呼び寄せをする日本人保護者が専門家から必要な手続きの説明を受けに来ることが多い。ところが、日本人保護者は、手続きをおこなう当事者ではない未成年の子どもに対する通訳など不要だと思って、自分が直接に専門家と話を進めようとするケースがある。子どもは自分の母語での説明をいっさい受けることができず、ひたすら日本語でのやりとりを眺めるばかりになってしまう。

これらの場面に共通するのは、通訳を必要とする外国人ユーザーが通訳者の役割を認識していないことであり、コミュニティ通訳ではしばしば起こる状況である（Lee and Buzo, *Community Language Interpreting*, p. 9）。外国人ユーザーには、限られた時間の枠内で誰に何をメインメッセージとして伝えたいのか、そのコミュニケーションにおいて通訳者がどのような役割を果たすことによって目的が実現するのかが認識される必要がある。そのためには、基本的な原則の理解がどうしても必要である。先に「訓練されていない通訳者」の節でふれた個人情報や私的アドバイスの問題なども、こうした基本原則のうちに含まれる。

受け入れ社会の専門家のユーザー教育　受け入れ社会の専門家ユーザーは、権力のある立場にいるからこそ、コミュニティ通訳に関する基本的な理解がなおさら必要である。力の差、なかでも専門知識に関する情報量に大きな格差があるという点を、専門家の側は十分に意識しなければならない。専門家が日本人に向かって説明するのとほとんど同じように多くの専門用語をまじえて話すケースがあるが、外国人は専門用語どころか自分が持っている権利すらよく知らない場合がある（Kalina, "Interpreting and interpreter training," p. 52）。専門用語以外にも、説明には日本社会やその地域で特有のサービスや制度の名称、あるいはその通称や略称が出てくることが多い。異なる文化を背景とし、来日して日も浅かったりする外国人には、すぐに理解できないことがしばしばである。

専門家が専門知識を総動員して的確なアドバイスをすることばかりに思考を集中してしまい、話のスピードなどを含めた話し方の問題にまで気が回らないことが多い（指宿昭一「法律相談におけるコミュニティ通訳の必要性」）。たしかに、かなりの速さで話したとしても、通訳者に十分な能力と経験があれば、通訳者自身が意味をとれないということはあまりない。専門用語の多さについても同様である。しかし、専門家はここで、ターゲット・オーディエンス、すなわち通訳を介して正しくメッセージを伝えるべき相手の外国人のことを考えなければならないのである。たとえ通訳者は話の速さにも専門用語にもついていけたとして、その情報をそのままのスピードで、専門用語は専門用語のまま通訳したら、外国人ははたして正しく理解できるだろうか。

専門用語はかみくだいて、ときには説明を補いながら、詳しく意味を伝える必要があるだろう。このとき通訳者は専門家にさらに詳細な説明を求めることが可能であり、専門家はそれに答えなければならないが、かといって通訳者が専門家に一言一句の言い換えを求めるのは現実的ではない。専門家自身があらかじめ、外国人に情報提供するさいの話し方という問題について十分配慮する必要がある。

さらに文化によっては、医師や弁護士などの専門職に対して、日本社会で考えられている以上に敬意を払う場合がある。こうした異文化を背景とする外国人にとっては、力の差はいっそう大きなものになり、ほんとうはよく理解できていなくてもためらって聞き返せないことが多い。そのためコミュニケーションがほとんど一方的となり、問題解決の見通しがまるで立たないケースもある。文化的差異がもたらすこうした問題についても、専門家はよく知っておく必要がある。

通訳者もまた、必要に応じて文化のギャップを埋める役割を果たす必要がある。では、どのような機会にそうした説明を加えればよいだろうか。通訳の最中にやむをえず、あくまでも「正確性を保持するための追加」（前章一八九頁）の範囲内で、通訳者が補足説明をしなければならない場合もある。しかし、それとは別に、通訳者と専門家とが事後に情報交換の場を持つというユーザー教育のあり方が、徐々に広まりつつある。そこでは、医療や司法や行政の専門家と通訳者とは、互いに専門職の立場で対等に意見交換をする（内藤稔「『相談通訳』におけるコミュニティ通訳の専門性」）。

リレー専門家相談会の終了後、そのつど開かれる「振り返り」と呼ばれる一時間程度のフィードバック・ミーティングも、その一例である（第4章一四三頁以下）。参加する通訳者は一人ひとり、通訳した外国人の視点に立って、訳出に苦労した表現や言い回しを指摘するとともに、文化的背景が異なることから生じたコミュニケーション上の問題点を説明して、専門家の理解をうながすべきである。専門家はミーティングで得られた異文化理解を次の機会に生かすことができ、そこでさらに生じてくるコミュニケーション上の問題を、ふたたび通訳者とのミーティングで共有し、改善していくことができる。行政通訳に限らずコミュニティ通訳の各分野で、このようにさまざまなユーザー教育の場をつくっていかなくてはならない。

〈コラム〉
メモ取りとサイトトランスレーション

会議通訳やビジネス通訳と同様、コミュニティ通訳においてもメモ取りは必要不可欠なスキルの一つと考えられている。メモ取りはノートテイキングと呼ばれることからもわかるように、ノートを用いておこなわれることが多く、ノートはプロの通訳者であれば必ず現場に携行するアイテムの一つとなっている。

メモ取りはしかし、通訳の対象となる人物の発話をすべてノートに書き写すことではない。特に通訳で扱われるテーマになじみがない場合は、内容理解や記憶力の維持に不安を感じて発話を逐一メモに取ろうとすると、書くという作業にとらわれて聞き取りがおろそかになってしまう可能性がある。その結果、通訳者は、聞き取りはもちろん、通訳にとって重要な発話者のメインメッセージを把握することが難しくなってしまう。そのためプロの通訳者はメモを取りすぎず、内容理解に注力できるよう、ノートの真ん中あたりに線を引いたり、略語やシンボルを活用したりするなどして、意識的にメモを取りすぎないようにしており、あくまでもポイントとなるキーワードや概念に絞ってノートに書きとめるよう心がけている。そのさい、数字や人名、組織・団体名といった固有名詞などは誤訳につながりやすいため、メモに残しておくことが望ましい。

特にコミュニティ通訳では、何かしらの生活上の問題をかかえる一般市民の外国人のために通訳することが多い。そのような場合、悩みや問題を思いのまま伝えようとするあまり、話が整理できていないせいもあり、一つひとつの発話単位が長くなるケースがある。こうした場合に発話者が何を最も伝えたいのか、そして通訳者として何を最も伝えるべきなのか、その部分に強調線を引くほか、丸で目印をつけておくなどして、メモ取りの段階で明示化しておくのが好ましい。こうしておくと、あとで通訳をおこなう際に、外国人の考えをより明確に伝えることが可能となる。

またコミュニティ通訳のメモ取りで特に意識しておきたい点は、「動詞の把握」と、その動詞についての「時制の特定」である。動詞はまさに、その人物がいったい何をしたいのかを伝える情報の根幹部分である。しかしメモ取りをしないばかりに、そうしたアクションの部分があいまいであったり、間違いがあったりすると、その後の当事者間のやりとりに大幅なずれが生じることとなる。ひいては司法通訳なら人生に、医療通訳なら生命に多大な影響を与えかねず、行政通訳でも日々の生活そのものを左右しかねない。

またあわせてそのアクションがいつなされるものなのか、あるいはなされたものなのかなど、そのアクションの時制を特定でき、あとで訳出時に正確に伝えられるよう、視覚的な工夫を施しておくのが好ましい。たとえば過去形のときは動詞の下に左向きに伸びる矢印を、未来形のときは同じく右向きに伸びる矢印をつけるといった工夫である。コミュニティ通訳の現場では、現在直面している問題や過去に遭遇した出来事などに起因する心の問題がみられることがある。こうした場合、外国人が伝える情報の事実関係に時系列的なずれが生じうるが、そうしたずれをずれたままに訳出することで、専門家は外国人がおかれた心理的状況を判断することができる。

また専門家に外国人のありのままを伝えるという目的が果たせるよう、通訳者がメモを取るさいには適宜、意味のかたまりごとにノートに区切り線を引き、どこからどこまでが一つのまとまった情報かを目で見てすぐにわかるようにしておきたい。こうすると訳出をするさい、外国人本人に代わって意味のまとまりごとにメリハリのある情報伝達をおこなうことができる。

その他、通訳を終えた部分のメモについては、斜線などを用いて消すようにするのが望ましい。そうすれば何枚にもわたりメモを取ったとしても、次にどこから通訳を始めればよいのかがわかり、少しでも迅速にコミュニケーションをはかることができる。こうした訳し始めるタイミングの早さにも、訓練された通訳者とそうでない通訳者の違いが表れる。コミュニティ通訳の現場では、外国人と専門家がやりとりを交わすことのできる時間は、通訳行為を介するがゆえに、日本人と専門家のあいだのやりとりと比べて短くならざるをえない。また、診察室には患者が長い列をなし、行政の相談会場には多くの相談者が集まっており、コミュニティ通訳ではそもそもこのように時間的な制約がある。通訳者は少しでも長く、外国人と専門家がコミュニケーションをはかることができるよう、最善を尽くさなければならない。

もっともメモ取りには「絶対このようにしなければならない」という決まりはない。プロの通訳者もメモの取り方は一人ひとり異なっている。またメモ取りはあくまでも通訳者が発話された内容を正しく理解し、それを再表現するさいのツールであるという位置づけはしっかりと押さえておきたい。

一方、サイトトランスレーション（以下、サイトラ）もコミュニティ通訳の現場でよく用いられる通訳形態の一つであり、必要不可欠な技法であるといっていい。サイトラは与えられた文書を目で追いながら、その場で口頭で別の言語に訳出していくものであり、こうした特徴から「原稿訳読」「口頭翻訳」あるいは「視訳」と呼ばれることもある。

通常の翻訳なら一つの文章を最後まで読み終えてから、適切な訳出方法を選ぶことが可能であるのに対し、サイトラでは目に入ってきた情報から、いわば順送りに訳出していくことに特徴がある。しかし、意味がずれたり情報が抜けたりすることなく、最終的には通常の翻訳と変わりない訳出上の質を確保する必要があり、そこにサイトラの難しさがある。

サイトラでも他の通訳形態と同様、通訳者自身の母語から外国語へ、またその逆に、外国語から母語への訳出がなされるが、このうち力量が特に問われるのは、母語から外国語への言語方向における訳出である。サイトラではいったん口にした言葉を主語に立て、そのつど、その場で文構造を整えながら訳出を続けていく必要がある。通訳者の母語で訳出するさいには、文法をあまり意識しなくても文を組み立てることができるかもしれない。しかしいざ外国語への訳出となると、通訳者は文法上の誤りがないかどうかにつねに注意力を割かれることとなり、その結果、訳出自体に遅れが生じたり、表現がぎこちなくなったりすることがある。そのためサイトラでは、通訳者は外国語の文法知識を十分に備え、かつそれを臨機応変に運用できるレベルの能力がなければならないのである。

サイトラはこのように与えられた情報を頭から訳していくという特性があるので、同時通訳の基礎トレーニングとして位置づけられることも多いが、逐次通訳を基本とするコミュニティ通訳においても欠かすことができない。

たとえば司法通訳では法廷の場で読み上げられる冒頭陳述や最終弁論、医療通訳では問診票や手術の説明・同意書、行政通訳では保育所の入所手続きや生活保護に関する申請書類などのいずれの文書も、その場でサイトラをおこなうことが求められる。場合によっては、原文を事前に手に入れるなどして訳出の準備をしておくこともできるが、特に司法の場合、判決書などは通訳当日に書類を渡されることもあり、高度なサイトラの能力が必要となってくる（水野真木子『コミュニティー通訳入門』二〇頁）。

ここで必要になるのはまず原文に書かれた内容をすべて正しく理解することであるが、サイトラの対象となる文書は、日本特有の法律や条例、制度、サービスなどについて、難解な専門用語や複雑な構文によって記されたものである場合が多い。それらは一文のなかで主語と述語の位置が離れているほか、修飾句が多いなど、日本語を母語とする通訳者にとってもわかりにくいことがけっして稀ではない。まして、特に少数言語のコミュニティ通訳の場合に多い外国出身の通訳者にとっては、いっそう内容理解に困難が生じる。

　さらに、たとえ通訳者が内容を理解できたとしても、その内容を日本の制度や仕組みに詳しくない外国人に対して、過不足なく、的確に伝えなくてはならない。そのさい、通訳者は原文の意味内容を忠実に保持しつつも、当事者間のコミュニケーションがとどこおりなく成立するよう、一文当たりの訳出量を短めに調整するなど、十分な工夫や配慮

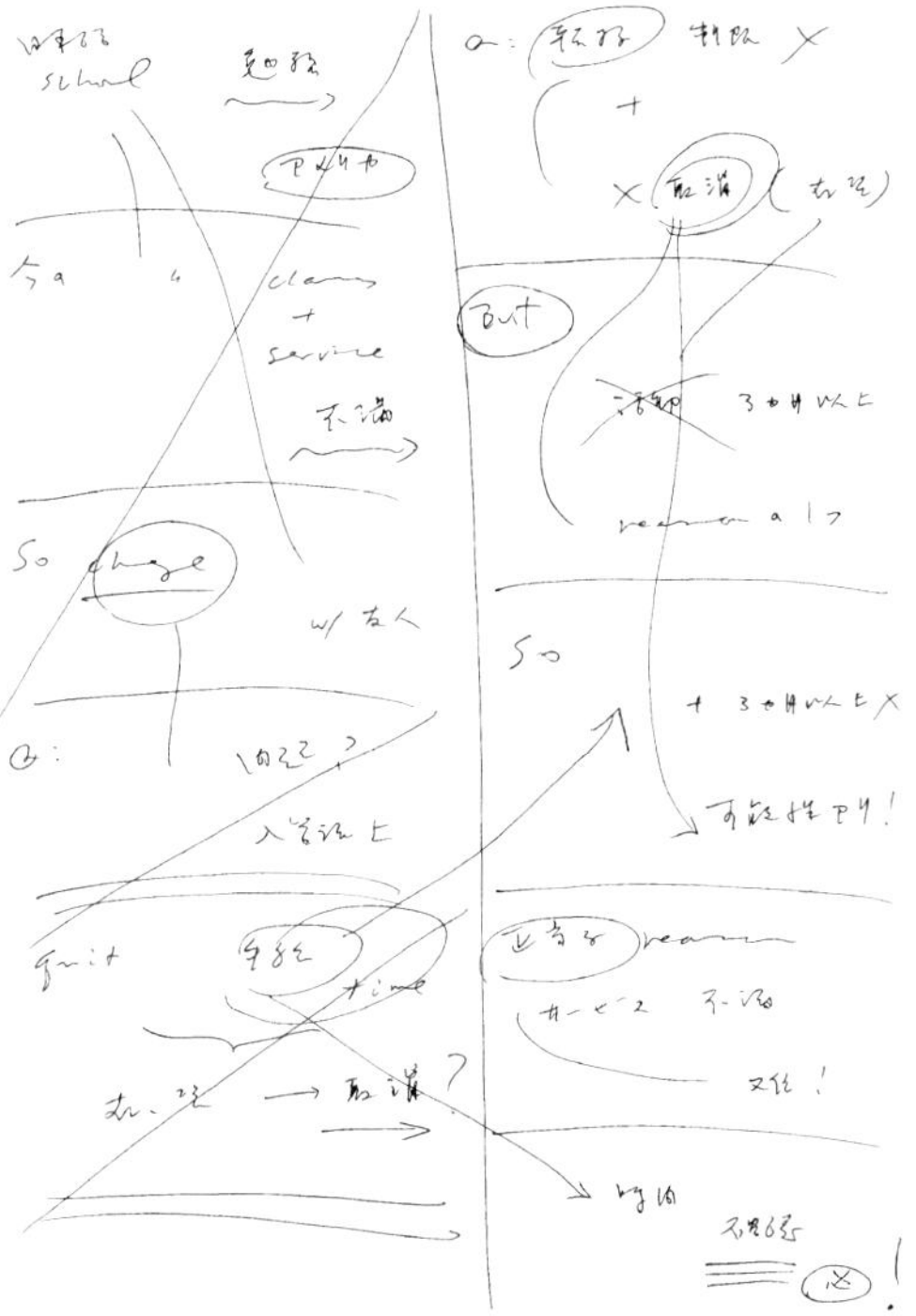

図　英語‐日本語間の通訳時のメモ取りの例
　アメリカ国籍の留学生（英語話者）の相談に，弁護士（日本語話者）が応じている．留学生は，現在通っている日本語学校の授業やサービスに不満があるので，友人のいる別の学校への転校を希望しており（ノート左側上半分），入国管理法上の問題がないかどうか，また転校手続きに時間がかかった場合，在留資格が取り消される可能性があるかを尋ねている（同下半分）．弁護士は，転校自体には制限がなく，在留資格の取り消しにはつながらないものの，3カ月以上正当な理由なしに在留資格上の活動をおこなわない場合には取り消しの可能性が生じるため，時間的余裕を持って転校手続きをとれるよう確認する必要があると回答している（ノート右半分）．ノート左半分で右上から左下にのびる斜線3本は，すでに通訳を終えた部分を表す目印．第一東京弁護士会人権擁護委員会国際人権部会編『外国人の法律相談Q&A』第二次改訂版262–263頁のQ 90を参考にした．

が必要である。

　通訳の世界では、はたして誰を対象に通訳をおこなうのか、つまり誰がターゲット・オーディエンスであるのかを把握したうえで訳出にあたることが望ましいとされている。コミュニティ通訳では一人ひとりさまざまな社会的・経済的背景をかかえ、また専門家とのあいだに明らかな情報量の格差があるので、通訳の形態が逐次通訳であれサイトラであれ、ターゲット・オーディエンスが誰であるかということは、何を目的にした通訳であるかということと同様に、通訳者が必ず念頭におかなくてはならない大切なポイントである。

付　日本のコミュニティ通訳研究の流れ

医療通訳研究

日本では、司法通訳に比較すると、医療通訳は研究分野としてはまだ新しい。この分野の研究は、来日外国人の増加により医療の現場でもコミュニケーションの問題がクローズアップされ始めた一九九〇年代から、外国人医療の現状という枠組みのなかでおこなわれるようになった（国井修・野見山一生「外国人の医療に関する研究」、KDDI総研編『ITによる在日外国人医療支援モデルの研究』）。また、外国人の居住状況は地域ごとに異なっているため、地域特有の問題が存在し、それについての報告もある（百瀬義人・江崎廣次「福岡市における在日外国人の医療問題の特徴」、長坂香織・百々雅子「医療の多文化化にむけて」）。さらに、特定の疾病を取り上げ問題提起したものもある（山村淳平・沢田貴志「超過滞在外国人における結核症例の検討」、山村淳平・沢田貴志「超過滞在外国人のHIV感染者の実態と問題点」）。これらの研究は、医療従事者の現状報告という性格のものが多い。近年になると通訳に焦点を絞った現状と課題についての研究が多くなっている（甲斐榮一「多言語・多文化社会におけるコミュニティ通訳の現状と課題」、川内規会「日本における医療通訳の現状と課題」）。

二〇〇〇年代になると日本での医療通訳システム構築の動きが始まり、それに応じて、移民の多い先進国の事例研究がさかんにおこなわれるようになった。たとえば、アメリカの制度や現状についての報告（石崎正幸他「米国における医療通訳とＬＥＰ患者」）や、オーストラリアの状況（大谷かがり「オーストラリアにおける移民政策」、与那嶺隆「公的医療機関における医療通訳制度（特集　オーストラリアの多文化主義政策）」）、イギリスの例（野原成彦「イギリスの医療制度および医療通訳の現状について」）、各国比較（多言語社会リソースかながわ編著『ことばと医療のベストプラクティス』）などがある。

医療通訳者の役割についての研究は海外でさかんにおこなわれているが、日本でもアンケート調査やインタビューを中心とする通訳者の役割意識についての研究は多い（伊藤美保・中村安秀・小林敦子「在日外国人の母子保健における通訳の役割」、灘光洋子「医療通訳者の立場、役割、動機について」、水野真木子「医療通訳者の異文化仲介者としての役割について」、伊藤美保・飯田奈美子・南谷かおり・中村安秀「外国人医療における医療通訳者の現状と課題」）。また、国際医療全般をテーマとして扱う「びわ湖国際医療フォーラム」においては、二〇〇四年度から医療通訳分野が大きな柱となり、通訳者の役割についての口頭での研究発表も多くおこなわれるようになってきている（http://www.ac-koka.jp/~mqg09201/）。

他のテーマとしては、医療通訳教育に関わる研究があるが、例としては、大学院での医療通訳教育についてのもの（堀朋子「大学院における医療通訳教育とその課題」）、医療通訳のスキルや教育プログラムに関するもの（大野直子「医療通訳における必要スキル」）、トレーニング・プログラムの実践、評価に関する研究（穴沢良子「医療通訳トレーニングの実践と評価」）などがある。また、医療通訳の共通基準に関する研究（西村明夫「医療通訳共通基準の策定経緯と内容」）、医療対話支援システムに関するもの（尾崎俊他「携帯端末を用いた多言語間医療対話支援システムの開発」）、メディカル・ツーリズムに関するもの（飯田奈美子「在住外国人および医療観光目的の訪日外国人に対する医療通訳の現状と課題」）などがあるが、近年では研究に携わる人材も研究テーマも多様化してきている。

司法通訳研究

司法通訳の研究は、欧米やオセアニアを中心に一九八〇年代からさかんにおこなわれている。コミュニティ通訳の分野に注目が集まるなかで、最初に注目されたのが司法通訳の分野である。日本での司法通訳の研究は、来日外国人労働者の増加にともなって、出入国管理法違反を中心に要通訳刑事手続きが増えた一九八〇年代に始まった。当初は外国人労働者の人権という文脈での、公正な司法へのアクセスをテーマとする研究が多かった。法学者や弁護士による海外の制度や法律を日本のそれと比較したもの（江橋崇「裁判を受ける権利と通訳を求める権利」、大阪弁護士会編『シンポジウム「外国人と刑事手続」』、岡部泰昌「アメリカ合衆国の法廷通訳人に関する問題」）、司法通訳の現状と問題点を論じたもの（呉満「外国人刑事事件と司法通訳の現状と問題点」、水野真木子「日本における外国人の人権と言葉の壁」）、さまざまな判例を紹介しながら司法通訳の問題を概観したもの（田中恵葉「外国人事件と刑事司法」）、事例報告（田中康代「法廷通訳の正確性等が争われた事例」）などがあるが、一九九三年発行の弁護士対象のジャーナル『自由と正義』第四四巻第一号（一月号）では「外国人刑事事件の現状と課題」という特集が組まれ、多くの法律家や研究者によるさまざまな立場からの外国人事件と司法通訳に関する事例報告や問題提起がおこなわれた。また、取り調べ通訳に関するもの（浅田和茂「外国人事件と刑事司法」、島根悟「外国人被疑者と捜査手続をめぐる諸問題」）、資格認定制度への提言（水野真木子「司法通訳資格認定制度の可能性について」）などもある。その後、法律家と通訳人、通訳研究者による学際的な研究もおこなわれるようになった（渡辺修・長尾ひろみ編著『外国人と刑事手続』、渡辺修・長尾ひろみ・水野真木子『司法通訳』）。

国が関わった研究として特筆すべきは、二〇〇〇年から二〇〇五年にかけておこなわれた法務省による司法通訳制度の海外比較調査である。アメリカ、オーストラリア、ヨーロッパ諸国、アジア諸国と幅広い範囲で、司法通訳に関わる法制度や運用の仕組みについてのレポートがまとめられた。そして、そのような流れのなかで海外の制度との比較研究も多くおこなわれた（津田守「スウェーデンの通訳人及び翻訳人公認制度についての研究」、西松鈴美「日本とアメリカ合衆国における『法廷通訳人』」、水野真木子「欧州における司法通訳制度の発展と展望」）。

また、近年では二〇〇九年の裁判員裁判制度導入の動きをきっかけに、法廷通訳の談話研究もさかんにおこなわれるようになった。従来型の裁判に比べ、口頭主義を取る裁判員裁判では通訳の正確性がより重要視されるということを背景に、通訳の正確性や原発言との等価性についての研究（水野真木子「判決文の通訳における等価性保持の可能性と限界」、毛利雅子「司法通訳における言語等価性維持の可能性」）や、通訳人の訳語選択が裁判官や裁判員／陪審員の判断に与える影響を検証するための模擬法廷や通訳実験をもとにした研究（中村幸子・水野真木子「第二回模擬法廷の言語分析」、Mizuno et al., "Observations on how the lexical choices of court interpreters influence the impression formation of lay judges"）、通訳による文体の改変やその裁判員の心証形成（証拠を評価し事実に対する主観的な認識を構築すること）への影響についての研究（中村幸子・水野真木子「法廷実験」）などがある。また、実際に問題になった要通訳裁判を題材にした通訳エラーを分析した研究（中村幸子「ベニース事件の通訳をめぐる言語学的分析」）もある。他のテーマとしては、裁判員裁判では一回の公判が長時間であることから、時間経過と通訳の劣化の相関関係を検証した研究（水野真木子・中村幸子「要通訳裁判員裁判における法廷通訳人の疲労とストレスについて」）もある。

また、法廷での異文化問題や通訳人の役割についての社会言語学的および言語人類学的アプローチからの研究も多くおこなわれるようになっている（灘光洋子「法廷通訳人が直面する問題点」、毛利雅子「司法通訳人の役割」、岩本明美『法廷の異文化と司法通訳』）。そのなかには、通訳を介した法廷でのコミュニケーションにおける「イデオロギー（言語に関する考え方、捉え方）性」を中心に論じたもの（糸魚川美樹「法廷通訳に求められる正確性のかたられかた」、吉田理加「法廷通訳人のフッティング」「法廷談話実践と法廷通訳」「法廷通訳と言語イデオロギー」）もある。

日本の司法通訳研究の流れの詳細については、水野真木子他「日本の司法通訳研究の流れ」を参照されたい。

行政通訳研究

本書で取り上げた司法通訳や医療通訳と比べ、同じコミュニティ通訳の一分野である行政通訳は、現状では特に日本において、ニーズの高まりに比して、その喫緊性が広く共有されているとはいいがたい。国内の在留外国人が定住化傾向を示し、地域住民の必要とするサービスが多様化しているなか、おもに通訳・翻訳の観点に立った言語サービスが十分になされていないこともあり、行政通訳そのものに関する研究はなかなか手つかずのままである。行政通訳研究もまた、司法・医療の両通訳分野と同様、今後日本社会の実態に即した十分な議論をともないつつ、さらに発展していかなければならない。

外国人住民が一地域住民としてサービスを享受するさいに、訪れることが多いのは各地方自治体の行政窓口なので、行政通訳研究を考察するにはまず、行政の多言語化の実情や望ましい支援のあり方について、これまでの議論の流れを施策面から整理・把握しておく必要がある。河原俊昭『自治体の言語サービス』、河原俊昭・野山広編『外国人住民への言語サービス』では、これまで各地方自治体がどのような理念・方針にもとづき、多言語による言語サービスを提供してきたかを詳しく知ることができる。また同じく多言語という観点では、多言語化現象研究会がまとめた解説書『多言語社会日本』において、現在日本が直面している多言語化にまつわる政策、サービス上の諸問題について、複眼的なアプローチにもとづき考察がなされている。

行政窓口では、窓口を訪れる外国人住民の母語を話す職員などが、相談員などの立場で直接その言語により相談に乗るなどの言語支援を担っていることが多く、必ずしも通訳・翻訳という形態をとりつつサービスを提供しているとは限らない。こうしたなか、最近では特に翻訳の側面に主眼をおきつつ、コミュニティ通訳の観点から行政場面での多言語情報支援の実態について調査した山本一晴「多文化共生施策における行政情報の多言語化」「公的サービスとしての翻訳における希少言語翻訳者とユーザー及び読み手との関係性」などの研究例も現れている。また通訳者の役割に軸足をおきつつ、行政分野の通訳について研究がなされた飯田奈美子「中国帰国者の支援制度からみるコミュニティ通訳の現状と課題」なども新たな視座を提供している。

一方、行政が他の専門機関と協働し、外国人住民からの生活相談に応じる専門家相談会については、特に国内で最も多くの在留外国人をかかえる東京都において、二〇〇五年に「東京外国人支援ネットワーク」が立ち上がり、相談事例が蓄積されつつあるが、このような動きのなかで、相談時の通訳を含む、外国人相談事業のありように関する議論・研究が実践をベースになされるようになってきた。いずれも東京外国語大学多言語・多文化教育研究センターが発行する『外国人相談事業』『越境する市民活動』『「相談通訳」におけるコミュニティ通訳の役割と専門性』などにおいて、現在、外国人相談事業が直面する課題の一端を探ることができるといえよう。

また、行政通訳の一部と考えられることの多い、主として外国籍の子どもたち、ないしは外国につながる子どもたちへの言語支援をおこなう教育現場の実態については、宮島喬・太田晴雄編『外国人の子どもと日本の教育』をはじめ、川上郁雄編『「移動する子ども」という記憶と力』、佐藤郡衛『異文化間教育』、中島和子編著『マルチリンガル教育への招待』、宮崎幸恵編『日本に住む多文化の子どもと教育』などが詳しい。いずれも必ずしも直接的に通訳の観点に立脚した研究ではないものの、今後、教育の場面におけるコミュニティ通訳のあり方を検討するうえで必要不可欠な論点を提起しており、広範な意味における行政通訳研究の一部として捉える必要がある。

索　引

な

は

参考文献

浅田和茂「外国人事件と刑事司法――概観」『刑法雑誌』33(4), 1994, 773-790.

穴沢良子「医療通訳トレーニングの実践と評価――アクション・リサーチ実施計画」『通訳翻訳研究』12, 2012, 263-274.

阿部裕「多文化時代のこころの支援」米勢治子・ハヤシザキカズヒコ・松岡真理恵編『公開講座　多文化共生論』第14章. ひつじ書房, 2011.

飯田奈美子「中国帰国者の支援制度からみるコミュニティ通訳の現状と課題――通訳者の役割考察」『立命館人間科学研究』21, 2010, 75-88.

飯田奈美子「在住外国人および医療観光目的の訪日外国人に対する医療通訳の現状と課題」『立命館人間科学研究』23, 2011, 47-57.

飯田奈美子「対人場面のコミュニティ通訳における『逸脱行為』の分析――事例報告分析を通して」*Core Ethics*, 8, 2012, 27-39.

庵功雄・イヨンスク・森篤嗣編『「やさしい日本語」は何を目指すか――多文化共生社会を実現するために』ココ出版, 2013.

生田裕子「ブラジル人中学生のL1とL2の作文に見られる問題――ダブルリミテッド現象の例から」『母語・継承語・バイリンガル教育（MHB）研究』3, 2007, 7-26.

石河久美子「多文化ソーシャルワーカー養成の現状と課題」近藤敦編著『多文化共生政策へのアプローチ』明石書店, 2011.

石崎正幸・Patricia D. Borgman・西野かおる「米国における医療通訳とLEP患者」『通訳研究』4, 2004, 121-138.

移住労働者と連帯する全国ネットワーク・女性プロジェクト『移住（外国人）女性DV施策に関する自治体調査と提言』移住労働者と連帯する全国ネットワーク・女性プロジェクト, 2011. http://migrants.xsrv.jp/smj/wp-content/uploads/2012/06/2011206SMJ-DV-Investigation.pdf

糸魚川美樹「法廷通訳に求められる正確性のかたられかた」『社会言語学』10, 2010, 71-86.

伊藤美保・飯田奈美子・南谷かおり・中村安秀「外国人医療における医療通訳者の現状と課題――医療通訳者に対する質問紙調査より」『国際保健医療』27(4), 2013, 387-394.

伊藤美保・中村安秀・小林敦子「在日外国人の母子保健における通訳の役割」『平成14年度厚生科学研究費補助金子ども家庭総合研究事業分担研究報告書』2002, 99-107.
指宿昭一「法律相談におけるコミュニティ通訳の必要性」東京外国語大学多言語・多文化教育研究センター『シリーズ多言語・多文化協働実践研究16 「相談通訳」におけるコミュニティ通訳の役割と専門性』96-104. 東京外国語大学多言語・多文化教育研究センター, 2013. http://www.tufs.ac.jp/blog/ts/g/cemmer/img/pdf/s16_ibusuki.pdf
岩本明美『法廷の異文化と司法通訳——中国籍被告人を裁く時』風響社, 2009.
臼井智美編『イチからはじめる外国人の子どもの教育』教育開発研究所, 2009.
江橋崇「裁判を受ける権利と通訳を求める権利——コモンロー諸国における捜査通訳, 法廷通訳」『法学志林』87(4), 1990, 21-75.
呉満「外国人刑事事件の司法通訳の現状と問題点」『刑法雑誌』33(4), 1994, 798-821.
大阪弁護士会編『シンポジウム「外国人と刑事手続」』大阪弁護士会, 1991.
太田晴雄『ニューカマーの子どもと日本の学校』国際書院, 2000.
大谷かがり「オーストラリアにおける移民政策——メルボルンの医療通訳システムの背景にあるもの」『愛知県立大学大学院国際文化研究科論集』10, 2009, 137-150.
大野直子「医療通訳における必要スキル——文献考察と国内外プログラム概観」『教育研究』55, 2013, 317-326.
大原始子「災害時の多言語サービスネットワーク　神戸から——外国人と日本人による構築に向けて」河原俊昭・野山広編『外国人住民への言語サービス』第8章. 明石書店, 2007.
岡部泰昌「アメリカ合衆国の法廷通訳人に関する問題—— 1978年の合衆国裁判所通訳人法および1988年の合衆国裁判所通訳人改正法の検討を中心にして」『阪大法学』40(3・4), 1991, 723-776.
尾崎俊・松延拓生・吉野孝・重野亜久里「携帯端末を用いた多言語間医療対話支援システムの開発」『情報処理学会第73回全国大会講演論文集』1, 2011, 215-217.

甲斐榮一「多言語・多文化社会におけるコミュニティ通訳の現状と課題——医療通訳を中心に」『日本語支援教育研究』1, 2012, 50-63.
川内規会「日本における医療通訳の現状と課題——外国人診療に関する調査から」『九州コミュニケーション研究』*Kyushu Communication Studies*, 9, 2011, 25-35.
川上郁雄編『「移動する子ども」という記憶と力——ことばとアイデンティティ』くろしお出版, 2013.
河原俊昭『自治体の言語サービス——多言語社会への扉をひらく』春風社, 2004.
河原俊昭・野山広編『外国人住民への言語サービス——地域社会・自治体は多言語社会をどう迎えるか』明石書店, 2007.

河原俊昭「外国人住民への言語サービスとは」河原・野山編『外国人住民への言語サービス』第1章．明石書店，2007.
北脇保之「外国人受け入れ施策としての外国人相談の位置づけと連係・協働の必要性」東京外国語大学多言語・多文化教育研究センター『シリーズ多言語・多文化協働実践研究　別冊2　外国人相談事業』4-8．東京外国語大学多言語・多文化教育研究センター，2009．http://www.tufs.ac.jp/blog/ts/g/cemmer/2009/10/pdf_1.html
国井修・野見山一生「外国人の医療に関する研究」『日本衛生学雑誌』48(3)，1993，677-684.
KDDI総研編『ITによる在日外国人医療支援モデルの研究　調査報告書』KDDI総研，2005.
国連難民高等弁務官事務所『UNHCR研修テキストシリーズ3　難民の面接における通訳　研修テキスト日本語版』http://www.unhcr.or.jp/protect/pdf/SelfStudyModule.pdf
小柴健太「NAATI認定更新制度の概要およびその課題」『通訳翻訳研究』8，2008，329-335.
小林米幸「日本の医療通訳の現状と良き医療通訳であるために」連利博監修『医療通訳入門』第1章．松柏社，2007.
小松達也『通訳の英語 日本語』文藝春秋，2003.

佐久間孝正『外国人の子どもの不就学』勁草書房，2006.
佐藤郡衛『異文化間教育――文化間移動と子どもの教育』明石書店，2010.
静岡県立大学法廷通訳研究会編『2012 法廷通訳の仕事に関する調査報告書（PDF版）』静岡県立大学法廷通訳研究会，2013．http://c-faculty.chuo-u.ac.jp/~okuda/shiryoshu/courts_interpereters.pdf
島根悟「外国人被疑者と捜査手続をめぐる諸問題――裁判例を素材にして」『警察学論集』45(10)，1992，1-23.
杉澤経子「多言語・専門家対応の仕組みづくり――連携・協働・ネットワークの視点から」『シリーズ多言語・多文化協働実践研究　別冊2　外国人相談事業』10-48．東京外国語大学多言語・多文化教育研究センター，2009．http://www.tufs.ac.jp/blog/ts/g/cemmer/2009/10/pdf_1.html
杉澤経子「問題解決に寄与するコミュニティ通訳の役割と専門職養成の取り組み――『相談通訳』の観点から」東京外国語大学多言語・多文化教育研究センター『シリーズ多言語・多文化協働実践研究16 「相談通訳」におけるコミュニティ通訳の役割と専門性』12-30. 東京外国語大学多言語・多文化教育研究センター，2013. http://www.tufs.ac.jp/blog/ts/g/cemmer/2013/03/_16.html
鈴木雅子「日本における信憑性評価の現状とその課題」渡邉彰悟・大橋毅・関聡介・児

玉晃一編『日本における難民訴訟の発展と現在——伊藤和夫弁護士在職 50 周年祝賀論文集』第 8 章．現代人文社，2010.

関聡介「外国人相談『通訳』に求められる条件と課題」東京外国語大学多言語・多文化教育研究センター『シリーズ多言語・多文化協働実践研究　別冊 2　外国人相談事業』88-98．東京外国語大学多言語・多文化教育研究センター，2009．http://www.tufs.ac.jp/blog/ts/g/cemmer/2009/10/pdf_1.html

武田珂代子「高等教育機関での翻訳者・通訳者養成」鳥飼玖美子編著『よくわかる翻訳通訳学』第 10 章「教育」第 4 節．ミネルヴァ書房，2013.

多言語化現象研究会編『多言語社会日本』三元社，2013.

多言語社会リソースかながわ編著『ことばと医療のベストプラクティス——医療通訳先進事例調査報告書』2006.

田中惠葉「外国人事件と刑事司法——通訳を受ける権利と司法通訳人に関する一考察」『北大法学研究科ジュニア・リサーチ・ジャーナル』12，2006，1-12.

田中康代「法廷通訳の正確性等が争われた事例」『法と政治』49(1)，1993，97-110.

多文化共生センターきょうと編『医療通訳』日本医療教育財団，2014．http://www.mhlw.go.jp/stf/seisakunitsuite/bunya/0000056944.html

津田守「スウェーデンの通訳人及び翻訳人公認制度についての研究」『通訳研究』7，2007，167-188.

東京外国語大学多言語・多文化教育研究センター『シリーズ多言語・多文化協働実践研究 3　越境する市民活動——外国人相談の現場から　行政区を超えた連携——東京都町田市・神奈川県相模原市』東京外国語大学多言語・多文化教育研究センター，2008．http://www.tufs.ac.jp/blog/ts/g/cemmer/2009/10/post_110.html

東京外国語大学多言語・多文化教育研究センター『シリーズ多言語・多文化協働実践研究　別冊 2　外国人相談事業——実践のノウハウとその担い手　連携・協働・ネットワークづくり』東京外国語大学多言語・多文化教育研究センター，2009．http://www.tufs.ac.jp/blog/ts/g/cemmer/2009/10/pdf_1.html

東京外国語大学多言語・多文化教育研究センター『「東日本大震災　多言語翻訳・情報提供」活動報告』東京外国語大学多言語・多文化教育研究センター，2011．http://www.tufs.ac.jp/blog/ts/g/cemmer/saigaishien.katsudouhoukoku20110630.pdf

東京外国語大学多言語・多文化教育研究センター『シリーズ多言語・多文化協働実践研究16　「相談通訳」におけるコミュニティ通訳の役割と専門性』東京外国語大学多言語・多文化教育研究センター，2013．http://www.tufs.ac.jp/blog/ts/g/cemmer/2013/03/_16.html

殿村琴子「外国人子女の『不就学』問題について」『ライフデザインレポート』（第一生

命経済研究所）2008年7–8月. http://group.dai-ichi-life.co.jp/dlri/ldi/watching/wt0807b.pdf
鳥飼玖美子「第22期国語審議会答申に見る通訳および通訳教育」『通訳研究』1, 2001, 126–135.

内藤稔「『相談通訳』におけるコミュニティ通訳の専門性」東京外国語大学多言語・多文化教育研究センター『シリーズ多言語・多文化協働実践研究16 「相談通訳」におけるコミュニティ通訳の役割と専門性』31–56. 東京外国語大学多言語・多文化教育研究センター, 2013. http://www.tufs.ac.jp/blog/ts/g/cemmer/2013/03/_16.html
Naito, Minoru. "Community interpreting at the time of Great East Japan Earthquake." Interpretation and Translation, 14 (1), 2012, 97–115.
長坂香織・百々雅子「医療の多文化化にむけて――山梨県在住外国人の語りから見る医療の現状と課題」『山梨県立大学看護学部紀要』13, 2011, 47–60.
中島和子編著『マルチリンガル教育への招待――言語資源としての外国人・日本人年少者』ひつじ書房, 2010.
中島和子「テーマ『ダブルリミテッド・一時的セミリンガル現象を考える』について」『母語・継承語・バイリンガル教育（MHB）研究』3, 2007, 1–6.
中村幸子「ベニース事件の通訳をめぐる言語学的分析――談話標識を中心に」『金城学院大学論集』社会科学編, 8(1), 2011, 210–215.
中村幸子・水野真木子「第2回模擬法廷の言語分析――法廷における語彙選択に関する言語学的問題と法的意味」『通訳翻訳研究』9, 2009, 33–54.
中村幸子・水野真木子「法廷実験――模擬裁判員の心証形成に及ぼす通訳の影響」統計数理研究所共同研究リポート237『裁判員裁判における言語使用に関する統計を用いた研究』2010, 53–66.
Nakamura, S., and Mizuno, M. "A study of lexical choices and its impact on decision-making in the interpreter-mediated court sessions." *Forum*, 11 (1), 2013.
中村安秀「医療通訳の展望と可能性」長崎県立大学・大阪大学「長崎医療通訳フォーラム」第1回「多文化共生時代における医療通訳の役割と必要性」長崎県立シーボルト校2008年9月13日開催.
灘光洋子「医療通訳者の立場, 役割, 動機について」『通訳翻訳研究』8, 2008, 73–95.
灘光洋子「法廷通訳人が直面する問題点――文化的差異をどう捉えるか」『異文化コミュニケーション研究』（神田外語大学グローバル・コミュニケーション研究所）, 13, 2001, 59–82.
西松鈴美「日本とアメリカ合衆国における『法廷通訳人』」『通訳研究』7, 2007, 189–204.
西村明夫「医療通訳共通基準の策定経緯と内容」『自治体国際化フォーラム』258, 2011,

16-18.
野原成彦「イギリスの医療制度および医療通訳の現状について」『自治体国際化フォーラム』197, 2006, 18-20.

林かおり「ヨーロッパにおける患者の権利法」国立国会図書館調査及び立法考査局編『外国の立法――立法情報・翻訳・解説』227, 2006, 1-58. http://ndl.go.jp/jp/diet/publication/legis/227/022701.pdf
林智樹『手話通訳学入門』クリエイツかもがわ, 2010.
平高史也「日本語教育」多言語化現象研究会編『多言語社会日本』第7章. 三元社, 2013.
弘前大学人文学部社会言語学研究室『減災のための「やさしい日本語」』http://human.cc.hirosaki-u.ac.jp/kokugo/EJ1a.htm
藤原法子「外国につながる子ども・若者の生き方」渡戸一郎・井沢泰樹編著『多民族化社会・日本――〈多文化共生〉の社会的リアリティを問い直す』第5章. 明石書店, 2010.
堀朋子「大学院における医療通訳教育とその課題」『通訳研究』5, 2006, 155-173.

丸岡英明「オーストラリアの翻訳事情」2013. http://jtfjournal.homepagine.com/column12/id=182
水野真木子『コミュニティー通訳入門』大阪教育図書, 2008.
水野真木子「オーストラリアのコミュニティー通訳と医療通訳」連利博監修『医療通訳入門』第6章. 松柏社, 2007.
水野真木子「司法通訳資格認定制度の可能性について」『ジュリスト』1078, 1995, 100-105.
水野真木子「日本における外国人の人権と言葉の壁――刑事事件における司法通訳問題を中心とした一考察」『立命館大学人文科学研究所紀要』64（特集　多文化主義と人権）, 1996, 35-84.
水野真木子「欧州における司法通訳制度の発展と展望――Grotius Projectを中心に」『通訳研究』4, 2004, 139-156.
水野真木子「各種通訳倫理規定の内容と基本理念――会議, コミュニティー, 法廷, 医療通訳の倫理規定を比較して」『通訳研究』5, 2005, 157-172.
水野真木子「ニック・ベイカー事件の英語通訳をめぐる諸問題」『刑事弁護』46, 2006, 108-111.
水野真木子「判決文の通訳における等価性保持の可能性と限界」*Speech Communication Education*（『スピーチ・コミュニケーション教育』）19, 2006, 113-131.

水野真木子「言語権の保障としての『コミュニティー通訳』」『言語』37(2), 2008, 68-75.
水野真木子「医療通訳者の異文化仲介者としての役割について」『金城学院論集』社会科学編, 10(1), 2013, 1-15.
水野真木子・中林眞佐夫・鍵村和子・長尾ひろみ『グローバル時代の通訳――基礎知識からトレーニング法まで』三修社, 2002.
水野真木子・中村幸子「要通訳裁判員裁判における法廷通訳人の疲労とストレスについて」『金城学院大学論集』社会科学編, 7(1), 2010, 71-80.
水野真木子・中村幸子・吉田理加・河原清志「日本の司法通訳研究の流れ――方法論を中心に」『通訳翻訳研究』12, 2012, 133-154.
Mizuno, M., Nakamura, S., and Kawahara, K. "Observations on how the lexical choices of court interpreters influence the impression formation of lay judges." *Kinjo Gakuin Daigaku ronshu. Studies in Social Science*（『金城学院大学論集』社会科学編）, 9(2), 2013, 1-11.
宮崎幸恵編『日本に住む多文化の子どもと教育――ことばと文化のはざまで生きる』上智大学出版, ぎょうせい発行, 2013.
宮島喬・太田晴雄編『外国人の子どもと日本の教育――不就学問題と多文化共生の課題』東京大学出版会, 2005.
村内重夫「異文化ストレスと日本の医療システム」東京外国語大学オープンアカデミー「多言語・多文化社会専門人材養成講座」多言語・多文化社会論 2, 2013 年 8 月 25 日開催.
村松紀子「医療通訳者のつぶやき」連利博監修『医療通訳入門』第 3 章. 松柏社, 2007.
メルボルン事件弁護団編『メルボルン事件　個人通報の記録――国際自由権規約第一選択議定書にもとづく申立』現代人文社, 2012.
毛利雅子「司法通訳における言語等価性維持の可能性――起訴状英語訳の試み」『日本大学大学院総合社会情報研究科紀要』7, 2006, 391-397.
毛利雅子「司法通訳人の役割――法廷通訳における言語等価性との関連において」『日本大学大学院総合社会情報研究科紀要』8, 2007, 315-323.
百瀬義人・江崎廣次「福岡市における在日外国人の医療問題の特徴」『民族衛生』61(6), 1995, 336-347.

山村淳平・沢田貴志「超過滞在外国人における結核症例の検討――最近 3 年間の活動」『結核』77(10), 2002, 671-677.
山村淳平・沢田貴志「超過滞在外国人の HIV 感染者の実態と問題点」『日本エイズ学会誌』4(2), 2002, 53-61.
山本一晴「多文化共生施策における行政情報の多言語化――言語選択に係る議論を中心

に」『通訳翻訳研究』11, 2011, 95-112.

山本一晴「公的サービスとしての翻訳における希少言語翻訳者とユーザー及び読み手との関係性」『翻訳研究への招待』7, 2012, 89-106.

吉田理加「法廷通訳人のフッティング――模擬法廷データ談話分析」『通訳翻訳研究』8, 2008, 113-131.

吉田理加「法廷談話実践と法廷通訳――語用とメタ語用の織り成すテクスト」『社会言語科学』13(2), 2011, 59-71.

吉田理加「法廷通訳と言語イデオロギー」『通訳翻訳研究』12, 2012, 31-50.

与那嶺隆「公的医療機関における医療通訳制度」『自治体国際化フォーラム』248（特集オーストラリアの多文化主義政策）, 2010, 12-14. http://www.clair.or.jp/j/forum/forum/pdf_248/04_sp.pdf

渡辺修・長尾ひろみ編著『外国人と刑事手続』成文堂, 1998.

渡辺修・長尾ひろみ・水野真木子『司法通訳―― Q&A で学ぶ通訳現場』松柏社, 2004.

渡辺修・水野真木子・中村幸子『実践　司法通訳――シナリオで学ぶ法廷通訳　裁判員裁判編』現代人文社, 2010.

渡辺博顕執筆担当　JILPT 調査シリーズ No. 87『地方自治体における外国人の定住・就労支援への取組みに関する調査』独立行政法人労働政策研究・研修機構, 2011.

Angelelli, C. *Medical Interpreting and Cross-cultural Communication*. Cambridge: Cambridge University Press, 2004.

Angelelli, C. "The role of the interpreter in the healthcare setting: a plea for a dialogue between research and practice." In C. Valero-Garcés and A. Martin, ed., *Crossing Borders in Community Interpreting: Definitions and Dilemmas*, 147-163. Amsterdam/Philadelphia: John Benjamins, 2008.

Astiz, C. A. "But they don't speak the language: achieving quality control of translation in criminal courts." *The Judges' Journal*, 25 (2), 1986, 32-35.

Baker, M. *In Other Words: A Coursebook on Translation*, 2nd edition. New York: Routledge, 2011.

Barnett, S. "Working with interpreter." In D. Duncan, ed., *Working with Bilingual Language Disability*, 91-112. London: Chapman and Hall, 1989.

Berk-Seligson, S. "The Miranda warnings and linguistic coercion: the role of footing in the interrogation of a limited-English-speaking murder suspect." In J. Cotterill, ed., *Language in the Legal Process*, 127-143. Basingstoke: Palgrave Macmillan, 2004.

Edwards, A. B. *The Practice of Court Interpreting*. Amsterdam and Philadelphia: John Benjamins, 1995.

Garber, N. "Community interpretation: a personal view." In R. Roberts, S. Carr, D. Abraham, and A. Dufour, eds., *The Critical Link 2: Interpreters in the Community*, 9–20. Amsterdam/Philadelphia: John Benjamins, 2000.

Gentile, A., Ozolins, U., and Vasilakakos, M. *Liaison Interpreting*. Melbourne: Melbourne University Press, 1996.

Gibbons, J. *Forensic Linguistics: An Introduction to Language in the Justice System*. Oxford/Malden MA: Blackwell Publishing, 2003.〔ギボンズ『法言語学入門』中根育子監訳，鶴田知佳子・水野真木子・中村幸子訳．東京外国語大学出版会，2013.〕

González, R. D., Vásquez, V. F., and Mikkelson, H. *Fundamentals of Court Interpretation: Theory, Policy, and Practice*. Durham, NC: Carolina Academic Press, 1991.

Hale, S. *The Discourse of Court Interpreting: Discourse Practices of the Law, the Witness and the Interpreter*. Amsterdam/Philadelphia: John Benjamins, 2004.

Hale, S. *Community Interpreting*. New York: Palgrave Macmillan, 2007.〔ヘイル『コミュニティ通訳——オーストラリアの視点による理論・技術・実践』飯田奈美子編，山口樹子・園崎寿子・岡田仁子訳．文理閣，2014.〕

Hale, S. "The interpreter's identity crisis." In J. House, M. R. Martin Ruano, and N. Baumgarten, eds., *Translation and the Construction of Identity*, 14–29. Seoul: International Association for Translation and Intercultural Studies, 2005.

Isphording, I. E. "Disadvantages of linguistic origin: evidence from immigrant literacy scores." *Economics Letters*, 123(2), 2014, 236–239.

de Jongh, E. M. *An Introduction to Court Interpreting: Theory and Practice*. Lanham, MD: University Press of America, 1992.

Kalina, S. "Interpreting and interpreter training: time for a reshuffle." In C. Kainz, E. Prunč, and R. Schögler, eds., *Modelling the Field of Community Interpreting: Questions of Methodology in Research and Training*, 45–65. Berlin: LIT Verlag, 2011.

Ko, L. "Teaching interpreting by distance mode: possibilities and constraints." *Interpreting*, 8(1), 2006, 67–96.

Kolb, W., and Pöchhacker, F. "Interpreting in asylum appeal hearing: roles and norms revisited." In D. Russell and S. Hale, eds., *Interpreting in Legal Settings*, 26–50. Washington, D.C.: Gallaudet University Press, 2008.

Lee, J. "A pressing need for the reform of interpreting service in asylum settings: a case study of asylum appeal hearings in South Korea." *Journal of Refugee Studies*, 27(1), 2014, 62–81.

Lee, J., and Buzo, A. *Community Language Interpreting: A Workbook*. Sydney: The Federation Press, 2009.

Mikkelson, H. "Community interpreting: an emerging profession." *Interpreting*, 1(1), 1996, 125–

129.

Mikkelson, H. "Towards a redefinition of the role of the court interpreter." *Interpreting*, 3(1), 1998, 21-45.

Mikkelson, H. "The professionalization of community interpreting: community interpreting, which includes court and medical interpreting, is following the typical pattern of a profession in its infancy." aiic.net, 1996. http://aiic.net/page/1546/the-professionalization-of-community-interpreting/lang/1

Moser-Mercer, B., Künzli, A., and Korac, M. "Prolonged turns in interpreting: effects on quality, physiological and psychological stress." *Interpreting*, 3(1), 1998, 47-64.

Pham, K., Thornton, J. D., Engelberg, R. A., Jackson, J. C., and Curtis, J. R. "Alterations during medical interpretation of ICU family conferences that interfere with or enhance communication." *Chest*, 134(1), 2008, 109-116.

Pöchhacker, F. *Introducing Interpreting Studies*. London: Routledge, 2004.〔ポェヒハッカー『通訳学入門』鳥飼玖美子監訳，長沼美香子・水野的・山田優訳．みすず書房，2008.〕

Roat, C. E. *Healthcare Interpreting in Small Bites: 50 Nourishing Selections from the "Pacific Interpreters Newsletter," 2002-2010*. Trafford Publishing, 2010.

Roat, C. E. 特別寄稿「米国の薬局でのコトバの壁」石崎正幸・西野かおる訳．『大阪府薬雑誌』63(2)(『大阪府薬會誌』700 記念号)，2012，30-35.

Roberts, R. "Community interpreting today and tomorrow." In P. Krawutschke, ed., *Proceedings of the 35th Annual Conference of the American Translators Association*, 127-138. Medford, NJ: Learned Information, 1994.

Schweda-Nicholson, N. "Ad hoc court interpreters in the United States: equality, inequality, quality?" *Meta*, 34(4), 1989, 711-723.

Vidal, M. "New study on fatigue confirms need for working in teams." *Proteus*, 6(1), 1997.

Wadensjö, C. *Interpreting as Interaction*. London/New York: Longman, 1998.

著者略歴

（みずの・まきこ）

岐阜県に生まれる．京都府立大学文学部卒業．立命館大学国際関係研究科修士課程修了．国際関係学修士．会議通訳，司法通訳の仕事をへて，現在，金城学院大学文学部英語英米文化学科教授として，おもにコミュニティ通訳，法廷通訳の研究，および通訳教育に携わる．またさまざまなコミュニティ通訳者養成・研修の事業にも関わっている．法と言語学会会長．本書では，第 1・2・3・5 章を分担執筆し，全体を編集．他の著書に，『コミュニティー通訳入門』（大阪教育図書，2008），『実践　司法通訳――シナリオで学ぶ法廷通訳　裁判員裁判編』（共著，現代人文社，2010），『法廷通訳人の倫理――アメリカの倫理規定に学ぶ』（共著，松柏社，2015），『聴覚障害者と裁判員裁判―― DVD 教材で学ぶ法廷手話』（共著，松柏社，2017），佐藤＝ロスベアグ・ナナ編『トランスレーション・スタディーズ』（共著，みすず書房，2011）ほか，訳書にジョン・ギボンズ『法言語学入門』中根育子監修（共訳，東京外国語大学出版会，2013）ほか．

（ないとう・みのる）

東京都に生まれる．慶應義塾大学総合政策学部卒業．モントレー国際大学大学院会議通訳課程修了．新聞記者，外資系企業の社内通翻訳者などをへて，現在，東京外国語大学大学院総合国際学研究院准教授として，おもにコミュニティ通訳研究（特に行政通訳，通訳者教育）に携わる．また東京外国語大学多言語多文化共生センター社会貢献部門副部門長として，地方自治体や国際交流協会，弁護士会，東京地方検察庁などとの社会連携にも従事している．地域国際化推進アドバイザー．本書では，第 4・6 章および第 6 章コラムを分担執筆し，全体を編集．他の著書に，『よくわかる逐次通訳』（共著，東京外国語大学出版会，2009），「相談通訳における倫理綱領策定に向けた取り組み」（『多言語多文化――実践と研究』第 7 号，東京外国語大学多言語・多文化教育研究センター，2015）ほか，訳書に赤羽恒雄監修『国境を越える人々――北東アジアにおける人口移動』（共訳，国際書院，2006）ほか．

コミュニティ通訳
多文化共生社会のコミュニケーション

2018年7月27日　新装版第1刷発行
2025年3月14日　新装版第13刷発行

著　者　　水野真木子・内藤稔
発行所　　株式会社 みすず書房
〒113-0033 東京都文京区本郷2丁目20-7
電話 03-3814-0131(営業) 03-3815-9181(編集)
www.msz.co.jp
印刷・製本　大日本印刷株式会社

ISBN 978-4-622-08740-3
[コミュニティつうやく]

本書は、みすず書房より2015年3月6日、第1刷として発行した『コミュニティ通訳』を底本とし、若干の改訂を加えています。